抱 朴

抱

朴

声貌

梁奇 著

中国古代神怪的视听表达

上海大学 2022 年度一流研究生教育培养质量提升项目成果

国家社科基金重大项目"中国早期经典文本的形成、流变及其学术体系建构研究"（编号 21&ZD252）阶段性成果

序

　　人的五官是感知外部世界、获取信息的重要渠道。所以，中国传统文化重视五官的书写与器官的个体差异，如《尸子》说"黄帝四面"①，马王堆汉墓帛书《十大经·立命篇》载黄帝"方四面"②。《论衡·骨相篇》列举了器官异常的十二位圣贤："黄帝龙颜，颛顼戴午，帝喾骈齿，尧眉八采，舜目重瞳，禹耳三漏，汤臂再肘，文王四乳，武王望阳，周公背偻，皋陶马口，孔子反羽。"③人们认为"四面""八采""重瞳""三漏"异常洞达、圣明，具有通晓天象和日月的功能。

　　先民也将神怪的体貌描绘为异常。如齐桓公所见之怪"大如毂，长如辕"④，《山海经》中众多的神怪形象，宗庙壁画中女娲、伏羲、黄帝等形象，《庄子》所描绘的申徒嘉、叔山无趾、支离疏、哀骀它等德貌相背的畸人形象，以及汉代画像石中的羽人形

①　汪继培辑、魏代富疏证：《尸子疏证》，南京：凤凰出版社，2018年，第94页。
②　陈鼓应：《黄帝四经今注今译——马王堆汉墓出土帛书》，北京：商务印书馆，2007年，第196页。
③　王充：《论衡》，见《诸子集成》第7册，上海：上海书店，1986年，第23页。
④　应劭撰、王利器校：《风俗通义校注》，北京：中华书局，2010年，第388页。

象与六朝佛籍中幻化的僧人形象、六朝小说中的神仙怪物形象
等等，均为体态异常者。可见，体态奇异几乎成了神怪的唯一属
性，而相关的成果也从神怪的体貌特征进行研究。概括而言，这
些成果从考古、地域文化和文化史三方面切入。

第一，以考古资料论证传世文献、口头传说中的神人与神怪
形象。如闻一多《神话与诗·伏羲考》认为伏羲女娲图像为人首
蛇身，伏羲、女娲形象是长期演变的产物。张光直《中国青铜时
代》考证了商周青铜器上动物纹样乃是助理巫觋通天地工作的
各种动物在青铜彝器上的形象，商周时的先民已借助动物沟通
神祇。陆思贤《神话考古》研究了女娲、太昊、少昊、西王母等神
话形象，等等。

第二，从地域文化视域研究神怪形象。李炳海《〈海经〉、〈荒
经〉东方奇形怪状之人考辨》《〈山海经〉西部地区土著居民形貌
特征的文化生成》等文结合东西南等地区的地理特征阐释《山海
经》中奇怪体貌之人的成因。赵逵夫《形天神话源于仇池山考
释——兼论"奇股国"、氏族地望及"武都"地名的由来》论述形天
氏产生在今甘肃西和县仇池山、洛峪镇一带；奇股国乃"形天与
帝争神"之地，与"武都"之义大体相当，在今甘肃武都县。刘宗
迪《西王母神话地域渊源考》《西王母信仰的本土文化背景和民
俗渊源》等文结合地理、历法考证了西王母为东方女神。耿立言
《〈山海经〉"贯胸国"民俗信息解读》认为"贯胸国"是对"胸有窍"
"竹木贯胸抬之"图画的文字描绘，是东夷部落的山区居民用竹

木抬人而行走的写照。余粮才、郝苏民《伏羲与西王母形象考释》论述发轫于西北地区的伏羲与西王母形象的演变,认为西王母形象所体现的游牧文化与伏羲形象所呈现的农耕文明在不断接触与变迁中,逐渐互化、整合,形成华夏族的一部分。以上文章论述了某一(些)神怪形象的生成与地域的关系,为相关问题的深入研究提供了新的视角,但因篇幅所限,论文对不同神怪形象之间的区别、不同区域之间神怪形象的差异论之未详。

第三,从文化史、社会史视角考察神怪人物。袁珂《中国古代神话》等系列论著对黄帝、蚩尤、鲧、禹和远国异人等支离破碎的神话形象作了全面、通俗的论述,并将它们与中华民族特性相联系。刘守华《中国民间故事史》论述了中国民间故事中神话形象的变化与民风民俗的关系。叶舒宪《神话意象》从神话思维与哲学思维的渊源关系,探索中国式思想的神话基础。陈建宪《神祇与英雄:中国古代神话的母题》认为中国古代的神祇形象随着民族的融合而发生碰撞、瓦解或重组,反映了中华民族由多元到融合的历史进程。田兆元《神话与中国社会》将部分神话形象与中国社会和民族文化的变迁联系起来。以上著作将神话形象的演变与中华民族的形成与发展相结合,探究了社会文化背景对神话形象演变的影响。

林振湘《〈庄子〉神人意象原型初探》认为《庄子》中神人所具有的特质可在《山海经》的神祇中找到一一对应的原型,从而认定《庄子》神人意象的原型就是《山海经》的神祇形象。罗家湘

《黄帝——降服战争的圣人》考证黄帝的奇貌和圣迹，指出奇特相貌者必有奇特才能。李笑岩《先秦时期黄帝形象新诠》认为黄帝形象为先秦诸子共用，各派皆出于自己的目的对其加工改造。杨淑敏《中国古代神话中的"无足之神"及其象征意义》认为脚与生殖意义密切相关，足部缺失象征着男性生育能力的缺失。梁复明《先秦两汉小说人物画廊中的神人异士》分析了这些神人异士产生的背景与其蕴含的道教生命意识。以上诸文从文化学的角度阐释神话中奇怪形象及其流变渊源，具有重要的参考价值。

此外，叶舒宪《牛头西王母形象解说》《虎食人卣与妇好圈足觥的图像叙事》《鹰熊、鸮熊与天熊——鸟兽合体神话意象及其史前起源》，王青《从"图像证史"到"图像即史"——谈中国神话的图像学研究》、赵宪章《语图互仿的顺势与逆势》《文学与图像关系研究中的若干问题》等论文从图像学角度研究中国的神话，将图像视为神话最重要的载体。这为解决相关问题提供一种新的思路。

相对而言，每外学者对我国的神怪形象研究起步较早，如俄国学者齐奥杰维斯基（S. M. Georgievskij）《中国人的神话观与神话》对古代帝王如伏羲、神农、黄帝、帝喾、尧、舜、禹的形象渊源作了梳理，被视为世界上第一部研究中国神话的专著。德国汉学家卫礼贤（R. Wilhelm）翻译的《列子》《中国神话故事集》，倭讷编译的《中国神话和传说》，法国汉学家马伯乐（Henri Maspero）《书经中的神话传说》《上古中国史》，葛兰言（Marcel

Granet，亦译"格拉耐")《中国古代的祭礼和歌谣》《古代中国的舞蹈和传说》，日本学者林巳奈夫《殷中期以来的鬼神》《神与兽的纹样学》，贝冢茂树《中国的神话》《中国神话的起源》《英雄的诞生》，伊藤清司《日本神话与中国神话》《南部中国的民间说话》《中国的神兽与恶鬼：〈山海经〉的世界》，白川静《中国神话》《甲骨文的世界》《中国古代民俗》，铁井庆纪《中国古代的鬼神信仰》《中国古代神话传说与思想》《试论中国古代神话传说中的圣与俗对立》，中钵雅量《神话与老庄》《中国的祭祀与文学》等著述，均涉及唐前神怪形象。这些论著对中国古代神话研究具有开拓和指导作用，但他们所论神怪形象较为零星，缺乏系统性。

学界多从视觉层面研究古代神怪而忽略了其他感官。事实上，先秦乃至汉唐在描绘神怪时也注重声音的抒写，而相对的成果则显得不足。故而，从体貌与声音双重视角进行综合地研究神怪，显得非常必要。就此而言，梁奇的研究具有角度与视域方面的创新与突破。这是本书的第一个特征。

本书的第二个特征表现为，从声貌双重视角研究中国古代的神怪，增扩了"神怪"的内涵，拓宽了神话的研究视域。古代多从状貌与功能视角界定神怪，《礼记·祭法》指出"山林川谷丘陵，能出云、为风雨、见怪物者皆曰神"[①]，《山海经·南次一经》

---

① 郑玄注、孔颖达疏：《礼记正义》，见阮元校刻《十三经注疏》，北京：中华书局，2009年，第2793页。

郭璞注认为"凡言怪者，皆谓状貌倔奇不常也"①。于是乎，人们判断神怪时，也多以体貌的异常为标准。如法国布丰（Buffon）依据形貌特征将妖怪分为身体器官的过剩、缺失、错乱或颠倒三种类型，日本中野美代子认为妖怪是"超越现实形态和生态""破坏了人体谐调的存在"②，伊藤清司指出，妖怪具有异类的样貌与形态③。事实上，貌象声色是事物的重要属性，《列子·黄帝》《庄子·达生》将貌象声色纳入物之属性，张湛注曰："上至圣人，下及昆虫，皆形声之物。"④对于神怪而言，不仅表现为状貌的异常，还表现为声音的怪异。如本书中所列举的例子：《墨子》将声音与形貌均作为鬼神的主要属性⑤，《山海经》记载的神怪声音多达115条，晋景公所梦厉鬼形状狰狞、声音怪戾⑥，齐景公梦遇状貌与声音皆异常的"二丈夫"⑦，《论衡·订鬼篇》则将鬼怪的形声并举⑧，唐太宗畏惧鬼魅呼号⑨，等等。这些神怪因拥有异常的声音而更加震撼人心，我们应该将声音纳入神怪的特有属性之范畴。事实上，相关的研究较少。就笔者所知，目前仅有李炳

---

① 郭璞注：《宋本山海经》，第14页。
② 中野美代子著、仁彬译：《中国的妖怪》，郑州：黄河文艺出版社，1989年，第12—13页。
③ 伊藤清司著、史兵隽译：《中国的神兽与恶鬼——〈山海经〉的世界》，北京：商务印书馆，2019年，第12、17页。
④ 杨伯峻《列子集释》，北京：中华书局，1979年，第49页。
⑤ 孙诒让《墨子间诂》，第139页。
⑥ 杜预注、孔颖达疏：《春秋左传正义》，第4139页。
⑦ 张纯一撰、梁运华校点：《晏子春秋校注》，北京：中华书局，2014年，第56页。
⑧ 王充：《论衡》，第219页。
⑨ 佚名著、王孺童校：《三教源流搜神大全》，北京：中华书局，2019年，第309页。

海、王小盾、傅修延等学者的论文涉及古代典籍的声音书写,他们从文学、哲学、叙事学视角诠释神怪的声音,取得一定的成就。而该书在这些学界前辈的基础上,采用声貌并举的方法研究神怪,既能丰赡"神怪"的内涵、拓展神话学的研究视阈,也能纠正神话研究中的"失聪"现象。它的出版可谓适逢其会。在《早期文学中神怪的声音书写及其音景构建》一章中,作者声音的异常视为神怪的重要属性,纳入神祇定义的范畴。这样就使"神怪"的内涵增扩为状貌奇特、声音怪异、功能异常的物类,更符合实际情况。与此同时,该书又追溯到古代对"耳"的突显,认为古人为增添接触神祇的机会而忍受肉体的痛苦,将耳部穿洞填物,并归纳《山海经》中的两种扩增耳部的方法。此外,以声音的怪异为标准,将研究视野扩展至汉赋与六朝志怪小说的神怪书写,这样就大大拓宽了神话的研究视域,增扩研究材料,从而使得神话研究具有可持续性。

　　本书的第三个特征是,以声貌研究神怪揭示了神怪的民俗文化内涵。以往的《山海经》与古代神话研究多侧重于文字校勘、名物训释。受鲁迅、闻一多等古典神话学者的影响,以袁珂为代表的现代学者尽管对古代支离破碎的神话片段进行了较为系统的勾稽与解说,使之成为连贯的神话故事。但是,袁珂仍重文献考证而缺少来自民俗学、社会学、考古学等多学科的综合观照,以致仍有一些悬而未决的问题甚至训释不当处①。众所周

---

① 　陈连山:《〈山海经〉学术史考论》,第 200 页。

知,神话与民俗相辅相成,民俗事象与民俗活动是神话的载体,神话是民俗文化传承的内在驱动力。神话既"反映了初民对事物的认识,也反映了因这种认识而形成的风俗习尚"①。所以,从民俗文化意蕴切入考察神话、阐释神话是一条正确的途径。就此而言,梁奇人神怪的体貌与声音切入,较好地揭示了神怪怪异的文化内涵、民俗意义。如在《中国早期文学中的语象构建》中,通过考证《诗经·召南·羔羊》《左传·襄公七年》《庄子·至乐》《墨子·备城门》《墨子·小取》《史记·苏秦列传》《文选》等古代典籍,认为"委蛇本指弯曲之貌,进而形成摹画形貌的摹态词,随后,或以其体貌而命名兽类与泽神,或借其舒缓自得、随顺自如之特点以表达个体生命摆脱自然约束的心理境界"。这样,将委蛇早期的形名属性、摹态特征、动物的命名缘由、个体自由生命之表达楬橥出来,具有丰富的文化内涵。又如《上古文学中的神怪声音书写与音景构建》考察上古文学中神怪所出现的时空场域,揭示神怪声音所呈现的祥瑞的正面音景以及灾难性的负面音景,从而认为"先民反复强调负面图景的冲击力,实则为了识别并熟记这些带来负面音景的声音,以便避祸趋利。可见,无论是正面音景还是负面音景的构设,均是先民对未来作出的祥瑞或凶残的预兆,实为出于禳灾祈福的功利目的"。又如,在揭示伊藤清司对《山海经》的神怪进行民俗阐释时,本书注重发

---

①　郭精锐:《神话与民俗》,《中山大学学报》1987 年第 4 期,第 117 页。

掘伊藤从声貌方面的研究，总结他依据民俗资料中的体貌特征推判神怪类属，通过墓葬中的画像石、随葬品所保存的民俗文化资料印证神怪形态；注重伊藤通过声音考察毕方致火的原因，通过寻绎"肥遗"与"蚧"之间的语音关系而推判肥遗或蚧是利用威名恐吓水中鱼龟的捕鱼方法或吓退妖怪的咒术。这样，从体貌与声音的双重视角，更好地楬橥了神怪的民俗文化内涵。

鉴古知今。从声貌视域研究神怪也具有现实意义。人类对世界的认识在不断进步，每个时代的人都在努力说出自己所看到的真相。巫祝眼中万物有灵，一切现象的背后都有神灵在推动，他们的故事总是围绕神怪奇特的长相和非凡的能力展开，形成典型的说体。史官眼中道德至高无上，各种现象演变背后存在道德因果，描述变化过程，揭示演变原因，构成直笔实录的史传体。文人眼中只有人性，神圣妖魔鬼怪只是人性的不同类型，自然万象只是人的不同情绪的外化，诗词成为最适合文人言志抒情的文体。人类受到自身感觉器官能力的局限，看到的颜色、听到的声音、品尝的味道等都是有限的。若以自身感知来裁量世界万物，必见笑于大方之家。今人习惯于借助科技手段扩展强化感知能力，古人凭借通感类推想象来寻找真相，各有其道理。神话的价值，当然可以从民族精神角度去解读，对正开创中国式现代化道路的当今时代而言，更有借鉴价值的是巫祝不受限制的想象能力。我们要讲新时代的中国故事，需要突破旧思维的局限。

　　综观本书中所显现的主要内容与观点，文字顺畅，思路清楚，论证有理有据。尽管其中难免存在一些不足与缺憾，但它对于中国古代神怪的体貌与声音进行了综合而系统的研究，既体现了作者的独特研究视角，也展现出宽阔的学术视野与较大的学术创获，具有较高的学术价值。向学界朋友推荐此书。

罗家湘

2023 年 4 月 8 日

目 录

第一章

中国早期文学的语象特质

语象是指借助文字符号所描摹的图像表情达意，即"语中之象"。在文、图分野不久后的一段时期内，语象被广泛应用于早期的诗文之中，它能纠正文、图的语境偏差，以便受众对早期文学文本较为正确地解读与把控。语象主要有两种呈现方式：一是通过摹拟身体某一部位的特征而形成摹态词，后世在使用过程中，又依其所摹态貌增衍出异形词。二是使早期的文学文本呈现图像化特质，进而协助文字说理、劝谏。不论哪种呈现方式，均能产生令受众印象深刻、过目不忘之效果。语象是视觉本身的生理功能使然。视觉是获取外界信息的重要途径，视觉感官传递给大脑皮层的信息中，图像更具成效，故而语象比单纯的文字符号对神经的刺激更主动、深刻。图像具有审美冲击效果，使人产生审美愉悦，语象使文字符号具象化，能够满足人们的视觉审美。

第一节　中国早期文学中的语象构建

西方新批评派论诗时使用"icon"或"image"，赵毅衡先生将其译为"语象"，并引介到国内。他在论述语象与"形象""意象"的区别后指出，"语象"即"语言中的象，它是由具象的（即能在读者意识中激发相应感觉经验的）语言组成的，它不是'意象'"。依据赵先生所言，语象是论述新批评派所关注的"具词的象，而不是具象的词"①。随后，我国学术界针对"语象"展开了讨论，陈晓明、孙春旻、蒋寅、韩经太和陶文鹏、黎志敏等学者先后介入②。尽管他们对语象的内涵、语象与意象的关系、语象与作者的参与度等问题仍有分歧，但大多数学者认为语象表达了诗学（或文学）的图像。如陈晓明认为语象是"自在图象"，是"既定的语言事实，它与作者和读者以及其他本文无关"③。孙春旻则从文图关系入手，指出早期文字"对客观事物的形象模拟"与其"图画的性质"是语象的最初意义，与物象重合④。在强调语象的图

① 赵毅衡：《新批评——一种独特的形式主义文论》，北京：中国社会科学出版社，1986 年，第 134—136 页。
② 参见陈晓明：《本文的审美结构》，石家庄：花山文艺出版社，1993 年；孙春旻：《表象·语象·意象——论文学形象的呈现机制》，《郑州大学学报》2002 年第 3 期；蒋寅：《语象·物象·意象·意境》，《文学评论》2002 年第 3 期；韩经太、陶文鹏：《也论中国诗学的"意象"与"意境"说——兼与蒋寅先生商榷》，《文学评论》2003 年第 2 期；黎志敏：《语象概念的"引进"与"变异"》，《广州大学学报》2008 年第 10 期。
③ 陈晓明：《本文的审美结构》，第 95 页。
④ 孙春旻：《表象·语象·意象——论文学形象的呈现机制》，《郑州大学学报》2002 年第 3 期，第 115 页。

像化功能方面，中国学者的意见是一致的，认为语象是刘易斯所说的"语中之象"，而非其他西方学者的"意中之象"。我们知道，早期的文字脱胎于图像（画），甚至有些文字本身即可构建一幅幅叙事图像，这在国内外学界已成共识。那么，讨论文字的语象功能离不开图像，这样可使我们更容易理解诗、文的意蕴。如果把语象作为作者与读者的"意中之象"（即将"image"译为"想象"），它就会变得复杂无比，因为"物象有限，意象无穷"，这与"原来的'意象'概念并无多少区别"①。也就是说，我们也不能过多地考虑读者的"想象"，因为作品一旦公之于众，读者可以自由地阐释，正所谓"一千个读者，有一千个哈姆雷特"，作者有时也会成为读者中的一员。况且，中国早期的文本大多非成于一人之手，无法固定作者。所以，在讨论语象时，我们不能过多考虑作者或读者，应把文字与文本当作考察的重点，重在分析文字所含蕴、描摹、构设的图像——语中之象。早期的文字（文本）中包含很多语象的成分，只有借助这些所语之象，以此作为解析文本的密码，利用图像与文字的共生、会通特质，才能更容易理解文本的内涵而减少不必要的曲解与误解。

一、文图的语境偏差与语象的区别性特征建构

汉字是记录汉语的书写符号系统。在每一个独立的汉字系

---

① 　陈晓明：《本文的审美结构》，第 92 页。

统中，一个符号的意义均由它与系统中其他要素的关系而确定。这也就是说，同一个语言单位（字、词语）在不同语境中含义不同。"只有将符号放置于具体的交际和指称背景中，我们才能把握它们的意义"①。事实上，即使语境相同，不同受众的感知也不尽相同，这会导致他们理解文字的意蕴时产生偏差。因语境不同而产生的偏差，在语言学中有很多例子，此不赘述。因受众不同而产生的区别，在早期文史文本中也多有体现。如《礼记·檀弓上》记载有子与曾子讨论"丧欲速贫，死欲速朽"：

> 有子问于曾子曰："问丧于夫子乎？"曰："闻之矣：'丧欲速贫，死欲速朽'。"
> 有子曰："是非君子之言也。"曾子曰："参也闻诸夫子也。"
> 有子又曰："是非君子之言也。"曾子曰："参也与子游闻之。"
> 有子曰："然。然则夫子有为言之也。"

"丧欲速贫，死欲速朽"，郑玄注："贫、朽非人所欲。"②有子认为这不是夫子的言论，曾子则说是亲自听孔子所说，并且子游也在场。有子、曾子争执无果，前去询问子游，才得知孔子所指："丧欲速贫"是针对鲁国大夫南宫敬叔说的，"死欲速朽"是针对宋大夫向魋所言。向魋生前为自己造石椁，三年尚未完工，极其

---

① 丁尔苏：《语言的符号性》，北京：外语教学与研究出版社，2000 年，第 60 页。
② 郑玄注、孔颖达疏：《礼记正义》，第 2793 页。

奢华、铺张，南宫敬叔时常携带财宝至朝中行贿，二人的行为违背礼制，带坏了社会风气，孔子愤怒地诅咒他们"丧欲速贫，死欲速朽"。作为亲炙弟子的曾子、有子，对这八个字的理解尚存有偏差，更何况后人了！幸得子游及时揭开了谜底，要不然将会成为一桩千古疑案。而此事件中子游的话语"甚哉，有子之言！似夫子也"，即引出了两千余年的纷争。《孟子·滕文公上》指出："子夏、子张、子游以有若似圣人，欲以所事孔子事之，强曾子。"①但孟子言辞含糊，并未说明有子哪方面似孔子，以至后人对"有若似圣人"的理解出现纷争。概括而言，争议主要有言似、状似、道似、貌言均似几个方面②，至今尚无定谳。可见，由于解读对象的不同，对文字在具体语境中所构建意义的理解也有诸多差别。

对于上述偏差，文史研究者多采用"知人论世"的方法解决。但是，早期的文学文本成书时间与作者有不确定性，致使"知人论世"有难度或根本无法执行。即使图文结合，有时也会因文字

---

① 赵岐注、孙奭疏：《孟子注疏》，见阮元校刻《十三经注疏》，北京：中华书局，2009年，第5884页。

② 《礼记·檀弓上》载"有子之言似夫子也"，宋朱熹《孟子集注》、蔡模《孟子集疏》、黄震《黄氏日钞》卷三、钱穆《孔子传》从之。《史记·仲尼弟子列传》认为"有若状似孔子，弟子相与共立为师，师之如夫子时也"，王充《论衡·乱龙》《讲瑞》、赵岐《孟子注》、匡亚明《孔子评传》、王元化《王元化谈〈论语〉八篇》从之。南宋李季可《松窗百说·有若》指出"子游、子夏、子张以有若似孔子……其谓其道似也"，王十朋《王十朋全集》、明焦竑《焦氏〈四书〉讲录》卷十、清崔述《洙泗考信余录》、檀作文《孔子的三个接班人》(中)、周永娜《"有若似圣人"辨析》从之。王红霞《子夏生平考述》认为貌、言均似孔子："据史书推测，有子之所以被选中，可能是两个原因：一是有子貌似孔子……二是有若之言似夫子。"

所指不清而造成争端，如石家庄东头村曾出土蚩尤像和"天帝使者"铭文，但"天帝使者"四字却因为所指不明而出现不同的理解。日本林巳奈夫、法国索安和大陆刘屹都判定铭文"天帝使者"指蚩尤，即铭文与图像是指称关系。黄景春则认为画像有辟兵的功能，旁边的铭文为强化这一功能。那么，铭文和画像到底是指称关系还是并列关系，即蚩尤是否为天帝使者，尚需要进一步讨论①。又如洛阳烧沟 61 号西汉墓后墙壁画，围绕中间的兽首人身怪兽绘有九人，该画上方的空心砖上用白粉写有三个隶体的"恐"字②。那么，"恐"是表达对现场的恐惧，还是对人们的警示，学者们对比有争议。郭沫若判定此为"鸿门宴"画面，是借古鉴今、追念先烈，期望刘氏子孙像刘邦那样豁达大度、不畏艰险，而不要像项羽那样逞勇误事③。孙作云认为这是民间打鬼前的仪式④。三个"恐"字的介入使这一壁画的主题变得复杂，以至于理解时出现偏差。这种偏差的产生原因，可从语言与图像两种符号不同的指事功能进行解说，因为"语言是一种实指符号，图像是一种虚指符号；实指的所以是强势的，虚指的所以是弱势的。因此，当二者互相模仿或共享同一个文本时，强势的语

① 黄景春：《中国宗教性随葬文书研究——以买地券、镇墓文、衣物疏为主》，上海：上海人民出版社，2018 年，第 137 页。
② 李京华：《洛阳西汉壁画墓发掘报告》，《考古学报》1964 年第 2 期，第 117 页。
③ 郭沫若：《洛阳汉墓壁画试探》，《考古学报》1964 年第 2 期，第 5 页。
④ 孙作云：《洛阳汉壁画墓中的傩仪图——打鬼迷信、打鬼图的阶级分析》，《郑州大学学报》1977 年第 期，第 95 页。

言符号总是处于主导地位,弱势的图像符号只能充任它的'副号'"①。这也就是说,文字一旦脱胎于图像,则被人们广泛接受并迅速占据强势的主导地位。然而,文字又具有模糊性特质,人们在判断墓室中的画像时,多依据客观存在的历史资料或民间信仰信息,产生误解实属正常。可见,文图结合或者单独的文字图像亦有误差产生。解决这一问题的办法是,要么用语言直接表明意图,要么通过语中之象进行表达。而汉语与传统文化又有含蓄的特点,学术界很多情况下都不采取前一种方式,后者自然成为优势选项。于是,早期文本通常使用夸饰、隐喻、譬喻、象征等手法,使文字符号生发出画面感,以区别于单纯的文字或图像的叙事功能,这就增强了文本的指称能力,可以有效地解决上述误差。

二、语象与摹态词的同词异形

早期的文学作品注重形貌摹画。其方法是抓住人体某一特点进行简单化、脸谱化地描绘,或者通过语言符号摹画形象,从而给读者留下深刻的印象。于是,这些形貌化的描写为人们所接受并经过长期使用而形成一个固定范式,有的甚至形成词语流传到今天。"上古很多词语就体现了这一特点……这种词语

① 赵宪章、李新亮:《面向图像时代的文学研究——赵宪章教授访谈录》,《河北民族师范学院学报》2018 年第 4 期,第 5 页。

音节整齐、韵律和谐，具有听觉上的美感，在意义上比较适于表达事物的态貌。因此在汉语发展的历史中，这种音义兼长的词语一直被当作文学创作中的重要表现手法之一"①。如委蛇，《诗经·召南·羔羊》："退食自公，委蛇委蛇。……委蛇委蛇，自公退食。……委蛇委蛇，退食自公。"《毛传》："委蛇，行可从迹也。"《郑笺》："委蛇，委曲自得之貌。"②《左传·襄公七年》引此诗后说："谓从者也。衡而委蛇必折。"杜预注曰："委蛇，顺貌。"孔颖达从之③。韩诗将"委蛇"写作"逶迤"。"委蛇"或"逶迤"，均摹画了大夫退朝后悠闲自得、昂首傲慢的态貌。《鄘风·君子偕老》"委委佗佗"，《毛传》："委委者，行可委屈踪迹也。佗佗者，德平易也。"④佗佗，《毛传》解释有误。古代"也""它"互通，如"委蛇"在《庄子·至乐》作"委虵"。《墨子·备城门》"葆离乡老弱国中及也大厉"，孙诒让认为"也，即古'他'字"⑤。《墨子·小取》"举也物而以明之也"，王念孙认为"'也'与'他'同"⑥。《诗经·小雅·鹤鸣》："它山之石，可以为错。"陆德明说："它，古他字。"⑦也、他与它相通，佗佗，应为"虵虵"，《君子偕老》中"委委

① 翟燕：《元代 ABB 式三音词激增原因分析》，《齐鲁学刊》2006 年第 2 期，第 85 页。
② 郑玄注、孔颖达疏：《毛诗正义》，见阮元校刻《十三经注疏》，北京：中华书局，2009 年，第 607—608 页。
③ 杜预注、孔颖达疏：《春秋左传正义》，见阮元校刻《十三经注疏》，北京：中华书局，2009 年，第 4208 页。
④ 郑玄笺、孔颖达疏：《毛诗正义》，第 661 页。
⑤ 孙诒让：《墨子间诂》，见《诸子集成》4 册，上海：上海书店，1986 年，第 214 页。
⑥ 王念孙：《读书杂志》，上海：上海古籍出版社，2017 年，第 1544 页。
⑦ 陆德明：《经典释文》，上海：上海古籍出版社，2013 年，第 79 页。

佗佗"当为"委委蛇蛇",指弯曲、舒展之貌。

在《山海经》《庄子》中,"委蛇"则指称动物与泽神。《山海经·大荒南经》有"委维",《海内经》有"延维",郭璞认为二者均为"委蛇",是一种动物。郭璞引用《庄子·达生》"泽有委蛇"阐释其形状,摹状之义十分明显。王念孙释为"其大如毂,其长如辕,紫衣而朱冠"[1],将委蛇描摹为泽神的样子。我们推测,此处委蛇当根据其状命名,属于"形名"的范畴,后来又依其描摹的形状而使用、引申。如《庄子·应帝王》:"吾与之虚而委蛇,不知其谁何?"委蛇,成玄英注为"随顺貌",郭象注为"无心而随物化"[2]。《天运》《至乐》《庚桑楚》《徐无鬼》中的"委蛇",郭象和成玄英都释为顺随从容、舒缓自得。《楚辞·离骚》:"驾八龙之婉婉兮,载云旗之委蛇。"王逸注:"其状婉婉,委蛇而长也。……蛇,一作移。一作逶迤。"[3]委蛇由摹画形貌的摹态词,变为以形命名的兽类与泽神,随后又据其态貌进行引申。《庄子》《楚辞》借委蛇的舒缓自得、随顺自如之特点以表达个体生命摆脱自然约束的心理境界。于是,委蛇成为一个固定的摹态词,描摹屈曲绵延、如蛇行进之貌,被后世广泛使用。如《史记·苏秦列传》载苏秦合纵成功后返家,"嫂委蛇蒲服,以面掩地而谢",《索隐》:"委蛇,谓面掩地而进,若蛇行也。"[4]刘向《九叹》:"佩苍龙之蚴

---

① 袁珂:《山海经校注》,上海:上海古籍出版社,1980 年,第 481 页。

② 王先谦撰、刘武撰、沈啸寰点校:《庄子集解》,北京:中华书局,2012 年,第 74 页。

③ 王逸章句、洪兴祖补注:《楚辞补注》,北京:中华书局,1983 年,第 46 页。

④ 司马迁:《史记》,第 2262 页。

虹兮，带隐虹之逶蛇。"扬雄《反离骚》："既亡鸾车之幽蔼兮，焉驾八龙之委蛇?"张衡《西京赋》："白虎鼓瑟，苍龙吹篪，女娥坐而长歌，声清畅而蛟蛇。"张衡《南都赋》："巨蟒函珠，驳瑕委蛇。"《文选》卷十八载嵇康《琴赋》："穆温柔以怡怿，婉顺叙而委蛇。"吕向注："委蛇，长远之貌。"①随着使用范围的扩大，其字形出现多种变化，洪迈《容斋随笔・委蛇字之变》列举十三种写法②，至今已有八十余种写法③，而增加形符、异体字则是出现异形字主要的途径④。增加开符多依靠状貌摹写，这也就是说，后人在"委蛇"的基础上，通过描形扩展其写法。由上可知，委蛇本指弯曲之貌，进而形成摹画形貌的摹态词，随后，或以其体貌而命名兽类与泽神，或借其舒缓自得、随顺自如之特点以表达个体生命摆脱自然约束的心理境界。

　　又如匍匐，也是依据其态貌而逐渐固定下来的摹态词。《诗经・大雅・生民》"诞实匍匐，克岐克嶷，以就口食"，朱熹《诗集传》说"匍匐，手足并行也"⑤。《左传・昭公十三年》载"奉壶饮冰以蒲伏焉"。"蒲，本又作'匍'，同'步'。伏，本又作'匐'。"⑥"蒲伏"即"匍匐"，孔颖达认为"司铎射窃往饮季孙之所，似小儿

---

①　萧统编，李善等注：《六臣注文选》，北京：中华书局，1987 年，第 337 页。
②　洪迈：《容斋随笔》，北京：中华书局，2005 年，第 935 页。
③　符定一：《联绵字典》，上海：中华书局，1954 年，第 395—400 页。
④　尚振乾：《联绵词"委蛇"文字考议》，《西北大学学报》2004 年第 6 期，第 156 页。
⑤　朱熹：《诗集传》北京：中华书局，2017 年，第 292 页。
⑥　杜预注、孔颖达疏：《春秋左传正义》，第 4501 页。

伏地而手行"①。《说文解字·勹部》:"匍,手行也。匐,伏地也。"②《战国策·秦策一》载苏秦嫂"蛇行匍伏",《史记·苏秦列传》作"蒲服"。"服"与"伏"古相通,"匍匐"又作"蒲伏""匍伏""蒲服",最早是描摹儿童手足并用的态貌,后来又用于刻画成人伏地而行的情状,摹态之义明显。

再如凿齿,《山海经·海外南经》:"羿与凿齿战于寿华之野,羿射杀之。在昆仑虚东。羿持弓矢,凿齿持盾。一曰戈。"《大荒南经》亦有记载。郭璞注:"凿齿亦人也,齿如凿,长五六尺,因以为名云。"③《淮南子·坠形训》:"自西南至东南方,结胸民、羽民……穿胸民、反舌民、豕喙民、凿齿民、三头民。"高诱注:"凿齿民,吐一齿出口下,长三尺也。"④《本经训》:"逮至尧之时,十日并出,焦禾稼,杀草木,而民无所食。猰貐、凿齿……皆为民害。尧乃使羿诛凿齿于畴华之野。"高诱注:"凿齿,兽名,齿长三尺,其状如凿,下彻颔下而持戈盾。"⑤袁珂认为郭璞对凿齿的注释本于高诱⑥,这有一定的道理。可见,从东汉至晋代,凿齿均以齿的形状特点而命名。"'齿如凿'指出了'凿齿'的名义来源,齿

---

① 杜预注、孔颖达疏:《春秋左传正义》,第 4501 页。
② 许慎:《说文解字》,北京:中华书局,1963 年,第 187 页。
③ 郭璞注:《宋本山海经》,北京:国家图书馆出版社,2017 年,第 166 页。
④ 刘安著、高诱注:《淮南子注》,见《诸子集成》第 7 册,上海:上海书店,1986 年,第 62—63 页。
⑤ 刘安著、高诱注:《淮南子注》,第 117—118 页。
⑥ 袁珂:《山海经校注》,第 198 页。

'长五六尺'或'长三尺'说明了'凿齿'的外形特征。"①以齿之形状命名，在其他文献中也可找到依据。《汉书·扬雄传下》载《长杨赋》："昔有强秦、封豕其士，窦窳其民，凿齿之徒，相与磨牙而争之。"颜师古主引服虔语："凿齿，齿长五尺，似凿，亦食人。"②《文选》卷九载《长杨赋》李善注引同。葛洪《抱朴子·祛惑》："又有神兽，名狮子辟邪，天鹿焦羊，铜头铁额，长牙凿齿之属。"③庾信《三月三日华林园马射赋》："雕题凿齿，识海水而来王。"④可见凿齿的最初命名源于齿长，后来指代凶残、暴虐之徒。王晖结合大汶口文化、龙山文化和良渚文化所发掘人骨标本的拔牙情况，以及传世的玉雕人头像，认为凿齿是指动物的长獠牙，而非一些学者所谓'汉晋学者已不知'凿齿'的本义而乱作解释"⑤。汉晋学者将"凿齿"视为偏正式词语，"凿"修饰"齿"，即凿一样的牙齿，而"一些学者"则将其视为动宾结构。但不管凿齿指人或兽类，甚至像有些学者所说的凿敲并拔牙的习俗⑥，他们均依据其牙齿的形状而言。

　　他如以面部形貌（表情）表达心理的"睚眦"，以器官形貌而

---

① 王晖：《古"凿齿民"写照：史前獠牙人头像玉雕属性考——兼释史前东南方拔牙习俗与古"凿齿民"形象之矛盾》，《文史哲》2015年第4期，第54页。

② 班固：《汉书》，北京：中华书局，1962年，第3560页。

③ 王明：《抱朴子内篇校释》，北京：中华书局，1986年，第349页。

④ 庾信著，倪璠注：《庾子山集注》，北京：中华书局，1980年，第4页。

⑤ 王晖：《古"凿齿民"写照：史前獠牙人头像玉雕属性考——兼释史前东南方拔牙习俗与古"凿齿民"形象之矛盾》，第62页。

⑥ 严文明：《大汶口文化居民的拔牙风俗和族属问题》，山东大学历史系考古教研室编：《大汶口文化讨论文集》，济南：齐鲁书社，1979年，第252页。

命名的"贯胸国""大人国""长颈国",以头发的颜色与形状描摹老人和儿童的"黄发垂髫"等摹态词也有很多。此类摹态词通过摹画身体或某一器官的态貌而构成图景,进而形成被人们认可的固定词语流传后世。在构词时,它们大多依据具象的器官或部位,但其中也包含着一定的想象与抽象成分。具象体现在某一部位的形貌或动作,抽象则反映出人们的心理情感。其中,前者发展为形象描写,后者影响到抽象思维、逻辑思维,二者共同影响着后世的文学与图像。

三、语象叙事在早期文本中的图像化呈现

从学理而言,文字符号生发画面感,或者构建语中之象也是可行的。文字脱胎于图像,仍保留图像的孑遗。人们在说理、叙事时使用一些手法构设图像,从而使人过目不忘甚至是留下永恒的记忆。如在《诗经》中,尽管有很多押韵、易读的篇什,但给人留下印象最深的恐怕是《卫风·硕人》:"硕人其颀,衣锦褧衣。……手如柔荑,肤如凝脂。领如蝤蛴,齿如瓠犀。螓首蛾眉,巧笑倩兮,美目盼兮。硕人敖敖。"①原因就是这些诗句使用文字符号摹画了图像,即语中之象。如果我们考察前人对此诗的注释与评价,其语象特征则更加了然。《毛传》:"颀,长貌。锦,文衣也。""瓠犀",《毛传》释为"瓠瓣",《孔疏》:"《释草》曰:

---

① 　郑玄笺、孔颖达疏:《毛诗正义》,第 679 页。

'瓠,栖瓣也。'——孙炎曰：'栖瓠,中瓠也。'"①朱熹的解释更加形象："瓠犀,氐中之子,方正洁白而比次整齐也。"②"盼",《毛传》释为"白黑分"③,《论语·八佾》马融注曰："盼,动目貌。"④简短的文字将"硕人"的貌、目、颈、齿等形象地摹绘,活现其一顾三盼、笑靥如花的姿态,使读者难忘。吴闿生说"次章貌美……'手如'五句,状其貌"⑤,沈德潜认为"备形族类之贵,容貌之美"⑥,姚际恒、方玉润盛赞"千古颂美人者,无出其右,是为绝唱"⑦,这都说明了所语之貌的重要性。可见,该诗能成为千古绝唱,文字符号所状美貌当功不可没。

又如《大雅·行苇》末章"酌以大斗,以祈黄耇。黄耇台背,以引以翼"所摹绘的是宴会时搀老、敬老场景。"黄耇",《毛传》："黄,黄发也。"孔疏》引《尔雅·舍人》："黄发,老人发白复黄也。"《南山有台》孔疏引三国孙炎语："耇,面冻梨色如浮垢。"⑧黄指老人的头发黄白间杂,犹如《左传·僖公二十三年》之"二毛";耇指老人的面容。黄耇是对老人的头发与面部颜色的描摹,指代老人。《说文解字》训"耇"为"垢",朱骏声《说文通训定

---

① 郑玄笺、孔颖达疏：《毛诗正义》,第 679 页。
② 朱熹：《诗集传》第 56 页。
③ 郑玄笺、孔颖达疏：《毛诗正义》,第 680 页。
④ 何晏集解、邢昺疏：《论语注疏》,见阮元校刻《十三经注疏》,北京：中华书局,2009 年,第 5357 页。
⑤ 吴闿生：《诗义会通》,上海：中西书局,2012 年,第 50 页。
⑥ 沈德潜：《说诗晬语》,北京：人民文学出版社,1979 年,第 191 页。
⑦ 姚际恒：《诗经通论》,北京：中华书局,1958 年,第 83 页。
⑧ 杜预注、孔颖达疏：《毛诗正义》,第 897 页。

声》纠正了这一释义,认为当指"老人背佝偻也"①。若此,黄耇
亦为摹写老人的头发与身躯状貌。台背,《毛传》释为"大老",
《郑笺》认为"台之言鲐也,大老则背有鲐文",《孔疏》引《尔雅·
舍人》"老人气衰,皮肤滑,脊背若鲐鱼"而引申之②。后世学者
如朱熹、王先谦,以及今人程俊英等解《诗》时多依郑玄,认为因
老人背有鲐文而称其为台背。清代马瑞辰对郑玄的阐释提出质
疑,认为台背即"背有黑文。……鲐鱼之名,亦取背有黑文,与台
背义同,不必老人背似鲐鱼也"③。而笔者以为,我们未必一定
将"台"和"鲐"联系起来,"台"本身已含有大的意义,台背即是背
部突出、高显。《说文解字·至部》《尔雅·释宫》将"台"释为"四
方而高"的建筑物④,指出其高大的特征。《诗经》写到嫁女时多
在"台""丘"处。李颖梳理《诗经》中婚恋诗,认为"上古青年男女
的择偶、婚配往往要筑台……女子出嫁之前,要处于高台之上,
在台上待嫁"⑤。由此可知高台待嫁、男女于台上婚配是一种古
老的风俗。此外,《诗经》以"台"名篇的《新台》与婚姻相关,《灵
台》则与周朝的礼乐、政治相关。陈鹏程考证,"台在最初产生时

---

① 朱骏声:《说文通训定声》,北京:中华书局,1984 年,第 356 页。
② 杜预注、孔颖达疏:《毛诗正义》,第 1153 页。
③ 马瑞辰:《毛诗传笺通释》,见《清人注疏十三经》,北京:中华书局,1998 年,第
293 页。
④ 许慎:《说文解字》,第 247 页。郭璞注、邢昺疏:《尔雅注疏》,见阮元校刻《十三经
注疏》,北京:中华书局,2009 年,第 5650 页。
⑤ 李颖:《水边与高台——〈诗经〉婚恋诗蠡测》,《文艺研究》2012 年第 11 期,第 44—
45 页。

其核心的文化功能就是作为一种原始宗教圣物发挥着凝聚族群的作用"①。盖由台的高耸特征而作为族群聚集的标志性建筑，发展为宗教圣物，再成为《诗经》中婚恋、嫁女、宴乐的佳处，直至衍生为与政治相结合的符号表征以及具有审美价值的事象。但这些释义都应与台之高大的特征相关。故而，台的含义仍以《毛传》之"大"为妥。台背，即大背，背部弯曲幅度大，以特貌特征指代老人，是对老人形貌的描摹。

"台"为大之意，我们也可以从早期的其他文本中找到证据。在先秦时期，与"台"音似者有时也被赋予高大的含义。如"骀"，《庄子·德充符》有鲁之兀者王骀、卫之恶人哀骀它，成玄英注："刖一足曰兀，形虽残兀而心实虚妄。故冠《德充符》而为篇首也。……王骀是体道圣人。"②《庄子解》卷五"此言德之充也。无所不充，至于超天地之成坏，极万物之变化而不出其宗"③，说明德之广大。王骀是一位弟子众多、诚得至道的圣人，能"立不教，坐不议，虚而往，实而归。固有不言之教，无形而心成者耶？"④为大智若愚的化身，其中骀为德高、道圣。哀骀它是一位相貌奇丑之士，但丑陋的形貌下隐含着高尚的德性和无穷的魅力⑤：

① 陈鹏程、刘生良：《先秦台文化内涵的演进与增衍——兼论〈诗经〉"台"诗的文化意蕴》，《文化遗产》2013 年第 5 期，第 133 页。
② 郭象注、成玄英疏：《庄子注疏》，第 103 页。
③ 王夫之：《庄子解》，北京：中华书局，1964 年，第 48 页。
④ 王先谦撰、刘武撰、沈啸寰点校：《庄子集解》，第 47 页。
⑤ 梁奇：《德貌背离：〈庄子〉重要的写人模式》，《中国社会科学报》2015 年 7 月 13 日，第 5 版。

"丈夫与之处者，思而不能去也。妇人见之，请于父母曰'与为人妻，宁为夫子妾'者，十数而未止也。……不至乎期年，而寡人信之。国无宰，寡人传国焉。"①骀有高尚、高大之义，《说文解字·马部》："骀，马衔脱也。"段注曰："马衔不在马口中，则无以控制其马。……《广雅》曰'弩，骀也'，是也。又引伸为宽义。"②"宽"属于阔大的范畴。由上可知，台当为"大"，《行苇》"台背"当为大背，指背部脊柱弯曲的严重。出现这种情况者，要么是天生的罗锅，要么因年老躯干变形。结合此诗"以引以翼"的敬老、孝老场域可知，"台背"应属后者。李发从文字学角度考察"台背（鲐背）当言老人背部圆突，呈驼背之状"是正确的③，只是不需将"台背"与"鲐背"互通。由上可知，此诗通过用文字符号"台背"摹拟老人躯体弯曲的形状以指代老人，形象地写出了宴会时的敬老、孝老场面。程俊英先生对此作了精确的分析，用"黄耇台背"描摹老人，"以引以翼"刻画敬老的场面，笔触细腻形象逼真④。可见，通过纯文字符号刻画出逼真的图景效果，使受众印象深刻，影响深远。事实上，即使如郑玄等人将台背释为鲐鱼之黑纹，进而代指老人，也是语象的范畴。因此将鲐鱼背之"黑文"与老人"皮肤暗黑"结合来阐释"台背"的含义影响甚巨，包括程俊英仍在采纳。遗憾的是，这一解释从郑玄开始，已经是舍近求远了。

① 王先谦撰、刘武撰、沈啸寰点校：《庄子集解》，第 51 页。
② 段玉裁：《说文解字注》，上海：上海古籍出版社，1988 年，第 468 页。
③ 李发：《〈诗经〉"台背"小考》，《文献》2008 年第 4 期，第 175 页。
④ 程俊英、蒋见元：《诗经注析》，北京：中华书局，1991 年，第 812 页。

语象的例子在《诗经》中还有很多，如《周南·关雎》"窈窕淑女，君子好逑"，《邶风·静女》"静女其姝……静女其娈"，《郑风·野有蔓草》"有美一人，清扬婉兮"，《陈风·泽陂》"有美一人，硕大且卷……有美一人，硕大且俨"，《陈风·月出》"佼人僚兮，舒窈纠兮，劳心悄兮"，或描画硕大的身躯，或粗摹姣好的容貌和从容的举止，或作眉清目秀地工笔细描，文字符号蕴含着一幅幅图像，使人过目不忘。

诗歌通过语象对读者产生影响，凸显抒情主题。散文在叙事、说理时合理运用语象，也能摹绘得生动、形象，使读者产生深刻的印象。《庄子·德充符》中兀者申屠嘉与叔山无趾、恶人阖跂支离无脤等，均通过语象描摹其奇特相貌所蕴藏的人格魅力。《楚辞·山鬼》"既含睇兮又宜笑，子慕予兮善窈窕"①，《大招》"朱唇皓齿，嫭以姱只……嫭目宜笑，娥眉曼只……小腰秀颈，若鲜卑只"②等，均使用语象绘摹人物，惟妙惟肖。其中，窈窕、皓齿、朱唇、小腰、秀颈、蛾眉等成为描摹美人的经典范式而影响着后世的文学与文化。

四、语象叙事的讽谏功能

在获取外界信息时，视觉占据主要地位，故而古代重视图像的构建，常在宗教中使用图像为先民攘祸祈福、劝谏。《左传·

---

① 　王逸章句、洪兴祖补注：《楚辞补注》，第79页。
② 　王逸章句、洪兴祖补注：《楚辞补注》，第221—222页。

宣公三年》载王孙满借用大禹"铸鼎象物，使民知神奸"①，劝谏楚庄王注重德化。三代宗庙内多绘制图文进行劝谏、教化，《吕氏春秋·谕大》引《商书》"五世之庙，可以观怪"②，《淮南子·主术训》"文王周公，观得失，遍览是非。尧舜所以昌，桀纣所以亡者，皆著于明堂"，高诱注："著，犹图也。"③西周晚期的《善夫山鼎铭文》《无专鼎铭文》有"图室"二字，曲英杰认为"图室"为金文中"大室"，因藏有先王先公图像而得名④。王逸《楚辞章句·天问序》载屈原有感于楚国先王庙、公卿祠堂内的天地山川神灵图画而写作《天问》⑤，清代丁晏认为"壁之有画，汉世犹然"⑥。宗庙祠堂内绘制祥瑞符号、神仙世界及历史故事等，图像摹绘与文字表达结合，展示丰富的语象世界，使观者心生敬畏，令宗教与教化合一。

　　通过摹画身体某一部位的形体特征以讽谏、劝喻，既有奇特的功效，又能使读者过目难忘。如《左传·宣公二年》载："宋城，华元为植，巡功。城者讴曰：'睅其目，皤其腹，弃甲而复。于思于思，弃甲复来。'使其骖乘谓之曰：'牛则有皮，犀兕尚多，弃甲

---

①　杜预注、孔颖达疏：《春秋左传正义》，第 4056 页。
②　吕不韦著、高诱注：《吕氏春秋》，见《诸子集成》第 6 册，上海：上海书店，1986 年，第 135 页。
③　刘安著、高诱注：《淮南子注》，第 149 页。
④　伏俊琏：《先秦两汉"看图讲诵"艺术与俗赋的流传》，《天水师范学院学报》2008 年第 6 期，第 31 页。
⑤　王逸章句、洪兴祖补注：《楚辞补注》，第 85 页。
⑥　丁晏撰、黄灵庚点校：《楚辞天问笺》，上海：上海古籍出版社，2018 年，第 1 页。

则那?'役人曰:'从其有皮,丹漆若何?'华元曰:'去之!夫其口
众我寡。'"①华元为宋国六卿之一。鲁宣公二年春,楚命郑伐
宋,华元帅兵御郑师,兵败被俘。失败的原因竟是战前华元杀羊
犒劳将士,其御者羊斟未吃到肉,而交战时驱车降郑。华元返宋
后主持修城,仍然颐指气使,修城者对其讽刺,致使其狼狈逃窜。
筑城者的话语对华元的目、腹以及丢盔弃甲的举止进行描摹,勾
勒出其丑陋的画像,令人难忘。又如《左传·襄公四年》载《侏儒
歌》:"冬十月,邾人、莒人伐鄫。臧纥救鄫,侵邾,败于狐骀。国
人逆丧者皆髽。鲁于是乎始髽。国人诵之曰:'臧之狐裘,败我
于狐骀。我君小子,侏儒是使。侏儒侏儒,使我败于邾。'"②鲁
国本为大国,公元前 569 年,任用臧纥为将攻打小邾国而失败,
死伤惨重。国人依据臧纥形貌短小的特点而作此歌谣讽刺,以
滑稽的语言宣泄悲愤,入木三分,生动形象。

　　《左传》两则语图故事,对华元和臧纥进行了冷嘲热讽,但又
不失滑稽幽默,故而《文心雕龙》将其列入《谐隐篇》:"夫心险如
山,口壅若川;忿怒之情不一,欢谑之言无方。昔华元弃甲,城者
发睅目之讴;臧纥丧师,国人造侏儒之歌。并嗤戏形貌,内怨为
俳也。"③此以戏谑的口吻致使两位败军之将无地自容,他们只
好仓皇避之,劝惩效果显著。再如,《楚辞·九章·惜往日》"妒

①　杜预注、孔颖达疏:《春秋左传正义》,第 4052 页。
②　杜预注、孔颖达疏:《春秋左传正义》,第 4197—4198 页。
③　刘勰著、范文澜注:《文心雕龙注》,北京:人民文学出版社,1958 年,第 270 页。

佳冶之芬芳兮,母姣而自好。虽有西施之美容兮,馋妒入以自代"以政治讽喻①。《庄子》通常借助寓言故事进行说理劝谏,因寓言多重形象,所以通过形象符号的描绘与语象世界的构建进行说理、劝谏。《德充符》中兀者王骀、申屠嘉与叔山无趾,恶人哀骀它、阐跂支离无脤等,均是通过文字符号描绘大量物象,以对当时君王劝谏、讽喻。《达生》:"凡有貌象声色者,皆物也,物与物何以相远? 夫奚足以至乎先? 是色而已。"成玄英疏:"夫形貌声色,可见闻者,皆物色也。"②进入山林,庄子注重"观天性形躯",为宋君绘画时提出"解衣盘礴"等,均是通过构设语象以劝谏讽喻。闫滨认为《庄子》中"始终存有一个与逻辑体系相纠结的形象体系,深刻的哲理通过各种形象的类比和寓意而展示"③。包兆会认为语象的建构,"使其文章既有诗性又有哲思,这使他成为文学家同时也是哲学家"④。

《战国策·齐策一·邹忌讽齐王纳谏》则有"形貌昳丽"的邹忌和"齐国之美丽者"徐公进行对比,以劝谕齐王纳谏。相对而言,弱小者则遭人嘲笑,如《左传·襄公四年》所载《侏儒歌》对臧纥的嘲笑,充满了讽刺、戏谑,令人捧腹。俳优多身材矮小,他们

---

① 王逸章句、洪兴祖补注:《楚辞补注》,第 152 页。
② 郭象注、成玄英疏:《庄子注疏》,第 343 页。
③ 闫滨:《〈庄子〉抽象名词发展的认知文化机制研究》,《山东青年》2016 年第 6 期,第 133 页。
④ 包兆会:《〈庄子〉语言符号的"图像化再现"机制、途径和效果》,《文艺争鸣》2018 年第 6 期,第 104 页。

因得到君王的次喜而无所忌言。《国语·晋语二》载优施说"我优也，言无邮"韦昭注："邮，过也。"①《史记·滑稽列传》记载了齐国淳于髡、楚国优孟、秦国优旃、东方朔等人，或出身卑微，或身材矮小。"优孟者，故楚之乐人也。长八尺，多辩，常以谈笑讽谏"。楚庄王爱马死，欲以大夫之礼葬，优孟劝谏。"优旃者，秦倡侏儒也。善为笑言，然合于大道。"秦二世欲漆城，优旃劝谏。《文心雕龙·谐隐篇》评价道："优旃之讽漆城，优孟之谏葬马，并谲辞饰说，抑止昏暴。"②可见，俳优使用幽默的口吻劝谏君王，往往正话反说，放大对方的错误，使之陷入不合逻辑的可笑境地。

早期文本口语图的讽谏范式被汉赋继承，司马相如《上林赋》历来被认为是"劝一讽百"之作，而劝讽的目的是通过描绘众多物象而达到。甚至有学者认为对"圣域"图画和帝王奢侈的图像描写即语图占据主导地位，而奇怪的是，原本讽谏只是《上林赋》的一个尾巴，由于大量图画的介入而增强了语图效果，使得讽喻的"尾巴"变大，致使"上林"成为一个文化"真身"而存在③。这也就是说，在后世解读过程中，占据次要地位的"讽喻"取代了占据主导地位的语象摹写。这一逆转的获得，当得力于语图与图像的互用，彰显了语象在早期文学中的力量。他如《子

---

①　徐元诰：《国语集解》(修订本)，北京：中华书局，2002年，第276页。
②　刘勰著、范文澜注：《文心雕龙注》，第270页。
③　王思豪、许结：《圣域的图写：从〈上林赋〉到〈上林图〉》，《复旦学报》2015年第5期，第105页。

虚赋》《鲁灵光殿赋》等皆如此。

五、早期文学语象的理路依据

（一）语象的生理官能

在中国传统文化中，圣人具有聪明的才干和非凡的智慧，能带领人们走向文明。"圣人之所以能开辟人类文明的新纪元，据说是源于圣人超卓的感知事物的能力"①。感知能力的获得，大多归功于五官，其中视觉功能最为重要。它是"感知器官，同时也是辨识器官、学习的器官和审美的器官"②，既能感知外部世界，又能表达主体的心理动向。

"生理学的研究证明，人类的视觉神经细胞远比听觉神经细胞丰富发达，这是因为我们主要通过视觉信号系统来获取外界知识。"③近些年，神经生理学家运用事件相关电位比较视觉、听觉受到外界刺激后产生的不同变化，认为对于外界事物的感知，视觉快于、强于听觉，这是认知功能的重要评价依据④。托马斯·雅各布森（Thomas Jacobsen）和苏珊·保艾特（Susan Beudt）将事件相关电位研究运用到神经美学实验的研究之中，从而把审美事件的认知过程用科学化实证手段描述出来，开创

---

① 罗家湘：《〈逸周书〉研究》，上海：上海古籍出版社，2006 年，第 125 页。
② 王海龙：《视觉人类学新编》，上海：上海文艺出版社，2016 年，第 20 页。
③ 傅修延：《先秦叙事研究》，北京：东方出版社，1999 年，第 30 页。
④ 张萍淑、孔祥慧等：《听觉和视觉认知电位 P300 系列成分的临床电生理学特征》，《中国健康心理学杂志》2017 年第 1 期，第 20 页。

了人文科学与自然科学相结合的研究典范①。这种研究范式也被西方学者广泛应用于文学、音乐和舞蹈的研究中，且取得一些成果。事实上，这种方法也可用来研究我们早期文学中的语象。

（二）语象的视觉审美认知

在对文学和艺术的审美认知中，视觉"能够在无利害的情况下对审美对象的外在形式进行认知"②。如果文字语言能够描摹出视觉形象——语象，这将会给受众造成较大的影响。前文所举《诗经·硕人》"巧笑倩兮，美目盼兮"绘制了眉目顾盼的形象，顾恺之"传神写照，正在阿堵"从观者的视角强调眼目的重要性。反之，如果绘画不注重形貌气韵，则会成为败笔。《淮南子·说山训》："画西施之面，美而不可说；规孟贲之目，大而不可畏，君形者亡焉。"高诱注："生气者，人形之君。规画人形，无有生气，故曰君形亡。"③即说明了这点。

眼睛既是感知器官，也是审美器官。审美伴随人类的诞生而出现，又与人们的生存环境密切相关。早期人与野兽杂生，人类需要有足够的能力战胜它们，于是，先民崇尚硕壮、勇猛。在早期文学作品中，无论男性还是女性，形美身壮者受人称颂。如《诗经·周南·兔罝》"赳赳武夫，公侯干城"，《卫风·伯兮》"伯

---

① 王延慧：《西方神经美学的审美认知理论研究》，吉林大学博士学位论文，2018 年，第 22 页。
② 王延慧：《西方神经美学的审美认知理论研究》，第 139 页。
③ 刘安著、高诱注：《淮南子注》，第 281 页。

兮朅兮，邦之莱兮，伯也执受，为王前驱"，《郑风·叔于田》"洵美
且武"，《郑风·羔裘》"羔裘豹饰，孔武有力，彼其之子，邦之司
直"，《邶风·简兮》"硕人俣俣，公庭万舞，有力如虎"，《齐风·猗
嗟》"猗嗟昌兮，颀而长兮！抑若扬兮，美目扬兮，巧趋跄兮，射则
臧兮"，这均是对勇武的赞美。《卫风·硕人》"硕人其颀"，《郑
风·有女同车》"彼美孟姜，洵美且都……彼美孟姜，德音不忘"，
是对女性高大、修长的赞美。李炳海认为，《诗经》中"无论刻画
男性还是描写女性，都是把形貌之美和自然生命力的旺盛作为
有机的整体加以显示，所塑造的形象既赏心悦目，又充满生命活
力"①。体型壮硕者才有旺盛的自然生命力，体格高大、勇猛与
审美是统一的。

　　这种视觉审美标准影响到后世。六朝的何晏、卫玠、潘岳等
美男子，以及古代的四大美女，都能引起大众的视觉审美愉悦，
得到文史的记载与颂扬。小说与戏曲中配置插图，能够很好地
辅助文字，从而达到表意的目的。时至今日，人们仍然注重视觉
审美效果，如 2002 年 8 月 4 日，第十届全国青年歌手电视大奖
赛专业组民族唱法比赛时，场外观众质疑："歌手大奖赛不是选
美，但为什么长得漂亮的选手总是比长相平平的选手得分高？"
评委李谷一直言不讳道："长得漂亮当然占便宜，这没什么值得

---

① 李炳海：《人的形貌描写与自然生命力的显现——中国早期文学的一个透视点》，
　《文艺研究》2006 年第 10 期，第 59 页。

奇怪的。"①尽管李谷一的解释引起了选手和观众的争议与不满，但她却指出了娱乐性比赛倾向于颜值与视觉审美的实际。有人曾做过调查，人们日常购物时，往往愿意购买漂亮售货员推荐的商品。反之，对于刚入职场的年轻人而言，高颜值对其晋升占有绝对的优势。可见，颜值与视觉审美对职业的发展起到积极的促进作用。但是，当一个人的外貌颜值与人品道德相背离时，他不会走得太远，撒贝宁曾批评当今急于求成的年轻人是"始于颜值、限于才华、终于人品"②。

第二节　"口"的自然特质与传统属性

人的五官，各有其重要功能。在这些器官功能中，嘴巴的双重功能——吃饭与说话，显得格外突出。吃饭，把人和物质世界联系起来，民以食为天，寻找食物是人的最基本问题。如《墨子·耕柱》云："昔者夏后开，使蜚廉折金于山川，而陶铸鼎之于昆吾。"③当时，铸铜的风气盛行，而禹铸九鼎的传说为世人所重。大禹所铸之"鼎"主要是食器，先人用它们来煮食物，以解决

---

①　《长得漂亮当然占便宜：大奖赛评委实话惹争议》，《新闻库》（superlife. ca），2002－8－8。

②　《撒贝宁谈垮掉的小鲜肉：始于颜值、限于才华、终于人品》，[EB/OL]. https//item. btime. com/m_2s22v3x4e1f，2018－02－06。

③　孙诒让：《墨子间诂》，第 255 页。

温饱。只有解决了这一基本问题，人们才能遵纪守法、树立荣辱观，正是"仓廪实而知礼节，衣食足而知荣辱"①。说话，把人与精神世界连接起来。语言是人们灵魂的反射，每个人的语言都标志着自己的人格、灵魂和世界观。多吃少说是中国文化所强调的德行，它表明了中国文化重进慎出、敬畏自然和传统的特点。

一、早期文学中的"口"

在传统文化中，"圣人是将人们从野蛮带进文明的领路人，是各种器物制作技术的发明人，是社会诸般制度和道德规范的制作人"②。总之，他们是聪明才干和智慧的代表，开辟了人类文明的新纪元。中国的圣人文化十分注重器官的个体差异，如《尸子》说"黄帝四面"③，马王堆汉墓帛书《十大经·立命篇》载黄帝"方四面"④；《论衡·骨相篇》载十二圣的异常器官："黄帝龙颜，颛顼戴午，帝喾骈齿，尧眉八采，舜目重瞳，禹耳三漏，汤臂再肘，文王四乳，武王望阳，周公背偻，皋陶马口，孔子反羽。"⑤人们认为这些圣人的"四面""八采""重瞳""三漏"异常洞达、圣明，它们具有通晓天象和日月的功能。这些天赋的特征促使圣

---

① 司马迁：《史记》，第 609 页。
② 罗家湘：《〈逸周书〉研究》，第 125 页。
③ 汪继培辑、魏代富疏证：《尸子疏证》，第 94 页。
④ 陈鼓应：《黄帝四经今注今译——马王堆汉墓出土帛书》，第 196 页。
⑤ 王充：《论衡》，见《诸子集成》第 7 册，上海：上海书店，1986 年，第 23 页。

人在认识自然、通达神明方面具有绝对的先天优势，如刘孝标《相经序》云："若乃生而神睿……八采光眉，四瞳丽目，斯实天姿之特达，圣人之符表。"①然而，口部异形却没有多少人夸耀，因为它多是给人们造成生活的不便。古有凿齿之民，在神话中甚至被看作丑陋的象征而欲将他驱逐消灭。如《山海经》中两次记载凿齿，均是被射杀的对象：《海外南经》"羿与凿齿战于寿华之野，羿射杀之。……羿持弓矢，凿齿持盾"，《大荒南经》"有人曰凿齿，羿杀之"，《淮南子·坠形训》有"豕喙民，凿齿民"②。这里的凿齿被认为是邪恶的标志。但是，自古以来，由于嘴的突出功能而成就的圣贤却是很多的。

第一，"吃"出来的圣贤。神农尝百草而圣，《淮南子·修务训》载神农氏"尝百草之滋味，水泉之甘苦，令民知所辟就"③。因此，神农既被后人尊为医药的创始人，又是"三皇"之一。伊尹负鼎干汤而成为一代名相，《史记·殷本纪》云："伊尹名阿衡。阿衡欲奸汤而无由，乃为有莘氏媵臣，负鼎俎，以滋味说汤，致于王道。"④《老子》作了理论总结："治大国，若烹小鲜。"⑤此警句暗喻了为政的秘诀在于安静毋扰，勤政恕民，否则灾难就要到来，它在中国政治思想中产生非常大的影响。此后所品味者就从食

① 严可均：《全上古三代秦汉三国六朝文》，北京：中华书局，1958年，第3290页。
② 刘安著、高诱注：《淮南子注》，第63页。
③ 刘安著、高诱注：《淮南子注》，第331页。
④ 司马迁：《史记》，第94页。
⑤ 陈鼓应：《老子注译及评介》，北京：中华书局，2006年，第298页。

物延伸到其他领域,如钟嵘品诗有滋味说:"五言居文词之要,是众作之有滋味者也。"①钟嵘不仅把"滋味"当作论诗的标准,又以它为基础,从辨味入手,形成一种独特的评诗方法——滋味说,这对中国诗学审美批评理论有重大影响。《聊斋志异》中有品八股文者焚稿知味:"不如焚之,我视以鼻可也。……僧嗅其余灰,咳逆数声曰:'勿再投矣!……再焚,则作恶矣。'"②《礼记·礼运》认为五味俱全的食物是礼的源头,后来饮食与人生、宗教、政治和礼教产生关联③,我们从中可知饮食与感受世界、体味人生之关系。

第二,垂训后昆的圣人。古有立言不朽之说,《左传·襄公二十四年》载叔孙豹之语:"大上有立德,其次有立功,其次有立言。虽久不废,此之谓不朽。"④叔孙豹总结了著名的"三不朽",立言占据一席。按照立言不朽的标准,司马迁发出"拾遗补艺,成一家之言"的呼声⑤,魏文帝曹丕将文章看成"经国之大业,不朽之盛事"。他们都是想通过言语垂训后人的代表。

古代的圣贤还将格言、妙语进行圣圣相传。"人心惟危,道

---

① 钟嵘著、曹旭集注:《诗品序》,见《诗品集注》(增订本),上海:上海古籍出版社,2011年,第43页。
② 蒲松龄:《聊斋志异》,济南:齐鲁书社,1981年,第529页。
③ 龚鹏程:《中国传统文化十五讲》,第18页。
④ 杜预注、孔颖达疏:《春秋左传正义》,第4296—4297页。
⑤ 司马迁:《史记》,第319页。

心惟微;惟精惟一,允执厥中"是中国传统文化中的"十六字心诀"①,据说它源于尧、舜、禹禅让的故事。当唐尧把帝位传给虞舜、虞舜把帝位传给大禹的时候依次将其谆谆嘱咐、代代相传。《荀子》中亦有类似的言论:"故《道经》曰:'人心之危,道心之微。'危微之几,惟明君子而后能知之。"②它们所托付的是天下与百姓的重任,是华夏文明的火种。

　　第三,因言传世的史官。迟任、史佚等史官都是因言传世。迟任为古代的贤人,商代盘庚将迁都于殷,臣民不愿搬迁而怨声载道,盘庚乃引用迟任言论"人惟求旧,器非求旧,惟新"③,并作书诰谕子民,最终完成了迁都大业。迟任因此被尊为迟姓始祖。史佚先为文王、武王、成王三朝史官,他的名字在很多典籍中出现,《逸周书·世俘解》有"武王降自车,乃俾史佚繇书于天号"④。《淮南子·道应训》有"成王问政于尹佚",高诱注曰:"尹佚,史佚也。"⑤《史记》载:"昔之传天数者……周室,史佚、苌弘。"⑥而典籍对其记载最多的是因言论流芳后世,如《国语·周

① 　孔安国传、孔颖达疏:《尚书正义》,见阮元校刻《十三经注疏》,北京:中华书局,2009 年,第 285 页。
② 　王先谦:《荀子集解》,见《诸子集成》第 2 册,上海:上海书店,1986 年,第 266—267 页。
③ 　孔安国传、孔颖达疏:《尚书正义》,第 359 页。
④ 　黄怀信、张懋镕、田旭东:《逸周书汇校集注》(修订本),上海:上海古籍出版社,2007 年,第 437 页。
⑤ 　刘安著、高诱注:《淮南子注》,第 202 页。
⑥ 　司马迁:《史记》,第 1343 页。

语下》"昔史佚有言曰：'动莫若敬，居莫若俭，德莫若让，事莫若咨。'"①《左传》中五次提及史佚的话，分别是："史佚有言：'无始祸，无怙乱，无重怒。重怒，难任；陵人，不详。'"②"史佚有言曰：'兄弟致美，救乏、贺善、吊灾、祭敬、丧哀，情虽不同，毋绝其爱，亲之道也。子无失道，何怨于人？'"③"君子曰：史佚所谓'毋怙乱'者，谓是类也。"④"《史佚之志》有之曰：'非我族类，其心必异。'"⑤"史佚有言曰：'非羁，何忌？'"⑥成王向史佚问政，史佚对曰："使之时而敬顺之……。"⑦时至今日，他们这些言论仍具有现实指导意义且常被引用。

　　第四，周公八诰成就了文质彬彬。诰是一文体，是君王告诫或勉励臣下的警言。《史记·周本纪》云："初，管、蔡畔周，周公讨之，三年而毕定，故作《大诰》，次作《微子之命》，次《归禾》，次《嘉禾》，次《康诰》、《梓材》，其事在周公之篇。"⑧周公率兵平叛管叔和蔡叔的武装暴乱后，作八诰规划以礼乐治国的方针。再者，周公创建"周礼"，实施礼乐文德的教化，对"礼仪之邦"的形成做出了重大贡献。"周朝建立之后，周公的制礼作乐则让周真

①　徐元诰：《国语集解》，第 102 页。
②　杜预注、孔颖达疏：《春秋左传正义》，第 3921 页。
③　杜预注、孔颖达疏：《春秋左传正义》，第 4027—4028 页。
④　杜预注、孔颖达疏：《春秋左传正义》，第 4087 页。
⑤　杜预注、孔颖达疏：《春秋左传正义》，第 4128 页。
⑥　杜预注、孔颖达疏：《春秋左传正义》，第 4398 页。
⑦　刘安著、高诱注：《淮南子注》，第 202 页。
⑧　司马迁：《史记》，第 132 页。

正成为中国"①。我们自诩礼仪之邦、相信文化高于其他，就是在这段时间确定的。

综上可知，口的突出功能使这些先人成为圣贤而流芳千古。由此观之，口在维持生命、成就事业方面的功能非同一般。

二、口与重进慎出

正是因为口的特殊功用，中国传统文化强调多进慎出。虽有古诗"弃捐勿复道，努力加餐饭"来劝勉人们忘掉忧愁和烦恼，多多吃饭以保重身体，可内在的思想情感要慎于外露，要做到"泰山崩于前而色不变，麋鹿兴于左而目不瞬"②"猝然临之而不惊，无故加之而不怒"③，要"讷于言而敏于行"④。

先民们已经注意到这些方面，大多表现为谨慎地运用语言，如《逸周书·周祝解》以神的名义教戒人民言行规范、慎言谨行⑤。《国语·周语下》有"口以庇信……故不可不慎也"的慎言警句⑥。先秦诸子都有慎言的讲究，如儒家强调"敏于事而慎于言""言不可不慎也"，甚至于"欲无言"。道家提出"多言数穷，不如守中""夫知者不言，言者不知，故圣人行不言之教"。墨家认

---

① 龚鹏程：《中国传统文化十五讲》，第 211 页。
② 沈惠乐编：《苏洵苏轼散文选集》，上海：上海古籍出版社，1997 年，第 13 页。
③ 孔凡礼：《苏轼文集》，北京：中华书局，1986 年，第 103 页。
④ 何晏集解、邢昺疏：《论语注疏》，第 5368 页。
⑤ 黄怀信、张懋镕、田旭东：《逸周书汇校集注》（修订本），第 1053—1056 页。
⑥ 徐元诰：《国语集解》，第 84 页。

为多言者近于蛤蟆，"蛤蟆蛙蝇日夜而鸣，舌干擗然而人不听"①，告诫人们"心辩而不繁说……言无务为多而务为智"②。韩非子以说为难，"夫说者有逆顺之机……失之毫厘，差之千里，以此说之，所以难也"③，而多言的纵横家则被看作是朝秦暮楚、没有品行的小人，如当景春问像公孙衍和张仪这样的纵横家能否算大丈夫时，孟子对曰："是焉得为大丈夫乎？子未学礼乎？"④在孟子看来，像公孙衍、张仪之类的纵横家，曲附君主，摇齿鼓舌，不过是小人而已。又如身佩六国相印的纵横家苏秦"被反间以死，天下共笑之，讳学其术"⑤，张仪被称为"倾危之士"⑥。可见，在后人心目中，像他们这样的纵横家是倾危诳惑之人，被鄙视的对象。因为先秦诸子讲究言语，故有从哲学的高度系统阐述慎言思想的专论《金人铭》的产生⑦。

　　人得之于自然者多，添加于自然者少，我们的生命是自然赋予的，一切都取之于自然。如果能最大限度地索取于自然和传统，人们就能过上美好幸福的日子，因此古人重视多进、多看、多听、多尝、多想。人从社会得到的多，贡献于社会的少，向社会多索取时要讲究取之有道、取之有方。而我们的能力有限，就语言

①　孙诒让：《墨子间诂》"墨子后语上"，第 24 页。
②　孙诒让：《墨子间诂》，第 6 页。
③　王先慎：《韩非子集解》，北京：中华书局，2003 年，第 85 页。
④　赵岐注、孙奭疏：《孟子注疏》，第 5894 页。
⑤　司马迁：《史记》，第 27 页。
⑥　司马迁：《史记》，第 2305 页。
⑦　徐正英：《先唐文学与文学思想考论》，上海：上海古籍出版社，2005 年，第 98 页。

而言,绝大部分都是接受传统的语言,自己发明的词汇是非常有限的。因此,我们要多敬畏自然和传统,只有它们才是最有力量、最强大的。个人的区区一得之见要慎于发表,它极有可能是无意义的,甚至是错误的,更重要的是这些错误可能给个人带来不幸和灾难。例如,殷王子比干因强力劝说殷纣王而遭剖心之祸,司马迁为李陵辩护而惨遭宫刑。"黔首之祸固在言"①,"口者关也,舌者机也,出言不当,四马不能追也。口者关也,舌者兵也,出言不当反自伤也"②。祸从口出,我们不得不慎于表达。

　　总之,我们吃要有节制,说也要有节制,要做到"言有宗,事有本"③,这是文化的成就。所以,《周易·颐卦》要求"君子以慎言语,节饮食",孔颖达强调"颐养而慎节"④,要求人们重进慎出。话语一出就不能再入,食物一入就不能复出。因此,我们应该慎重对待言语和饮食,能控制好一张嘴的开合,这是成功人士的标志。

第三节　《庄子》中德貌背离的写人范式

　　《庄子》描绘了至人、神人、圣人、畸人等人物形象。在描绘

---

①　文子著、李定生、徐慧君校释:《文子校释》,上海:上海古籍出版社,2004 年,第 145 页。

②　刘向撰、向宗鲁校证:《说苑校证》,北京:中华书局,1987 年,第 402 页。

③　文子著、李定生、徐慧君校释:《文子校释》,第 8 页。

④　王弼、韩康伯注,孔颖达疏:《周易正义》,见阮元校刻《十三经注疏》,北京:中华书局,2009 年,第 82 页。

这些人物时,庄子使用了浪漫的笔法和丰富的想象,以寄托自己的生命理念和思想情感,展现人物的生命力。其中,德貌相背是《庄子》刻画这些人物时的重要模式。

一、畸形体貌与高尚道德

德貌相背的人物形象打破了传统的观念,圣人、贤人变得无德、无能,或温柔的相貌下隐含着超乎寻常的功能,身体器官残缺不整者具有高尚的道德品质。《庄子·逍遥游》说:"至人无己,神人无功,圣人无名。"[①]至人、神人和圣人是《庄子》寓言中地位最高的人物。在常人眼中,"肌肤若冰雪,绰约若处子"者多温柔可人、娇弱无比,而在《庄子》中则成了"乘云气,御飞龙""使物不疵疠"的铜墙铁壁式的神人形象[②],它们温柔的外貌下蕴含着旺盛的生命力和超乎寻常的功能。在儒家典籍中,尧是相貌超群、功业卓著的形象,他是带领人们走进文明的领路人,是创造智慧的代表人物。《庄子》则把尧写成连尘埃、秕糠都不如,茫然忘其职位而前往遥远的藐姑射之山去拜见得道的四子[③]。在此,尧成为庄子调侃的对象,与相貌奇异、"单均刑法以仪民"、具有卓著功勋的尧大相径庭。《论语》中的曾子以孝著称,《庄子·让王》却把他写成衣着破烂、脸色浮肿、手足生茧、拖着烂鞋、口

---

① 王先谦:《庄子集解》,第 13 页。
② 王先谦:《庄子集解》,第 14 页。
③ 王先谦:《庄子集解》,第 15 页。

吟《商颂》的潦倒者形象①。尧和曾子都是被称颂的圣贤，而在《庄子》中，尧的奇特相貌下仅有极其平凡的能力甚至是昏庸，曾子的美德却在潦倒的形象中隐藏。那么，对于一些相貌丑陋的畸形人物，他们的道德和能力又是如何？庄子对他们又持有什么态度呢？

畸人是《庄子》中最突出、最显眼的一类人物，它们最能体现德貌相背离的特点。如《德充符》中王骀、申屠嘉、叔山无趾等均为"兀者"②，他们是能与圣人相比肩的畸人形象。王骀与孔子相若，行不言之教，具有潜移默化之功。申屠嘉与子产合堂同师，形残但心智臻美。叔山无趾却教育孔子要视死生如一、知是非平齐之理。在传统观念中，孔子和子产是世人敬仰的圣贤，他们在《庄子》中却成了被调侃的对象和精神品质的"残缺者"。如果说以上几位畸人使子产、孔子相形见绌的话，那么，"恶人"哀骀它、阇跂支离无脤则更有人格魅力。这些畸人虽然状貌有所区别，但有一点却是相同的，即在奇形的相貌下都隐含着高尚的道德和才智。

二、残缺形象与心境书写

庄子赋予畸人以奇能，意在打破传统的人物评判尺度。众

---

① 王先谦：《庄子集解》，第 309 页。
② 王先谦：《庄子集解》，第 63—71 页。

所周知，尧舜是上古时期的贤君明主，是时人敬仰、推崇的典范。尧舜施行以德治国的王道策略，消除了战乱、侵略和不公。所以，对于生活在崇尚武力霸道的春秋中期后的人们来说，异常向往尧舜时代。然而，一百多年过去了，他们看到的不是所谓的尧舜盛世，而是愈演愈烈的残杀和掠夺。于是，人们产生怀疑，想重新寻找生存、治国的法则。庄子便通过抨击尧舜，来打破传统的观念，建立自己的一套系统，让德与貌相背离，使畸人具有非凡的品质，神人和圣人成为被调侃的笑料，从而形成对比和反衬，显示出对传统圣人的讽刺。

法国著名的文艺理论家伊波利特·阿道尔夫·丹纳（Hippolyte Adolphe Taine）说："艺术大师和他同时代的艺术家及流派还从属于他们所生活的那个社会与时代。"[1]庄子及其作品体现了他所生活时代的特征。宋国自宋宣公废太子立弟和，为国君更替埋下了混乱的祸根。经过春秋、战国之际战争的摧残，宋国政权已摇摇欲坠。宋昭公、宋君偃等君王"淫于酒、妇人。群臣谏者辄射之"的残暴行为[2]，使宋国成了其他诸侯国眼中的"桀宋""复为纣所为，不可不诛"。宋国人的生活可谓是如临深渊、如履薄冰。因此，社会中每一个人，尤其是底层的弱者必须要考虑怎样苟全性命于乱世。"羽翼美者伤骨骸，枝叶美者

---

① 丹纳著、彭笑远编译：《艺术哲学》，北京：北京出版社，2012年，第2页。
② 司马迁：《史记》，第1632页。

害根茎"①,体格健全或精神正常者被派往战场,而身体残障者则免遭战场之吉。出于自保,时人就想象出"不材""无用"和畸形,让残缺的身心成为道德品质的载体。相对于这些畸形者,圣贤就是道德的"戎缺者",是庄子嘲笑的对象。事实上,这也是庄子对特殊环境的真实写照。

庄子写圣贤的无能以及赋予畸人高尚的道德,也是为自己的生存状况寻找合适的理由。通过《庄子》的《外物》《山木》《列御寇》,以及《史记·老子韩非列传》可勾勒出庄子的生活状况:住在穷里陋巷,家境贫困,穿补丁衣服,用麻绳系着破鞋子,时常揭不开锅,需向富人借贷度日,以至面黄肌瘦,穷困潦倒,但勤奋好学,"无所不窥"。毫无疑问,在崇尚暴力和权势的乱世,庄子这样的人会遭遇曹商、魏王之流的冷眼和戏弄,而庄子要奋力反抗,以便为自己的存在找到合理性。于是,他一反常态,使圣人成为被嘲笑、讥讽的对象,身体残缺或畸形者具有超乎寻常的道德和功能。综上可知,生逢乱世的庄子看到王权式微、礼崩乐坏,世人所宣传的尧舜等贤君的仁义之道不能拯救乱世时,就将他们一起批驳、咒骂,借盗跖之口批判黄帝不能致德、尧舜之道不可行②,而将神农作为圣君明主。《庄子·让王》记载:"昔者神农之有天下也,时祀尽敬而不祈喜;其于人也,忠信尽治而无

①　刘安著、高诱注:淮南子注》,第243页。
②　王先谦:《庄子集释》,第316—317页。

求焉。乐与政为政,乐与治为治,不以人之坏自成也,不以人之卑自高也,不以遭时自利也。"①然而,这只是一个美好的愿望,在现实生活中还有诸多无奈和无助。面对使人沮丧的现实,庄子只能遁逃到文学世界中,借助文学艺术中的畸人形象来表达这些无助和无奈。

---

① 王先谦:《庄子集解》,第 312—313 页。

第二章

早期文学中的神怪声音
书写及其音景构建

谈到神怪，人们一般将其主要特点归结为体貌的异常。如齐桓公所见之怪"大如毂，长如辕"①，郭璞认为神怪皆"状貌倔奇不常"②，法国布丰（Buffon）依据形貌特征将妖怪分为身体器官的过剩、缺失、错乱或颠倒三种类型，日本中野美代子认为妖怪是"超越现实形态和生态""破坏了人体谐调的存在"③，伊藤清司指出，妖怪具有异类的样貌与形态④。古今学者也多以体貌特征判断神怪的类属。吴任臣、郝懿行、袁珂以及伊藤清司等将《山海经·中次二经》的马腹与《水经·沔水注》等典籍中形状相似的水唐、水虎、水卢对比，推判四者为同一兽类⑤。郝懿行

① 应劭撰、王利器校：《风俗通义校注》，北京：中华书局，2010年，第388页。
② 郭璞注：《宋本山海经》，第14页。
③ 中野美代子著、何彬译：《中国的妖怪》，郑州：黄河文艺出版社，1989年，第12—13页。
④ 伊藤清司著、史习隽译：《中国的神兽与恶鬼——〈山海经〉的世界》，北京：商务印书馆，2019年，第12、17页。
⑤ 吴任臣撰、栾保群校：《山海经广注》，北京：中华书局，2020年，第224—225页；郝懿行撰、栾保群校：《山海经笺疏》，北京：中华书局，2019年，第156页；袁珂：《山海经校注》，第124页；伊藤清司：《中国的神兽与恶鬼——〈山海经〉的世界》，第21页；郦道元著、陈桥驿校证：《水经注校证》，北京：中华书局，2007年，第666页。

将《山海经·东次四经》的当康与《神异经·南荒经》中形状相近的无损之兽进行对比，认为无损之兽就是当康①。《西次四经》《海内北经》对穷奇的记载不一，郝懿行依据形状判断二者"实一物矣"②。西王母在《山海经》中的三处记载有别，但其"形貌固未易"③。可见 体态奇异几乎成了神怪的唯一属性，这导致相关的研究仅注重外貌摹画而忽略声音书写。

　　事实上，先秦乃至汉唐在描绘神怪时也注重声音，如晋景公所梦厉鬼形犬狰狞、声音怪戾④，齐景公梦遇状貌与声音皆异常的"二丈夫"⑤，墨子将声音与形貌均作为鬼神的主要属性⑥，《山海经》中有诸多声貌兼具的鸟兽，《论衡·订鬼篇》则将鬼怪的形声并举⑦，唐太宗畏惧鬼魅呼号⑧，等等。这些神怪因拥有异常的声音更加震撼人心，而这些声响既是神怪的重要属性，也在中国古代神话史、文学史上留下了持久的回荡。遗憾的是，学界缺少应有的研究。就笔者所知，目前仅有李炳海、王小盾、傅修延等学者的论文涉及古代典籍的声音书写。李炳海从文学想象与先民自然生命力的显现之间的关系研究《五藏山

---

① 郝懿行撰、栾保群校：《山海经笺疏》，第 143 页。
② 郝懿行撰、栾保群校：《山海经笺疏》，第 81 页。
③ 袁珂：《山海经校注》，第 306 页。
④ 杜预注、孔颖达正义：《春秋左传正义》，第 4139 页。
⑤ 张纯一撰、梁运华点校：《晏子春秋校注》，北京：中华书局，2014 年，第 56 页。
⑥ 孙诒让：《墨子间诂》，第 139 页。
⑦ 王充：《论衡》，第 219 页。
⑧ 佚名著、王孺童校：《三教源流搜神大全》，北京：中华书局，2019 年，第 309 页。

经》中的声音，认为这些声音是先民依据日常生活展开的想象与虚拟，其中音如婴儿的精灵渗透了先民的生命理念与生存智慧[①]，音如钟磬、鼓瑟者具有乐音的性质[②]。王小盾、傅修延分别从上古时期的用耳之道与听觉叙事切入，其中兼及声音书写[③]。三位先生从文学、哲学、叙事学视角诠释神怪的声音，对我们研究《山海经》与其他上古文史典籍的神怪声音具有启迪作用。

相较于其他典籍，《山海经》则为记载神怪声音的集大成之作。但是，《山海经》本身是内容复杂的博物志，这要求我们要进行多学科交叉、专门系统的研究，方能"考祯祥变怪之物，见远国异人之谣俗"[④]，进而更好地揭示其中的文化蕴藏。鉴于此，我们以《山海经》为主，兼及上古时期的其他相关典籍，结合文学、文化人类学、地理学、声学等学科知识，从听觉视阈考察神怪声音生成的时空场域、"听觉冲击力"以及客体倾听后所构拟的"音景"或"听像"，以便较全面地揭示神怪的内涵与属性，助力于《山海经》乃至神话学的深入研究。

---

① 李炳海：《婴儿之音的动听与诱惑——论〈五藏山经〉音如婴儿的精灵》，《晋阳学刊》2013年第5期，第144页。
② 李炳海：《上古虚拟世界的天籁之音——论〈五藏山经〉有关精灵音乐的记载》，《文艺研究》2011年第2期，第47—53页。
③ 王小盾：《上古中国人的用耳之道——兼论若干音乐学概念和哲学概念的起源》，《中国社会科学》2017年第4期，第149—183页；傅修延：《听觉叙事初探》，《江西社会科学》2013年第2期，第220—231页。
④ 刘歆：《上〈山海经〉表》，见郭璞注：《宋本山海经》"序目"，第11、12页。

第一节　神怪声音的类型化书写

先民在与动物相处的过程中，不仅熟悉了它们的习性与语言，还将禽言兽语作为神圣叙事而著于典籍。作为记载古代动物声音的集大成之作，《山海经》中的声音多为动物对鸟兽、人与自然界声音的简单模仿，而拥有怪异声音的动物一般具有半人性质的特征、动作和性格①，具有人的情感与言语特征。我们可将其视为一种写人艺术，看作是以人的形体为主的神祇（或神怪）并归入人的范围进行审视。据笔者统计，《山海经》记载的神怪声音多达 115 条。这些声音属于语言学上的"模声说"，呈现出类型化特征。依据模仿对象的不同，我们将其分为四类。

一、模声禽兽

此类包括模拟家畜与禽兽两种，共计 40 条，占总数的 35%。其中，模拟家畜者有 25 条，分别为牛 2 条、犬 9 条、猪羊猫 9 条、鸡和鸳鸯 5 条。如《北次三经》的大蛇、《南次一经》的鲑"音如牛"，《南次二经》的狸力、蚤、《西次三经》的狡、《西次四经》的蛮蛮、《北次一经》的何罗之鱼等"音如犬"，《南次三经》的鲑鱼、《北次二经》的兽、《东次四经》的猲狙等"音如豚"，《西次一经》的鲑鱼"音如羊"，《南次一经》的赤鱬、《南次三经》的虎蛟、《东次四

---

① 爱德华·泰勒（Edward Tylor）著、连树声译：《原始文化》，桂林：广西师范大学出版社，2005 年，第 4 页。

经》的鳛鱼等"音如鸳鸯"。禽兽类有 15 条,禽指非家养飞禽,包括鹘、鹊、鸿雁、鹌鹑 9 条,如《西次三经》的钦与鼓"音如鹄",《北次一经》的儵鱼、鳛鳛之鱼、《北次二经》的嚣"音如鹊",《北次一经》的诸怀、《东次二经》的猲狙等"音如雁"。需要指出的是,《南次二经》的鴸"音如痹",郭璞注为"未详",郝懿行引《尔雅》"鹑之雌者名痹",袁珂从之,认为它"声音像雌鹌鹑"①。我们依据这些注解,将其归至声音如鹌鹑类。兽指野兽,包括鹿与其他野兽 6 条。其中,《西次三经》的胜遇、《中次五经》的𩢲鸟等"音如录"。录,郭注"未详",吴任臣认为古代"录"与"鹿"相通,前者可能是后者的假借字②。郝懿行、袁珂从之,我们据此将其归入音如鹿类。《西次三经》的西王母善啸、《中次七经》的文文善呼,经文虽未明确指出其声音类属,但它们或是兽类,或具有兽类狰狞的状貌,故而我们推测其声音也属禽兽声。《西次三经》的谨"棄百声",郭璞注曰:"其能作百种物声也。"③袁珂译为"百种动物的鸣声"④。我们也将其归入此类。

二、鸟兽自鸣

此类共计 35 条,占 30%,包括自号、自叫、自呼、自詨、自訆五种。自号者有《南次三经》的瞿如与颙、《西次四经》的人面鸟,

---

①　袁珂:《山海经校译》,上海:上海古籍出版社,1985 年,第 14 页。
②　吴任臣撰、栾保群校:《山海经广注》,第 94 页。
③　郭璞注:《宋本山海经》,第 54 页。
④　袁珂:《山海经校译》,第 52 页。

自叫者包括《西次二经》的凫徯、《西次三经》的毕方、《东次二经》的轮轮、《东次三经》的鲐鲐鱼和精精、《东次四经》的当康等，自呼者指《北次一经》的孟极、幽鴳、足訾、鵁、竦斯、《中次六经》的鸽鹖、《中次十一经》的婴勺，自詨者包括《北次三经》的鹠、鹛鹠、领胡、象蛇、酸与、黄鸟、精卫、獂、《东次一经》的从从等，自訆者有《北次三经》白驊、天马、辣辣、《东次一经》的狪狪、《东次二经》犰狳、朱儒、鸳鴜、《东次三经》的婴胡。郭璞指出为呼唤，吴地方言将呼唤称为"詨"①。但"自詨"的鸟兽多出现在《北次三经》，而《北山经》所载山系均在古之塞外荒服之地②。那么，依据此类鸟兽出现的场域而言，北方也应是将呼唤释为"詨"。可见訆、詨与呼同义，均皆禽兽的鸣叫声。自号、自叫、自呼等指人类依据禽兽鸣叫为其命名，即以声命名。

三、模声一类

此类包括音如婴儿与如人呼叱两种，共计 25 条，占 22%。其中，音如婴儿者多为兽类与鱼类，有 12 条，包括《南次一经》的九尾狐、蛊雕、《北次一经》的窦窳、《北次二经》的狍鸮、《东次二经》的蚩姪、《东次四经》的合窳、《中次二经》的马腹、《中次四经》的犀渠、《北次一经》的鲭鱼、《北次三经》的人鱼等。如人呼叱者指像人歌唱、呼唤或呻吟声等，有 13 条，包括《南次一经》的灌

---

① 郭璞注：《宋本山海经》，第 68、77 页。
② 毕沅：《山海经新交正》"序"，《丛书集成初编》本，北京：中华书局，1991 年，第 2 页。

灌,《北次一经》的水马、那父,《北次二经》的鳌鱼、骓马,《中次二经》的化蛇、蛫蚔,《东次四经》的薄鱼,《西次四经》的神槐等。这些神怪能发出若呵、如谣、如吟、如欧、如号、如钦的声音。郭璞指出,"若呵"如人呵呼声,"如谣"像人唱歌,"如吟"像人呻吟声,"如欧"像人呕吐声,"如号"像人号哭,"钦"是"吟"字的假音。郝懿行依据《说文解字》"钦,欠貌"推测"钦"为人的呵欠声①。不管是呻吟还是呵欠,均是对人的模声。可见这些声音均是对成人声音的模仿,我们将其归至"如人呼叱"的类属。

四、模声自然

在经文中,有诸多鸟兽模仿雷鸣、人类斫木、击石、敲磬以及吹奏其他乐器的声响。这些声音属自然界的天籁之声,我们称之为模声自然。此类共有 15 条,占 13％,大致可分为劳作类和敲击乐器类。前者有 5 条,如《南次一经》《中次六经》的旋龟、《南次二经》的猾褢"音如判木",《西次三经》的英招"音如榴"。判木即斫木,"榴"为抽水声。郝懿行依《说文解字》"搯,引也"与《庄子·天地》"挈水若抽",判断"抽"即"搯","榴"当为"搯",即抽水②。袁珂依据郝氏的推判,将"音如榴"译为"声音好像辘轳抽水"③。《北次一经》的长蛇音如鼓柝,郭璞云:"如人行夜,敲

---

① 郝懿行撰、栾保群校:《山海经笺疏》,第 79 页。
② 郝懿行撰、栾保群校:《山海经笺疏》,第 56 页。
③ 袁珂:《山海经校译》,第 49 页。

木柝声。"①古人将长蛇的声音比作夜行人敲击木柝之声。抽水声与夜行击柝均为人类劳（工）作时发出的声响，我们将这些声音归入模声劳作的类属。敲击乐器类有 11 条，包括《西次三经》的如狰、耆童、《西次四经》的鳖鮪鱼、䴤、《中次二经》的鸣蛇、《中次三经》的武罗音如玉石、鼓磬，《西次三经》的天神音如勃皇、《北次一经》的滑鱼音如梧。勃皇，郝懿行推断为"发皇"②，袁珂译为"吹奏乐器中薄膜发出的声音"③。梧，郭璞认为像人"相枝梧声"④。《庄子·齐物论》陆德明《释文》引司马彪语："'梧，琴也'，崔谯云'琴瑟也'。"郝懿行据此而将梧判定为琴声⑤，袁珂从之。以上两种声音均为乐音，我们将其归入敲击乐器之声音。

　　在参考古今注解的基础上，我们依据模仿对象的不同将《山海经》中的神怪声音进行粗略地分类。由此可知，经文对神怪声音的书写呈现出类型化特质，体现了古代先民对动物发声规律的探索。首先，动物模声时"近取诸物"。以上四类声音是动物对人们身边物种与自然的模仿，我们按照模声的多寡排序如下：家畜、鸟兽、人、自然界声响。这可能是早期先民依据自己劳作、身边的事物与动物的鸣叫声而赋予动物的各种声音，总体是较为原始、低级的模仿，尚未涉及艺术起源层面的认知。后人按照

① 郭璞注：《宋本山海经》，第 69 页。
② 郝懿行撰、栾保群校：《山海经笺疏》，第 58 页。
③ 袁珂：《山海经校译》，第 49 页。
④ 郭璞注：《宋本山海经》，第 63 页。
⑤ 郝懿行撰、栾保群校：《山海经笺疏》，第 87 页。

这些声音为动物命名,形成以声命名、类声命名①和效物声制字音②等命名方式。其次,不同动物的声音差异表明物种间的类属界线清晰。这些声音是对不同动物声音的交错模声,如兽类仿犬吠、鱼兽模猪吼、鱼鸟效羊叫、鱼兽等仿照家畜声以及动物发出婴儿与成人的声音,动物之间、动物与人类之间的声音区别较为清楚。相较于印第安人只给那些有用或有害的动植物命名而将其他的都含混在鸟类、杂草类之中③,以及中国上古先民将鱼蛇龙兽统称为"虫"等笼统的命名方式,声音在不同动物间的交错与跨界则表明家禽与野兽、人与自然之间已经分野,物种间的分类日益细化。

古代先民认为声音能够通神,拥有奇异声音的动物自然具有神性。《礼记·郊特牲》载殷人崇尚声音,祭祀时使用声音沟通天地鬼神,孔颖达指出殷人在未杀牲前先摇动乐声、祈求天地间诸神,"鬼神在天地之间,声是阳,故用乐之声音号呼,告于天地之间,庶神明闻之而来"④。《诗经·商颂·那》《烈祖》有以声乐通神,使用鼗鼓、管乐祭祀成汤的记载。周代设置大司乐一

---

① 类声名物指以动物的相关鸣叫声为动物命名的方法。此命名方法的提出受到傅修延先生的启发,他认为猫、鸡、鸭等动物的名称与它们喵呜、唧唧、嘎嘎的叫声有关。见傅修延:《释"听"——关于"我听故我在"与"我被听故我在"》,《天津社会科学》2015 年第 6 期,等 117—133 页。
② 刘师培著、万仕国校:《小学发微补》,见《仪征刘申叔遗书》第 3 册,扬州:广陵书社,2014 年,第 1260—1261 页。
③ 列维-斯特劳斯(Claude Levi-Strauss)著、李幼蒸译:《野性的思维》,北京:商务印书馆,1987 年,第 4 页。
④ 郑玄注、孔颖达疏:《礼记正义》,第 3158 页。

职,祭祀时专司奏乐。当他奏乐六变时招徕天神;奏乐八变时招致地祇,奏乐九变时人鬼降临①。汉人认为模仿天地万物声音所确定的"名"可"达天意"②。

在殷商乃至汉代,声音一直是通神、达天意的介质,而《山海经》中的声音在通神的同时,还在一定程度上决定着神怪的善恶属性。一般而言,音如家禽者多是能驱灾避祸、带来福祉的善神,音如猛禽异兽者多为预兆祸患的恶怪,声如婴儿与自叫者兼具善恶两重属性。神怪善恶属性的获得,大多通过声音交感,这属于巫术信仰的范畴。英国人类学家詹姆斯·乔治·弗雷泽(James George Frazer)将交感巫术分为模拟巫术和接触巫术两个分支,前者指通过对"相似"的模仿而实现自己的愿望,后者指物体被人接触后,通过该物体对人所施加的影响。在曾经模仿或触染的情况下,人与人、人与物、物与物之间均能在心灵感应的原则下通过某种神秘的交感相互作用,以"一种我们看不见的'以太'把一物体的推动力传输给另一物体"③。对于《山海经》中声音异常的神怪而言,声音就是所谓的"以太",它能通过"神秘的交感"将动力与能量在鸟兽间传输,从而使它们具备旺盛的生命力与超验功能,这是现实中的人类无法企及的。可见,声音

---

① 郑玄注、贾公彦疏:《周礼注疏》,见阮元校刻《十三经注疏》,北京:中华书局,2009年,第1705页。

② 苏舆撰、钟哲校:《春秋繁露义证》,北京:中华书局,2015年,第278页。

③ J.G.弗雷泽著,汪培基、徐育新等译:《金枝》,北京:商务印书馆,2017年,第26—28页。

具有助鸟、强兽之功效，能帮助鸟兽沟通天地，蕴含着先民的生命理念与文化隐喻，被当作"象征性符号而出现于文献书写和意识思想中"①，从而形成中国文学中的声音叙事传统。

第二节　神怪声音的时空场域

马歇尔·麦克卢汉（Eric Mcluhan）提出"听觉空间"（acousticspace）②，罗兰·巴特（Roland Barthes）指出人们拥有"声音的空间"③。于是，听觉空间或声音空间的概念逐渐被学界接受。《山海经》的声源来自禽兽，其声音空间与禽兽出没的时空场域密切关联。总体来看，山泽幽暗处是其空间场域，暮夜则属时间场域。

一、山泽幽暗处的声音书写

声音伴随神怪出现，而神怪多在山野渊泽出没，"山林川谷丘陵，能出云、为风雨、见怪物皆曰神"④，如《大荒西经》的"十

①　Alan Bleakley, *The animalizing Imagination: Totemism*, Textuality and Ecocriticism, New York: St. Martin's Press. 2000. 转引自潘攀：《汉代神兽图像研究》，北京：文物出版社，2019 年，第 2 页。

②　埃里克·麦克卢汉、弗兰克·秦格龙编，何道宽译：《麦克卢汉精粹》，南京：南京大学出版社，2000 年，第 240—241 页。

③　罗兰·巴特著、怀宇译：《显义与晦义》，天津：百花文艺出版社，2005 年，第 252 页。

④　郑玄注、孔颖达疏：《礼记正义》，第 3445 页。

巫"从灵山升降，《海内经》的登葆山、肇山为神怪升天之处。在笔者所统计的神怪声音中，108 条分布在《山经》，分别是《南山经》16 条、《西山经》23 条、《北山经》38 条、《东山经》19 条、《中山经》12 条。关于神怪声音的空间分布，详见下表①。

篇目 内容	南山经			西山经				北山经			东山经				中山经											海经							大荒经				海内经
	南次一经	南次二经	南次三经	西次一经	西次二经	西次三经	西次四经	北次一经	北次二经	北次三经	东次一经	东次二经	东次三经	东次四经	中次一经	中次二经	中次三经	中次四经	中次五经	中次六经	中次七经	中次八经	中次九经	中次十经	中次十一经	海外南经	海外西经	海外东经	海内南经	海内西经	海内北经	海内东经	大荒东经	大荒南经	大荒西经	大荒北经	海内经
声音书写	6	6	4	2	1	13	7	20	5	13	4	7	3	5	0	4	1	1	1	3	0	0	0	0	2	1	0	1	1	1	0	1	0	1	0	1	0
形貌书写	10	7	5	15	3	24	11	27	7	16	7	9	3	9	4	4	5	3	1	4	5	3	2	1	11	16	17	17	14	7	3	20	1	9	4	16	11

其中，山中洞穴等幽暗处是神怪的恒常居所，如《中次九经》的熊之穴夏启冬闭，"恒出入神人"；《南次二经》的狌狌、《大荒西经》的西王母均为"穴处"之神怪；《西次四经》有鸟鼠同穴之山，鸟鼠穿地数尺而共处。《海外南经》的周饶国、《海外北经》的无启国、《大荒北经》的肃慎国和《海内经》的大幽国等均有穴居的习俗。

---

① 表中数字是神怪声音出现的所有次数。当一种神怪声音重复出现在不同的山系或地方时，均计算在内，这主要包括三种情况：第一，每次出现时均有声音描绘，包括《南次一经》"玄龟"与《中次六经》"旋龟"、《东次二经》"蠃姬"与《中次二经》"蠃蚳"，表中全部计数。第二，仅在第一次出现时有声音描绘，主要有《海外南经》"毕方鸟"、《海外北经》"駮"、《海外东经》"九尾狐"、《海内南经》"窫窳"、《海内北经》"穷奇"、《大荒西经》"赤犬"等，而其他地方出现则没有声音书写时，表中也按照它们出现的次数计数。第三，一个鸟兽有两种声音描绘者，《东次二经》"轳轳"条"其音如钦""其鸣自叫"，统计为两次。此外，部分神怪的声音在书中并未明确记载，后人作注时才明言其声音，如《海内北经》"陵鱼"、《海内东经》"雷神"等，表中不作统计，仅用于正文的论证。

神怪声音在《海经》与《大荒经》中仅出现 7 条，且多与《山经》中的记载重合。如毕方出现在《西次三经》《海外南经》，天狗出现在《西次三经》《大荒西经》，狡分布在《西次四经》《海外北经》，九尾狐分布于《南次一经》《海外东经》《大荒东经》，窫窳在《北次一经》《海内南经》《海内西经》出现，穷奇出现在《西次四经》《海内北经》，鲮鱼在《北次三经》《中次三经》《中次七经》《海内北经》等多处出现。发出怪异声音的神怪在山泽出没，既是对现实情况的书写，也是先民畏惧山野、崇拜野兽的体现。

　　首先，山泽富含食源，禽兽多居其间。《礼记·祭法》《管子·九变》记载山林泽谷拥有丰富的财用，《礼记·王制》《孟子·梁惠王上》记载人们入山林伐木、涉深渊捕鱼，《周礼·地官·大司徒》载大司徒专司山林、川泽、丘陵与原隰的物产，《山海经》的诸山系富含食物资源。山泽所提供的食源保证了动物的基本需求，故有"深山大泽，实生龙蛇"①"兽之依山，鱼之附水"②之说。鸟兽居住在山泽，其声音自然来源于山泽。

　　其次，神怪声音是古代先民崇拜、神化山泽野兽的体现。先民出于生存的需求，不得不到山中采摘食物或捕获鸟兽，这势必促使他们对山泽充满依赖与崇拜。但是，山林险峻，加之早期政府对山泽的垄断性管理③，只有帝王方能企及，如"东岱，南霍，

① 杜预注、孔颖达疏：《春秋左传正义》，第 4280 页。
② 王嘉撰、齐治平校注：《拾遗记校注》，北京：中华书局，1981 年，第 36 页。
③ 郑玄注、贾公彦疏：《周礼注疏》，第 1512 页。

西华，北恒，中嵩室。王者之所以巡狩所至"①；登泰山祭祀几乎为帝王所垄断，管子之前至泰山封禅的部族首领与帝王有十二位，孔子之后多达七十余王②。庶民无法轻易进入山泽，只能依靠幻想将其想象为猛禽异兽遍布的神秘莫测之处，"山致其高，云雨起焉；水致其深，蛟龙生焉"③，其中的神怪多发出异常的声音。先民企图通过祭祀博得相关神祇的眷顾与保护，于是一些山川异兽类的神祇及其祭祀方法便应运而生，如《诗经·大雅·嵩高》载神灵降临嵩山，《山海经》诸山系均有山神及其祭祀方法，《海经》中有很多动物神祇与祭祀海神的记载，《海经》与《大荒经》中的神人本貌多怪异。《周礼·春官》记载先民以血祭五岳，以狸沈祭山林、川泽，以疈辜祭四方百物，并专门创设了祭祀山川的乐舞。山巅为山系的制高点，一方面，古人幻想此处为神祇居所或通天之阶梯，多在此筑坛举行祭祀仪式，如浙江良渚、山西陶寺、辽宁工山等考古遗址的山顶或地势较高处设有祭坛。另一方面，人们主山顶或地势较高处祭祀神祇，可缩短人神间的距离，从而彰显祭祀的庄严与神圣④。这样，对于先民而言，山川由获取食源的功利目的演化为宗教范畴的神祇信仰对象，生活在其间的猛禽异兽自然成为被崇拜、被祭祀的对象。

---

① 许慎：《说文解字》，第 190 页。
② 司马迁：《史记》，第 1361—1363 页。
③ 王充：《论衡》，第 30 页。
④ 贺辉：《新石器时代祭祀类遗迹研究》，南京大学博士学位论文，2013 年，第 70 页。

二、暮夜时刻的声音书写

相较于声音存在的空间场域,《山海经》对声音存在的时间场域较少书写,但我们也能找到一些典型事例,可将其大致分为两类。一是直言声音出现在夜晚,如《西次三经》的文鳐鱼、《北次一经》的何罗鱼、《北次一经》的长蛇。其中,文鳐鱼"常行西海,游于东海,以夜飞。其音如鸾鸡,其味酸甘,食之已狂,见则天下大穰"①。它夜间出没的习性被后世文学承继,出现了"文鳐夜飞而触纶"②"文鱼夜过历吴洲"③"夜飞常骇于文鳐"④等诗赋抒写。《北次一经》的长蛇"毛如彘豪,其音如鼓柝"⑤。古有更夫夜间敲击木梆以防强盗入侵之俗⑥,鼓柝当指更夫夜里敲击木柝之声,我们可据此推判长蛇亦是昼隐夜现之神怪。二是仅有神怪夜现的记载,如《北次二经》的北嚣之山"有鸟焉,其状如乌,人面,名曰鹭鸼,宵飞而昼伏,食之已暍"⑦。《海外南经》的羽民国"有神人二八连臂,为帝司夜于此野"⑧。尽管经文仅载与二八神夜里出现而没有直接书写其声音,但对于鸟兽而言,

①　郭璞注:《宋本山海经》,第 45 页。
②　萧统编,李善等注:《六臣注文选》,第 115 页。
③　郭茂倩:《乐府诗集》,北京:中华书局,2017 年,第 737 页。
④　吴淑:《事类赋》,见永瑢等编纂《四库全书》第 892 册,上海:上海古籍出版社,1987 年,第 1044 页。
⑤　吴任臣撰、栾保群校:《山海经广注》,第 139 页。
⑥　王弼、韩康伯注,孔颖达疏:《周易正义》,第 181 页。
⑦　郭璞注:《宋本山海经》,第 75 页。
⑧　郭璞注:《宋本山海经》,第 164 页。

声音包含情感信息，在鸟兽生活中扮演着重要角色。声音信号是鸟兽间交流信息的主要方式，鸟类在吸引异性、保卫领土、乞求帮助、遭遇险情以及逃逸时均会发出鸣叫声①。依此判断，与二八神等鸟兽在夜晚出现时应发出鸣叫声。

事实上，除《山海经》中神祇声音在夜晚或幽暗处出现外，其他典籍也有相关记载。如禹凿龙关山时，在空穴幽暗处遇见异兽、人形豕犬与蛇身人面神②，卫灵公在濮水之上"夜分而闻鼓新声……其状似鬼神"③，秦文公时期神来"常以夜，光辉若流星"④，《楚辞·离骚》"巫咸将夕降兮"等等，均是对神祇夜幕出现情景的直接描绘，而楚地在夜晚作乐鼓舞娱诸神，也侧面说明了鬼神降临的时刻⑤。这些都是神怪声音在暮夜出现的力证。笔者以为，神怪及其声音在夜晚或幽暗处出现的原因有三：

一是与鬼神自身崇尚幽暗的习性相关。鬼神性喜幽暗在典籍中多有记载，如《礼记·乐记》称"幽则有鬼神"，《礼记·檀弓下》载三代葬人时"北方北首"、招魂时朝向北面的幽暗处。沈文倬指出将死者头朝北葬于都城的北方⑥，这样便于鬼神到达幽

---

① 杨利琼、谢君、刘晓玲等：《鸟类鸣叫及生物学意义的研究现状》，《实验动物与比较医学》2019 年第 1 期，第 77—82 页。

② 王嘉撰、齐治平校注：《拾遗记校注》，第 38 页。

③ 王先慎：《韩非子集解》，第 62 页。

④ 司马迁：《史记》，第 1359 页。

⑤ 王逸章句、洪兴祖补注：《楚辞补注》，第 55 页。

⑥ 沈文倬：《对"士丧礼、既夕礼中所记载的丧葬制度"几点意见》，《考古学报》1958 年第 2 期，第 37—38 页。

冥处①。《汉书·东方朔传》颜注亦有鬼神尚幽暗的记载②。鬼神崇尚幽暗的认知在某种程度上决定着古代社会的丧葬习俗，可见其影响之大。

二是鬼神因惧怕世人而选择夜晚或幽暗处出没。上文提到人们畏惧山泽的猛兽而对其崇拜，事实上，禽兽神祇亦表现出对人类的畏惧。如前面所论何罗鱼就是因为畏惧世人而选择夜晚飞行，"化而为鸟，其名休旧，窃糈于春，伤陨在臼；夜飞曳音，闻春疾走"③。何罗鱼夜晚飞行，听到春米声而迅速逃走，"闻春疾走"摹画了其畏惧之态。为了避开人们的驱逐，鬼神多选择暮夜时分或远离人的地方出现，如《山海经》中重要的神祇分居四方（南方祝融、西方蓐收、北方禺强、东方句芒），《论衡·订鬼篇》中的鬼常在周边游走，"天地之间，有鬼之物，常在四边之外，时往来中国"④，《尔雅·释地》谓海为晦暗、暗昧不明之地，多为野人、野兽与神怪居处⑤。可见，鬼神因忌惮人类而昼隐夜现，或居于幽暗偏远之地。

三是就视听关系而言，暮夜幽暗时视觉被遮蔽而仅靠声音传达信息，这就要求神怪必须发出怪异响彻的声音，方能引起人们的注意。对于人们的听觉而言，在暮夜寂静时也会显得特别

①　郑玄注、孔颖达疏：《礼记正义》，第 2819 页。
②　班固：《汉书》，第 2846 页。
③　吴任臣撰、栾保群校：《山海经广注》，第 129 页。
④　王充：《论衡》，第 220 页。
⑤　郭璞注、邢昺疏：《尔雅注疏》，第 5690—5691 页。

发达，这属于迈克尔·托马塞洛（Michael Tomasello）所谓的"听觉渠道沟通"范畴①。此外，夜深人静，万籁俱寂之时，声音显得特别响亮，即使不大的声音也会引起人们的格外关注，更遑论各种鸟兽怪异的吗叫声了。

综上可知，《山海经》乃至其他典籍中的神怪声音多出现在山谷深渊中，它们昼伏夜现。之所以这样，既与山泽能提供鸟兽生存的食源、鸟兽神祇性喜幽暗有关，也与古代先民的山川崇拜、人类的听觉感知特征相关联。

第三节　神怪声音的客体构设

上文主要从声源所处的时空场域诠释声音的怪异，而从倾听者的角度切入，声音的特异能引起客体心理变化，进而构建"音景"与"听像"。

一、听响仁耳与视听互动

人们依靠双耳倾听自然，聪耳更利于获取信息。如《国语·郑语》认为聪耳利于倾听音律，《尸子》指出聪耳有助于悟道。《山海经》则记载了多耳、大耳之神怪，《南次一经》的狌狌"九尾

---

① 迈克尔·托马塞洛著、蔡雅菁译：《人类沟通的起源》，北京：商务印书馆，2012年，第162页。

四耳"，《中次九经》的狚狼"白尾长耳"，《海外北经》有"两手聂其耳"的聂耳国。郭璞认为聂耳国人耳朵大，行走时须用手摄持之①。《海内南经》的离耳国、《大荒北经》的儋耳国耳朵下垂至肩。笔者以为，大耳、多耳能扩增耳郭面积，从而更大限度地搜集声波，以便于倾听，这可从临床医学研究中得到验证。声音通过空气与颅骨两种方式传入内耳，而空气传导占据主体。在空气传导中，外耳的主要功能是收集声波，并将自由声场的声波传播至鼓膜。所以，大耳有助于增强收集声波的能力。罗兰·巴特将耳朵比作一只漏斗，并指出它能"收取尽可能多的感觉……耳郭里的褶皱和迂回似乎想增多对于个人和世界的接触"②。可见耳郭在收集声波时作用巨大，扩大其面积有利于倾听外界信息，但古人不明白其中的原理，却以为大耳易于通神。他们甚至为增添接触神祇的机会而忍受肉体的痛苦，将耳部穿洞填物。如《山海经》记载了两种扩增耳部的方法：一为穿洞贯蛇。贯蛇即珥蛇，指在耳部穿孔，将蛇贯入其中③。如雨师妾、蓐收、禺强均为此类。二为穿洞贯镊。《中次三经》的魃武罗"穿耳以镊"，郭璞认为"镊，金银器之名，未详也"④。笔者以为，"穿耳以镊"应与珥蛇相近，也是先将耳部穿孔打洞，然后用镊贯入其中。但不管是珥蛇还是珥镊，最初的意图均为通神。这可从经文中诸

① 郭璞注：《宋本山海经》，第177页。
② 罗兰·巴特：《显义与晦义》，第254页。
③ 郭璞注：《宋本山海经》，第181页。
④ 郭璞注：《宋本山海经》，第112页。

多通过珥蛇、贯蛇，以及衔蛇、啖蛇、操蛇等方式通神的记载来印证。正是基于贯蛇的通神属性，学者认为这是古代巫师通过将蛇牵握操纵或者佩在耳上、践在足下等方式，与蛇合为一体，从而使蛇成为他们作法登天的工具①。也许受到贯耳通神思想的影响，古人常将耳大、耳部异常作为圣贤的特质，甚至在后世出现一系列附会与衍化。如老聃、重耳的命名可能出于附会②，以镮穿耳与儋耳、大耳在汉魏时期演化为佩饰或身份的象征③，后世志怪小说、诗歌与佛典对大耳的描摹则是对先前典籍记载的衍化。

需要说明的是，我们强调聪耳倾听及其通神属性，并非遮蔽或否定视觉在获取外界信息时的重要作用，而是将听觉归于应有的位置，以便使其与视觉密切关联。事实上，古代在朝堂听政、哲学论辩与宗教祭祀等场合已将二者密切结合④，兹举数例以证之。《尚书·洪范》载箕子告诫周武王做好五件事，其中的

① 张光直：《中国青铜时代》，北京：三联书店，1983 年，第 333—335 页。
② 刘钊：《出土文献与〈山海经〉新证》，《中国社会科学》2021 年第 1 期，第 92—93 页。
③ "镮耳"在汉代较早的记载见于《说文解字·玉部》。该书将武罗"穿耳以镮"之"镮"引作"璍"，"环属，从玉琐声，见《山海经》"。许氏释改为"璍"，释为"环属"，呈现出向审美价值转变的趋势。东汉之后，人们明确指出穿耳、儋耳为佩饰之美。《后汉书·张奂传》载西羌人用八枚金穿耳为饰。《海内南经》郭注云："镂离其耳，分令下垂，以为饰，即儋耳也。"《水经·温水注》引《林邑记》载儋耳民使"耳广垂以为饰"。《山海经·海外东经》袁珂注认为这是"贯耳以为饰"。儋耳、大耳又被赋予身份与地位的内涵。《汉书·武帝纪》应劭注"儋耳郡"曰："儋耳者，种大耳，渠率自谓王者，耳尤缓，下肩三寸。"《后汉书·南蛮西南夷列传》载珠崖、儋耳二郡的"渠帅贵长耳，皆穿耳缒之，垂肩三寸"，哀牢人"皆穿鼻儋耳，其渠帅自谓王者，耳皆下肩三寸，庶人则至肩而已"。《三国志·刘备传》《三国演义》说刘备"顾自见其耳""两耳垂肩"等等。这些记载表明饰耳、大耳由原始宗教信仰之功利主义向佩饰装扮之审美取向，以及身份标识演化的过程。
④ 傅修延：《听觉叙事初探》，《江西社会科学》2013 年第 2 期，第 220—231 页。

两件为视听①。《庄子·达生》《列子·黄帝》将貌像声色纳入物之属性，张湛注曰："上至圣人，下及昆虫，皆形声之物。"②形为视觉所见，声为听觉所集，张氏强调人与动物所必备的视觉与听觉属性，可见它们的重要性。三星堆遗址的纵目面具凸显大耳，强调眼、耳的意图十分明显。《山海经》描绘神怪时也多将声音与图像融为一体，《山经》的神怪兼具声音与体貌，多以"其状如××""其音如××"的方式呈现；《海经》与《大荒经》中的神怪多摹状而少绘声音。除《西次三经》的耆童与《北次三经》的大蛇仅有声音描摹外，经文在书写其他神祇的声音时必描摹其体貌。这样，音貌形成互补之势，声音产生的"听觉冲击力"与体貌产生的视觉冲击力凝合，在心理活动的参与下，这种合力又赋予神怪食人或大穰、大旱等功能，促使人们构拟或善或恶的图景。

二、倾听役心与音景构建

"音（声）景"（soundscape）本为加拿大作曲家默里·谢弗（R. Murray Schafer）提出的声学概念③，指声波经中耳、内耳传导到大脑，通过脑神经系统引起心理反应后所形成的想象图景。音景又称为"听像"（auditory imagery），傅修延将其引入中国文

---

① 孔安国传、孔颖达疏：《尚书正义》，第 400 页。
② 杨伯峻：《列子集释》，第 49 页。
③ Schafer R. Murray, *The Soundscape：Our Sonic Environment and the Tuning of the World*, New York：Knopf, 1977. 转引自傅修延《论音景》，《外国文学研究》2015 年第 5 期，第 60 页。

学研究之中，以期"纠正因过分突出眼睛而形成的视觉垄断，恢复视听感知的统一与平衡"①。音（声）景或听像的形成需要心理活动的参与，有学者认为听是"一种心理行为"②，或"心情活动"③，在触动情感、激发心灵时起着重要作用。中国古代已有听觉与心理活动相关联的论述，如《逸周书·武顺》认为心主宰耳目④，《国语·郑语》载倾听养心⑤，《庄子·达生》指出心连接貌像声色⑥，《庄子·人间世》说耳、心关系密切⑦，《文子·道德》认为心听、神听容易达到聪慧的境地⑧。这种感知"并非只与耳朵有关，而是诉者人体所有感官的全身心感应"⑨。可见，客体倾听的过程，也是所有感官参与的心理活动过程，其间会将听到的声音通过"听觉想象力"转化为相应的图景，此即"声音感动于人，令人心想形状如此"⑩。

三、正负音景的呈现

"心想形状"的生成过程亦可从生理学与临床医学上得到验

---

① 傅修延：《听觉叙事初探》，《江西社会科学》2013 年第 2 期，第 224 页。
② 罗兰·巴特：《显义与晦义》，第 251 页。
③ 黑格尔著、朱光潜译：《美学》，北京：商务印书馆，1997 年，第 331 页。
④ 黄怀信、张懋镕、田旭东：《逸周书汇校集注》（修订本），第 309 页。
⑤ 徐元诰：《国语集解》，第 470 页。
⑥ 王先谦：《庄子集解》，第 192 页。
⑦ 王先谦：《庄子集解》，第 50 页。
⑧ 文子著，李定生、徐慧君校释：《文子校释》，第 185 页。
⑨ 傅修延：《物感与"万物自生听"》，《中国社会科学》2020 年第 6 期，第 38 页。
⑩ 郑玄注、孔颖达疏：《礼记正义》，第 3350 页。

证。首先，耳与脑的关系比眼与脑的关系密切，在耳所引起的颅内并发症中，六种与脑相关①。耳郭获取的信息会大量传输给大脑并及时干预大脑，这利于音景的形成。其次，耳与其他器官的关系也十分密切，如耳和鼻、咽、喉、气管、食管彼此相通，各器官黏膜互相延续②，听觉感知的信息能够及时地与其他器官共享共建，进而形成音景。所以，音景建构既有人文学科的理论依据，又有自然科学的实践基础，它是一个可以且值得进行深入探讨的领域。依据属性不同，我们可将《山海经》的音景分为正（善）、负（恶）两种范式。

　　其一，正面音景的构建。正面音景指鸟兽声音所构设的祥瑞、有益的图景。首先，《西次三经》的文鳐鱼"音如鸾鸡"的叫声预设"天下大穰"之图景："（泰器山）多文鳐鱼，状如鲤鱼，鱼身而鸟翼，苍文而白首赤喙，常行西海，游于东海，以夜飞。其音如鸾鸡，其味酸甘，食之已狂，见则天下大穰。"③那么，文鳐鱼为何能带来丰穰呢？笔者以为当与"其音如鸾鸡"有一定的关联。郭璞注"鸾鸡"曰："鸟名，未详也。或作'栾'。"④郝懿行认为"鸾鸡"是鸾⑤。鸾又为"神灵之精也。赤色，五采，鸡形"⑥。《禽经》称

---

① 孔维佳主编：《耳鼻咽喉头颈外科学》，北京：人民卫生出版社，2005 年，第 484 页。
② 孔维佳主编：《耳鼻咽喉头颈外科学》，第 343—344 页。
③ 郭璞注：《宋本山海经》，第 45 页。
④ 郭璞注：《宋本山海经》，第 45 页。
⑤ 郝懿行撰、栾保群校：《山海经笺疏》，第 55 页。
⑥ 许慎：《说文解字》，第 79 页。

"鸾"为"鸡趣"、"王者有德则见"①。鸾为瑞鸟，出现在有道君王统治下的盛世，是祥瑞与吉兆的象征。这可从《山海经》中找到相关的佐证，凡是鸾出现的地方均为不愁衣食、生活富足的乐土。如《海外西经》《大荒西经》的诸沃之野"凡其所欲，其味尽存"；《大荒南经》的载民国"百谷所聚"，人们"不绩不经，服也；不稼不穑，食也"；《海内经》的都广之野"灵寿宝华，草木所聚"，"百兽相与群居"，人与兽共享富足和平的生活。由此推测，像鸾一样的叫声也可以构设妙舞清歌、安详和谐、物华天宝之图景。其次，《东次四经》的当康等亦是由声音而构设天下大穰的美好景象。"当康""大穰"属声转义近，"盖岁将丰稔，兹兽先出以鸣瑞。圣人通知鸟兽之音，故特记之。凡经中诸物，或出而兆妖祥，皆动于几先，非所常有，故世人希得见之尔"②。可见，当康的叫声与"见则天下大穰"的盛况相关，声音预兆祥瑞图景。此外，人们由青耕的鸣叫声而构想出春耕的图景③，由的驳如鼓之音想象其吞噬虎豹、抵御兵乱的情景等等，均是正面音景构建之例。

其二，负面音景的构建。负面音景指鸟兽叫声所预示的灾难、祸患等有害、不祥之图景。如毕方鸟的鸣叫声与讹火相关，《西次三经》《海外南经》记载其鸣叫时"邑有讹火"。其他典籍也有相关记载，《韩非子·十过》载黄帝在西泰山聚合诸鬼神，毕

---

①　师旷撰、张华注：《禽经》，见永瑢等编纂：《四库全书》第 847 册，第 680 页。
②　郝懿行撰、栾保群交：《山海经笺疏》，第 143 页。
③　伊藤清司：《中国的神兽与恶鬼——〈山海经〉的世界》，第 130 页。

方、蚩尤、风伯等随之[1];《淮南子·泛论训》高诱注在摹貌的同时,还认为它是木之精怪,"木之精也。状如鸟,青色,赤脚,一足"[2];《文选·东京赋》薛综注载其"常衔火,在人家中作怪灾"[3]。可见,毕方是声音、体貌皆奇特的神怪,它的出现能带来火灾,而火灾这一图景的预设当与其声音相关,我们可结合古代民俗论证之。古有使用焚烧竹子所发出的"噼叭"声来驱赶瘟疫的习俗,《神异经·西荒经》载人们将竹竿置于火中发出"爆烞"的声音以恐吓山獤[4],《集韵》将"烞"释为竹子的着火声[5]。袁珂由竹木燃烧时发出的"烞"声,推测毕方是"烞"的音转[6],较为可信。由此推判"毕方"是依声命名,它的叫声与竹子燃烧所发出的"烞"声相近,故而古人将其与引发怪火进行系连,构设了由叫声而引发火灾的图景,其鸣叫声预示着"邑有讹火"。又如《西次四经》《海内北经》的穷奇"音如獋狗",人们盖由其凶猛的吼声构设其食人与驱逐妖邪的情状;蛊雕、窦窳、狍鸮、蜚蛭、合窳、马腹等"音如婴儿",当先民听到它们鸣叫时会产生被吞食的恐惧心理;听到音如牛鸣的大蛇、音如豚吼的鱼、音如鸳鸯声的鱼鸣叫时,人们觉得这些动物的声音与其个体属性极不匹配,故而有种

---

① 王先慎:《韩非子集解》,第 65 页。
② 刘安著、高诱注:《淮南子注》,第 231 页。
③ 萧统编、李善等注:《六臣注文选》,第 77 页。
④ 东方朔:《神异经》,《丛书集成新编》本,台北:新文丰出版股份有限公司,1985 年,第 112 页。
⑤ 丁度:《集韵》,北京:中国书店出版社,1983 年,第 1360 页。
⑥ 袁珂:《山海经校注》,第 189 页。

天下大旱的不祥之兆；听到音如晨鹄的大鹗、音如勃皇的天神、自呼姓名的凫徯等异常叫声时则预感遭罹兵祸。值得注意的是，先民反复强调负面图景的冲击力，实则为了识别并熟记这些带来负面音景的声音，以便避祸趋利。可见，无论是正面音景还是负面音景的构设，均是先民对未来作出的祥瑞或凶残的预兆，实为出于禳灾祈福的功利目的。

四、余论

先民认为万物有灵，自然界的动物均有神秘的属性。动物声音是《山海经》着力凸显的内容之一。作为神怪的重要标识，声音承载着丰富的文化内涵，具有重要的研究价值。

第一，丰赡神怪定义，拓展神怪内涵与神话学的研究视阈。前文已经论述，尽管古代文献中已有较多的声貌并举的记载，人们在判断神怪或进行相关研究时仍重视体貌而忽略声音。通过以上的研究，我们发现声音的异常亦是神怪的重要属性，可将其纳入神祇定义的范畴而纠正先前的偏颇。这既能丰赡"神怪"的内涵、拓展神话学的研究视阈，也能纠正神话研究中的"失聪"现象。

第二，补证《山海经》的成书时代。《山海经》的成书年代至今仍众说不一，且在 2014 年笔者曾撰文指出：依据神人形象可判断三部分成书的先后次序为《山经》→《海经》→《大荒经》①。

---

① 梁奇：《从神人形象补证〈山海经〉各部分的成书时序》，《广西师范学院学报》2014
年第 4 期，第 60—62 页。

而通过将神怪声音与状貌描写的对比，我们发现"状如×××"的视觉描写多于"音如×××"的听觉描写①，这说明此时视觉胜于听觉。学者一般将"诗亡而后《春秋》作"的春秋战国时期作为听觉文化下降、视觉文化上升的分界②。由此推测，《山海经》的成书不早于春秋时期。

　　第三，为汉赋与六朝志怪小说乃至后世文学中的声音书写提供研究范式。《山海经》的动物神祇及其声音乃至先秦神怪声音的书写被后世继承，尤其是在汉赋和六朝志怪小说中出现诸多神怪声音的记载。如司马相如《长门赋》中玄猿吟啸；张衡《归田赋》中虎龙啸吟山泽；王嘉《拾遗记》中的丹丘之国人听马鸣别其脑色③，幽州之墟的青翔鸣薮泽、声似钟磬笙竽等等④。这些声音描绘亦可构建音景，如玄猿吟啸构建了陈皇后被遗弃而愁容满面的情状，虎龙啸吟山泽则将张衡归田后类乎龙虎而啸吟于山泽的自由畅快之情跃然纸上，而志怪小说中的青鸣叫所构建的盛世太平图景则成为后世仿摹的文学意象。如果说《山海经》与先秦其他典籍中动物神祇的声音书写是古代先民对自然界的崇拜与恐惧的神话化表达，那么汉赋中动物声音的书写则是人与动物情感同构的体现，志怪小说乃至后世文学中的神怪

---

① 详见"神怪声音的空间分布表"。
② 王小盾：《上古中国人的用耳之道——兼论若干音乐学概念和哲学概念的起源》，《中国社会科学》2017年第4期，第178—179页。
③ 王嘉撰、齐治平校注：《拾遗记校注》，第19页。
④ 王嘉撰、齐治平校注：《拾遗记校注》，第22页。

声音则包含着遣祸祈福、去恶趋善的劝诫目的。这样，以《山海经》为切入口，可推进相关问题的阐释与文本的深度整理工作。

　　第四，充实祥瑞灾异文化的研究。去凶避祸、祈福求祯是古今人们共同的心理，故而吉凶预兆在古代的纬书、史书符瑞、笔记小说与诗歌中出现较多。它们与《山海经》的音景构设相似，均属祥瑞灾异文化的范畴。对于古人而言，祥瑞灾异的应验多通过交感巫术实现。那么，听觉所构建的音景、符瑞应验与交感巫术的发生都是在心灵感应的原则下进行，我们可将音景、符瑞与巫术结合起来，进行深入的关联性研究。当然，这还涉及文学、本草学、心理学、音乐学、医学等学科知识，而我们对这些交叉学科的阐释仅是浅尝辄止，以期博学同道展开更深入的研究。

第三章

《山海经》中的神怪形象

上古时代,世界各地的先民都有一个轰轰烈烈的造神运动。先人造神的目的是要处理好人与自然的关系。据茅盾《神话研究》,保存于世的有希腊罗马神话、北欧神话、埃及印度神话、中国神话等①。这些神话各有其特点,中国神话长于神形描绘。作为保存中国神话的主要典籍《山海经》,描绘了众多神人形象,具体有人兽合体类(人形兽貌)、人兽伴生类(以虫为助手)、异形神人类(五官奇特)。书中所记载的怪兽神人反映了先民改造世界、认识自我的艰辛历程。这是人类的进化史,亦是文明生成史,展现了先人改造野蛮、修饰原始、走向文明的轨迹。

第一节　人兽合体类神怪形象

　　人兽合体类神人形象取人和兽的器官组合而成,人兽功能

---

① 　茅盾:《神话研究》,天津:百花文艺出版社,1981 年,第 16—31 页。

合一，具体有人鱼组合、人鸟组合、人蛇组合、人虎组合、人猿组合、人龙组合、人猪组合、人马组合、人牛组合、人羊组合、人犬组合，等等。在这些神人形象中，与人合体的动物都是源于生活中常见的动物，其中猪、牛、羊、马、鸡、狗等六畜是家养动物，真正与人类形成伴生关系，而虎、蛇等野生动物则仍然保持着神秘、力量、阴险等特性，为人们所羡慕和害怕。这些神人形象是具有人的外貌特征和情感的野兽，可以把他们看作是以人的形体为主的神灵并归入人的范围进行审视。它们"具有特异的功能，是现实的人无法企及的"①。先民通过描绘这些神灵，寄托了自己的生命理念。兹以人猪组合、人鸟组合以及先民对鸟崇拜的演化为例进行论述。

一、人猪组合的神人形象与早期的猪崇拜

人猪组合的神人形象属于人兽组合类神人形象之一，多取猪身、猪喙与人面或人首组合而成，猪赋予人神奇的力量，从而使人具有异常的功能。

（一）人猪组合神怪形象的书写

人猪组合的神怪形象取猪身、猪喙与人面进行组合。它们大多出现在《山经》中，如《中次七经》自休与之山至大䰿之山的十九座山中，其中十六座山之山神是取猪身与人面进行组合

---

① 李炳海：《人的形貌描写与自然生命力的显现——中国早期文学的一个透视点》，《文艺研究》2006 年第 10 期，第 57 页。

而成：

> 凡苦山之首，自休与之山至于大騩之山，凡十有九山，千一
> 百八十四里。其十六神者，皆豕身而人面。其祠：毛牷用一羊
> 羞，婴用一藻玉瘗。苦山、少室、太室皆冢也。其祠之太牢之具，
> 婴以吉玉。其神状皆人面而三首，其余属皆豕身而人面也。①

《中次十一经》的翼望之山至几山共有四十八座山，其山神
均为"彘身人首"状：

> 凡荆山之首，自翼望之山至于几山，凡四十八山，三千七百
> 三十二里。其神状皆彘身人首。其祠：毛用一雄鸡祈，瘗用一
> 珪，糈用五种之精。禾山，帝也，其祠：太牢之具，羞瘗，倒毛，用
> 一璧，牛无常。堵山、玉山，冢也，皆倒祠，羞毛少牢，婴毛
> 吉玉。②

《东山经》的犲山盛产金玉，其山神"状如彘而人面"：

> 又东北三百里，曰犲山，多金玉。有兽焉，其状如彘而人面，
> 黄身而赤尾，其名曰合窳，其音如婴儿，是兽也，食人，亦食虫蛇，

---

① 郭璞注：《宋本山海经》，第 132 页。
② 郭璞注：《宋本山海经》，第 155—156 页。

见则天下大水 ①

　　也许因为刉山的合窳比较凶狠，人们对这类神人甚为畏惧。
于是，在《北次三经》中就有用璧祭祀彘身神的记载："凡北次三
经之首，自太行之山以至于无逢之山，凡四十六山，万二千三百
五十里。……其十四神状皆彘身而载玉。其祠之，皆玉，不瘗。
其十神皆彘身而八足蛇尾，其祠之，皆用一璧瘗之。大凡四十四
神皆用稌糈米祠之，此皆不火食。"②

　　狌狌（猩猩）是一种神奇的野兽，据说它能知晓过去的事情。
《海内南经》把这种奇兽描绘成状如猪而人面的形象："狌狌知人
名，其为兽如豕而人面，在舜葬西。"③而在《南山经》中，则把狌
狌描绘成长尾猿（昌）的形状，"有兽焉，其状如禺而白耳，伏行人
走，其名曰狌狌"④。这当为"如豕而人面"的变形。

　　依《海内经》记载，昌意是黄帝与妻子雷祖所生，昌意在若水
生了韩流。韩流是猪喙与人面组合而成的神人形象："流沙之
东，黑水之西，有朝云之国、司彘之国。黄帝妻雷祖，生昌意，昌
意降处若水，生韩流。韩流擢首、谨耳、人面、豕喙、麟身、渠股、
豚止，取淖子曰阿女，生帝颛顼。"⑤

---

①　郭璞注：《宋本□海经》，第 103 页。
②　郭璞注：《宋本□海经》，第 90 页。
③　郭璞注：《宋本□海经》，第 188 页。
④　郭璞注：《宋本□海经》，第 13 页。
⑤　郭璞注：《宋本□海经》，第 245—246 页。

在人猪组合的神人形象中,苦山、翼望之山等山神取猪身与人面、人首组合而成,合𥂕与犲犲形状如猪,韩流则取猪喙与人面进行组合。他们均具有超于凡人的功能,显得卓然超群。这较好地体现了原始先民内心世界和审美取向。

(二)人猪组合神怪形象的特性

在人猪组合神人形象中,人从猪器官上汲取能量,从而具有超乎常人的功能。这无疑是先人内心信仰的外露,亦是先民按照心中的形象进行的创造。这种神人形象不仅让我们领略了先民丰富而驰骋的想象能力,更让我们感受到了神人形象背后所隐藏的神秘特性。

《东次四经》的合𥂕"状如彘而人面""见则天下大水"。合𥂕彘身人面,声音像婴儿,凶猛异常,食人,亦食其它兽类。它一出现就引起水灾。合𥂕的这一功能,在很大程度上与猪身有关。猪本性好泥水,人们常把猪与水联系起来,把猪的出现作为水的先兆。如《楚辞·天问》:"帝降夷羿,革孽夏民。胡射夫河伯,而妻彼洛嫔? 冯珧利决,封豨是射。何献蒸肉之膏,而后帝不若?"[1]河伯冯夷的原型是猪。封豨即大野猪,是楚人对猪的称呼,在《淮南子·本经训》中有记载。此即《左传·昭公二十八年》之夔子"封豕"。详见下文论述。闻一多先生认为河伯即封豨。可见,封豨即水神,与水密不可分。

---

① 　王逸章句、洪兴祖补注:《楚辞补注》,第99—100页。

《诗·小雅·渐渐之石》中有类似的记载："武人东征，不皇出矣。有豕白蹄，烝涉波矣。月离于毕，俾滂沱矣。武人东征，不皇他矣。"①这首诗是周代东征兵士对征途劳苦的慨叹。诗中反复叙述东征路途的遥远、山川的险峻、道路的泥泞，反映了东征将士对东部气候和环境的不适。针对"有豕白蹄，烝涉波矣。月离于毕，俾滂沱矣"四句，古今贤哲有不同的解释：《毛传》认为"将久雨，则豕进涉水波"②，方玉润《诗经原始》说："或以为既雨，或以为将雨，或以为实境，或以为虚拟借以起兴，均非确论。此必当日实事，月离毕而大雨滂沱，虽负途曳泥之豕，亦烝然涉波而逝，则人民之被水灾而几为鱼龟者可知，即武人之沾体途足，冒险东征，而不皇他顾者更可见。四句只须倒说，则文理自顺，情景亦真。"③程俊英《诗经注析》说："白蹄，猪本好泥，而今白蹄，可见水灾之大。"④李立《东夷族猪崇拜及其相关文化现象》认为，"有豕白蹄，烝涉波矣"是东夷族故地用来描写猪与水密切关联的民俗谚语，群猪涉水，则意味着水患将多⑤。尽管先哲时彦对此句的理解有所差异，但都把猪与水联系在一起。可见在远古先民心中，群猪涉水，月亮靠近毕星，均为天降大雨的征兆。此与合窳"见则天下大水"的功能一脉相承。

① 郑玄注、孔颖达疏：《毛诗正义》，第 1074—1075 页。
② 郑玄注、孔颖达疏：《毛诗正义》，第 1075 页。
③ 方玉润：《诗经原始》，北京：中华书局，1986 年，第 469 页。
④ 程俊英、蒋见元：《诗经注析》，北京：中华书局，2006 年，第 740 页。
⑤ 李立：《东夷族猪崇拜及其相关文化现象》，《绥化师专学报》1996 年第 4 期，第 6 页。

　　《北山经》彘身而载玉的十四神、《中山经》苦山、荆山豕身人面神皆为猪身形神人,具有了超强的力量。人们畏惧它们,希望借助它们的力量来抵抗他物的侵袭,便主动与它们亲近,承认是自己的祖先对其崇拜,并使用雄鸡、珪、精糈和璧等祭祀之,以祈求得到保佑。

　　《山海经·海内南经》"如豕而人面"的狌狌"在舜葬西""知人名",功能异常。在此,我们可以把狌狌看作是以"人面"为主的形体而纳入人的视野进行审视。而古籍中多以其知往、能言、善走等超常功能见载。如《山海经·南山经》"狌狌……伏行人走",《荀子·非相篇》"狌狌形笑,亦二足而毛"①,《礼记·曲礼上》"猩猩能言,不离禽兽"②,《淮南子·泛论训》"猩猩知往而不知来"③,《论衡·龙虚篇》"狌狌知往"等等④。狌狌能言、知往和善走等特性,已经俨然与人相似了。而这些特征的取得,当与"如豕"密切相关。

　　韩流是一副猪的形象:长长的脑袋,小小的耳朵,人的脸,猪的嘴巴,麒麟的身子,两腿并在一起,还有一双像猪蹄一样的脚。他是黄帝的孙子,颛顼的父亲。其世系为:黄帝→昌意→韩流→颛顼。吴晓东认为,韩流或者是以猪为图腾,或者是在以

---

① 王先谦:《荀子集解》,第 50 页。
② 孔颖达:《礼记正义》,第 2664 页。
③ 刘安撰、高诱注:《淮南子注》,第 223 页。
④ 王充:《论衡》,第 62 页。

猪为图腾的氏族或部落里①。吴说可信。豕喙的韩流，功劳卓著，是神圣的象征。而这一切的取得，当与猪喙等形体器官有关。

合窳、《北山经》十四神、《中山经》苦山、荆山神以及猩猩皆为猪身形神人，韩流是豕喙神人，他们都以半人半猪的形态出现，显示出旺盛的生命力和超乎寻常的功能。之所以具有这些功能，与猪的强悍、残暴、凶猛以及神圣等特性有关。

（三）人猪组合的成因与影响

猪是人们最早驯化的家畜之一，人们十分熟悉它的特点与习性。其肥胖丰硕是生命力旺盛、生殖力强的标志，而未经驯化的野猪，则强悍、残暴、凶猛，经常伤及人类。如《左传·昭公二十八年》："乐正后夔取之，生伯封，实有豕心，贪婪无餍，忿类无期，谓之封豕。"②封豕即大猪，是夔的儿子，贪得无厌、"忿类无期"，亦是半人半猪的形象。《淮南子·本经训》载"逮至尧之时……封豨、修蛇皆为民害"③。封豨与修蛇共同残害人民，而经过人们的驯化后，猪则变得温顺、老实。如《周易·大畜》："豶豕之牙，吉。"④豶，在此作动词，给猪去势。阉割了的猪性格就变得驯顺、老实，虽有锐利的牙，也不会伤人。

---

① 　吴晓东：《图腾与神话》，北京：社会科学文献出版社，2002 年，第 150 页。
② 　杜预注、孔颖达疏：《春秋左传正义》，见阮元校刻《十三经注疏》，北京：中华书局，2009 年，第 4600 页。
③ 　刘安撰、高诱注：《淮南子注》，第 117—118 页。
④ 　王弼、韩康伯注，孔颖达疏：《周易正义》，第 81 页。

猪是主要的宗庙祭品之一。《礼记·曲礼下》:"凡祭宗庙之礼:牛曰一元大武,豕曰刚鬣,豚曰腯肥。"[①]未阉割的猪皮厚、毛粗,叫"豕",而阉割后的猪则长得膘肥臀满,叫"豚"。它们与牛同为神圣的祭品。可见,猪原为凶狠、残暴之物,为先民所害怕。这样凶狠的野兽足以令人生畏,人们想方设法向它靠近,以求得到保护。与之相处中,人们抓住其特点,对其进行驯化,使之变得温顺、可亲。先人在驯化猪的过程中积累了丰富的经验,并对猪产生敬佩之情,便借助其器官以增加自身的能量,便产生了人与猪组合的神人形象。

新石器时期,猪曾经是地母的化身和象征,足见其在先民信仰中的重要地位。猪还是人类的生产生活中主要的家畜,是财富的象征。古人以随葬猪数目的多少,来显示墓主人财富的多寡。汉墓中的一些猪形玉雕,如河南巩义博物馆陈列的随葬品青玉猪,寓意死后也能拥有财富。猪的肥胖丰硕与多崽,是旺盛的生命力与强大的生殖能力的标志,而这正是生活在恶劣环境下存活率低下的远古先民所期盼的。这样,猪就成了先民审美心理的一个具体物象和载体,对猪的崇拜体现了新石器时代先民对生殖力和生命力的审美追求[②]。

总之,先民由猪的强悍、残暴、肥胖丰硕以及喜水等特性,联想到猪是雨水的先兆、财富的象征、神灵的化身而当成崇拜的图

---

① 孔颖达:《礼记正义》,第 2747 页。
② 户晓辉:《猪在史前文化中的象征意义》,《中原文物》2003 年第 1 期,第 16 页。

腾，进而想象出猪形随葬品、人猪组合的神人形象，以便让猪时刻伴随左右并从猪器官获得力量。这样，人就具有了猪的性能，能更好地抵御他物的侵袭，过上较好的生活。

《山海经》中人猪组合的神人形象是先民崇猪的产物，它真实地反映了古代人类崇猪、祭猪的历史事实，形成了人猪文化体系，对后世产生了深远的影响。先民们通过多种方式来表达对猪的崇拜。如河姆渡先民把猪刻绘在陶钵、陶盆上，大汶口文化时期就使用猪形器；殷商时代把猪作为太牢的祭牲之一；夫余国有以猪名官之俗，"国有君王，皆以六畜名官，有马加、牛加、猪加、狗加、大使、大使者、使者"①；猪是随葬品，与葬礼关系密切，1954 年在福州挖掘了一座南朝墓葬，出土一只"石刻猪"，从中可窥见那时的猪崇拜和丧葬仪礼；契丹族以猪为图腾，《契丹国志·契丹国初兴本末》记载："复有一主，号曰喝呵，戴野猪头，披猪皮，居穹庐中，有事则出，退复隐入穹庐如故。后因其妻窃其猪皮，遂失其夫，莫知所如。"②在此，猪曾经是契丹族的一部落的图腾，是他们的保护神。从中我们可以看出猪在古人思想意识中不寻常的地位，他们通过以猪名官、使用绘制有猪形的器物等方式，把人猪联系在一起，从猪身上汲取力量，从而使自己受到保护。这和《山海经》中人猪神人形象具有相似之处。

先民对猪的崇拜还影响到后来的文学作品。至今，我们中

---

①   陈寿：《三国志》，北京：中华书局，2006 年，第 841 页。

②   叶隆礼：《契丹国志》，上海：上海古籍出版社，1985 年，第 1 页。

华民族仍流传着许多与猪有关的民俗。猪造型渗透在剪纸、刺绣、布玩、陶瓷、面具等民间艺术中。值得一提的是，大多数家庭都使用"猪"储存硬币，猪是财富的象征。所有这些猪形象被点缀得五彩缤纷，都以多姿多彩、可亲可爱、拙朴憨厚的姿态出现在人们的生活中，人猪不分离。这显然是渗透着我们中华民族强烈的主观情感色彩，这种情感色彩就来自古老的猪崇拜文化观念，可以看作《山海经》中人猪组合的孑遗。

二、《山海经》中人鸟组合的神怪形象

受时局和思维所限，上古时期的先民往往对强大的自然界表现出无限的恐惧与敬畏。于是，他们就发挥自己的聪明与才智，通过造神来处理人与自然的关系。人鸟组合的神人形象属于人兽组合类神人形象之一，取鸟身、鸟首、鸟翼、鸟喙等器官，与人面、人手、人身等组合而成，鸟器官赋予人神奇的力量从而使人具有异常的功能。

（一）人鸟组合神怪形象的类型

在《山海经》中，有诸多取鸟身、鸟喙等器官，与人面进行组合的神人形象。他们大多出现在某些山中。例如，取鸟身的神人形象有《南山经》中"令丘之山……状如枭，人面四目而有耳"的颙，《海外西经》中"人面，居山上"的鸾鸟，《西次二经》中"羭次之山……状如枭，人面而一足"的橐𦊀，《海外东经》中"鸟身人面，乘两龙"的句芒，《海外北经》中"人面鸟身，珥两青蛇。践两

青蛇"的禺强，《大荒西经》中"玄丹之山。有五色之鸟，人面有发"的青鸢、黄鹜、青鸟、黄鸟，及"人面鸟身，珥两青蛇，践两赤蛇"的弇兹，《大荒北经》中"有山名曰北极天柜……九首人面鸟身"的九凤，《大荒东经》中"人面鸟身，珥两黄蛇，践两黄蛇"的禺䝞，《北次二经》中"北嚻之山。……状如乌，人面"的鸑鹃以及《中山经》中"凡荆山之首，自景山至琴鼓之山，凡二十三山……皆鸟身而人面"的神人形象等等。

取鸟翼、鸟喙与人面进行组合的神人形象在《山海经》中也占有一定的分量，如《西山经》中"人面，虎文而鸟翼"的神英招，"鸟翼，人面蛇尾"的孰湖，《海外南经》中"人面有翼，鸟喙"的讙头国、《大荒南经》中"人面鸟喙，有翼"的讙头和《大荒南经》中"鸟喙有翼"之神人，等等。

以取鸟首为特征的神人形象有《南山经》中"状如鸱而人手"的鹆和《海内经》中"鸟首"的盐长国鸟氏等等。《山海经·北山经》中的精卫是炎帝的小女儿女娃所变。它的形状像乌鸦，脑袋花、嘴壳白、足爪红，鸣叫时自呼其名。这是人鸟互化的神人形象。

在人鸟组合的神人形象中，人面鸟身的神人所占比例较大，女娃精卫神话是著名的人鸟互变神话。不管哪类人鸟组合的神人形象，他们都具有旺盛的生命力和某些特异的功能，共同反映了先人的审美思想。

（二）人鸟组合神怪形象的特性

上文所举人鸟神人虽然形象各不相同，但其产生的根源及其特性是相似的，即先民通过想象把鸟的器官移植到人体上，认为鸟的功能也就随着被移植了过来。这样，在拥有鸟器官的同时，人也拥有了鸟的功能，增强了征服自然的能力。如《西山经》中的橐𩇯"服之不畏雷"，郭璞注曰："著其毛羽，令人不畏天雷也。（雷）或作灾。"①为了避免被雷所伤，先民通过驰骋的想象来消除内心的惧怕，想象出了披戴毛羽、人脸鸟形的橐𩇯。从某种意义上说，橐𩇯不仅是一种人鸟组合神人形象的展现，更是先民们对能自由展翅于雷电之中、搏击于苍穹之间、冬见夏蛰且不畏雷的强大鸟身形象的渴求，所有这些功能都是常人无法拥有的。鸳鹠"食之已暍"，郭璞注曰："中热也，音谒。"②食用之可以治疗中暑，可见其功能异常。

　　鸟在高空中翱翔靠的是鸟翼，生有鸟翼的神人也善于飞翔，如《西山经》中的英招和孰湖就是生有鸟翼的神人。英招借助鸟翼在四海上空替天帝巡视着圃园，神气十足；孰湖好举人，功能异常。鸟喙擅长啄食，讙头国用鸟喙在海中捕鱼，他是取鸟喙之神。经文中有两处记载：一是《海外南经》的"讙头国"（或曰"讙朱国"）；二是《大荒南经》的"讙头"。以人的形体为主的讙头（讙头），同时又生有鸟喙和双翼。他之所以能在海上捕鱼，很大程度上是鸟喙所赋予的，如果不是鸟喙和鸟翼，他不可能有这样的特异功能。

---

① 　郭璞注：《宋本山海经》，第31—32页。
② 　郭璞注：《宋本山海经》，第75页。

　　《山海经》中也有一些具有破坏性的人鸟形象，他们的出现时常会导致灾害、战争甚至亡国等不祥之兆。如《南山经》中的颙"见则天下大旱"，《西山经》的人面鸮"见则其邑大旱"，《海外西经》的人面鸟"所经国亡"，《大荒西经》中人面有发的"五色之鸟""所集者其国亡"等等。

　　此外，《海外东经》中东方神句芒、《海外北经》中北方神禺强（禺强亦是北海神，见《大荒北经》）、《大荒东经》中东海神禺和《大荒西经》中西海神弇兹等等，先民也都赋予了它们特异功能。可见《山海经》中以半人半鸟形象出现的人鸟组合，均具有旺盛的生命力和超乎异常的功能。与此同时，这些人鸟组合的神人形象也让我们深深地感受到了他们所具有的丰富的文化内涵。

　　（三）人鸟组合神怪形象的文化内涵

　　文化是一个具有特定结构的复合体，而由图腾崇拜衍生的人鸟组合神人形象所蕴含的文化内涵，亦是以图腾观念为核心的各种文化元素构成的复合体。具体而言，人鸟组合神人形象的文化内涵主要表现为以下两方面。

　　首先，人鸟组合是先民鸟图腾崇拜的具体化，是至上的宗教信仰文化。

　　中国最早的宗教信仰产生于远古社会，是依附于图腾而产生发展起来的。图腾观念是人类最早的宗教观念。鸟在远古时期被许多部族奉为图腾，他们把鸟当作自己的祖先和保护神，在对其顶礼膜拜的同时，还尝试运用各种方法来祈求它的庇护。

如殷周时期，人们把日常使用的器物制成"鸟形"并在上面刻写"鸟"字，《殷周金文集成》著录有"鸟父乙鬲"（上刻"鸟父乙"三字）①、"鸟父癸鼎"（上刻"鸟父癸"三字②）、"鸟且牺尊"（上刻"鸟祖"二字）③、"鸟父乙觚"（上刻"鸟"字）④等；《尚书·禹贡》有"鸟夷皮服"⑤、"鸟夷卉服"⑥（今本皆作"岛夷"）。童书业说："'鸟夷'本来当指以鸟为图腾的部族。"⑦"《禹贡》作时东方沿海一带尚有以鸟为图腾之部族。……东方古代以鸟为图腾之族确甚繁多，此研究古史传说一大关键，甚应注意。"⑧可见"鸟"在先民心中的至尊地位及其给先民所带来的精神慰藉。而《山海经》中人鸟组合是把人与鸟的器官接榫，是人类崇鸟、敬鸟，以鸟为图腾的具体化。

事实上，在与《山海经》相先后的典籍中，有诸多与人鸟相关的神话。其中最为著名的是商人把自己的祖先视为玄鸟所生。这在《诗·商颂·玄鸟》中有记载："天命玄鸟，降而生商。"⑨而《楚辞·天问》中则为"简狄在台，喾何宜？ 玄鸟致贻，女何

---

① 中国社会科学院考古研究所：《殷周金文集成》，北京：中华书局，2007 年，第540 页。
② 中国社会科学院考古研究所：《殷周金文集成》，第 992 页。
③ 中国社会科学院考古研究所：《殷周金文集成》，第 3553 页。
④ 中国社会科学院考古研究所：《殷周金文集成》，第 4020 页。
⑤ 孔安国传、孔颖达疏：《尚书正义》，第 84 页。
⑥ 孔安国传、孔颖达疏：《尚书正义》，第 86 页。
⑦ 童书业：《童书业历史地理论集》，北京：中华书局，2004 年，第 247 页。
⑧ 童书业：《童书业历史地理论集》，第 355 页。
⑨ 毛亨传、郑玄笺、孔颖达正义：《毛诗正义》，第 1343 页。

喜"①，《思美人》为"高辛之灵盛兮。遭玄鸟而致诒"②。可见"玄鸟生商"的传说在屈原时代就已经广为流传。与"玄鸟生商"类似，秦先祖大业也出自玄鸟，《史记·秦本纪》载："秦之先，帝颛顼之苗裔孙曰女修。女修织，玄鸟陨卵，女修吞之，生子大业。大业取少典之子，曰女华。女华生大费……大费生子二人：一曰大廉，实鸟俗氏……蜚廉善走。"③大廉为大费之子，是鸟俗氏，其玄孙中衍又是鸟身人言，中衍之后叫蜚廉，亦作飞廉。飞廉善走，可能是出鸟俗氏善飞之传说，亦为鸟图腾神话。由此可见，上述以鸟为先祖的神话记载与《山海经》中人鸟组合神人形象有着异曲同工之美。

除上文所举玄鸟感生神话外，先秦东夷族的少暭氏集团对鸟的执着崇拜也是我们不容忽视的一种文化现象。少暭氏集团对鸟所具有的特殊情愫可谓由来已久，他们把鸟奉为自己部族的图腾，以鸟名官，用鸟名去称呼各类公务人员。这在《左传·昭公十七年》有记载：

秋，郯子来朝，公与之宴。昭子问焉，曰："少暭氏鸟名官，何故也？"郯子曰："吾祖也，我知之。……我高祖少暭挚之立也，凤鸟适至，故纪于鸟，为鸟师而鸟名。凤鸟氏，历正也。玄鸟氏，司

---

①　王逸章句、洪兴祖补注：《楚辞补注》，第 105 页。
②　王逸章句、洪兴祖补注：《楚辞补注》，第 147 页。
③　司马迁：《史记》，第 173—174 页。

分者也；伯赵氏，司至者也；青鸟氏，司启者也；丹鸟氏，司闭者也。祝鸠氏，司徒也；鴡鸠氏，司马也；鸤鸠氏，司空也；爽鸠氏，司寇也；鹘鸠氏，司事也。五鸠，鸠民者也。五雉，为五工正，利器用，正度量，夷民者也。九扈为九农正，扈民无淫者也。"①

　　其次，人鸟组合神人形象是先民部族融合轨迹的展现和审美思想的体现。远古氏族部落迫于生存的需要，把迁徙作为稳固、发展部族的一种手段。在迁徙的过程中，受自然灾害、凶禽猛兽、氏族利益争夺所引发的战争等客观因素的影响，各氏族部落间常常以这样或那样、直接或间接的方式进行融合。客观上的融合，无形之中促使了各自部族的图腾形象的融合及图腾文化内涵的丰富。如《大荒北经》的禺强"人面鸟身，珥两青蛇，践两赤蛇"，它是鸟、蛇两种图腾形象融合为一的形象；《西山经》的英招"马身、虎纹和鸟翼"，是三种图腾融合为一的形象；《西山经》的泰湖为"马身、鸟翼、蛇尾"，为三种图腾形象的融合体；《大荒北经》的九凤有"九首、人面、鸟身"，是多种图腾形象的融合。我们暂且将由多种图腾形象融合为一的图腾形象称之为"复合图腾"。复合图腾作为原始图腾文化的衍生物，它所涵盖的每一个文化元素都对相关部族产生影响，这种影响主要表现在部族间关系的维系和组织上。

①　杜预注、孔颖达疏：《春秋左传正义》，第 4524—4525 页。

其实，复合图腾的出现不仅展现着各部族外在制度文化的发展与内在精神文化的演变，更展示着氏族部落在图腾融合上的包容和独特的审美观——"集美"。例如，《大荒北经》的禺强，"鸟身"取其长于飞翔，"珥蛇、践蛇"取其善于爬行，"人面"取人性的元素。可见，禺强集鸟、蛇、人的美好特质于一体，故其能担当北海神的重任。"凤"本身就是多种图腾形象的融合，《说文解字·鸟部》："凤，神鸟也。天老曰：'凤之象也，鸿前麟后，蛇颈鱼尾，龙文虎背，燕颔鸡喙，五色备举，出于东方君子之国，翱翔四海之外……见则天下安宁。'……凤飞群鸟从以万数也。"[①]在九凤中，"人面"是取其通人性的一面，"鸟身"是取其善飞、轻快的一面；此外，它亦具有鹿、蛇、鱼、龙等动物的美好特性，是吉祥、美好、幸福、安康的象征。据上可知，复合图腾具有的凶猛刚健、开拓进取、连通天神、吉祥幸福等美好精神品格象征，正是先民心目中值得信仰崇拜的图腾。这些图腾形象在部族的不断融合进程中渐趋成熟，在人们审美思想的提升中而渐趋丰满、完美。研究这些图腾形象所包含的意蕴，对于我们全方位解读《山海经》乃至先民思想文化意识的发展历程起到了不可低估的作用。

纵观整个远古社会的鸟崇拜思想，由最初简单的鸟图腾崇拜到较复杂的人鸟合体崇拜，再变而成人鸟神人形象，鸟崇拜思想始终贯穿于中。这让我们不难发现，在先民对鸟图腾形象不

---

① 许慎：《说文解字》，第 79 页。

断融入其他元素的同时，单一而稚拙的原始思维模式也在潜移默化地发生着转变。此转变既表现在人为因素不断增加，对人自身主观能动性再认识与再发展程度的不断加深与实践，也表现了人们对复合艺术形象的开创及审美观念的提升。

（四）人鸟组合神怪形象在后世的受容

鸟是生命灵动和重生意义的象征，被人们视为一种符号而长期存在，是古代文学作品中常见的意象。《山海经》中人鸟组合的神人形象对后世的文学特别是神话小说产生了深远的影响。

《山海经》中的句芒是著名的人鸟同体形象，《吕氏春秋·孟春纪》："其帝太昊，其神句芒。"高诱注："太昊，伏羲氏，以木德王天下之号，死祀于东方，为木德之帝。句芒，少昊氏之裔，子曰重，佐木德之帝，死为木官之神。"①《墨子·明鬼下》以夸张的手法，通过郑穆公的梦，从侧面来描写句芒："昔者郑穆公，当昼日中处乎庙，有神入门而左，鸟身，素服三绝，面状方正。郑穆公见之，乃恐惧，奔。神曰：'无惧。帝享女明德，使予赐汝寿，十年有九。使若国家蕃昌，子孙茂，勿失'。郑穆公再拜稽首，曰：'敢问神名？'曰：'予为句芒。'"②此句芒为司命之神，鸟身、面状方正，与上述的"鸟身人面"句芒一脉相承。此外，在《墨子·非攻下》和《玉函山房辑佚书》中亦有对句芒的记载，且都对其助禹擒三

① 吕不韦著、高诱注：《吕氏春秋》，第1页。
② 孙诒让：《墨子间诂》，第141—142页。

苗作了较为详细的描绘，袁珂说："此'人面鸟身'之神，当即句芒。"①《淮南子·时则训》对句芒所司之域的书写更为详细具体："东方之极，自碣石山过朝鲜，贯大人之国，东至日出之次榑木之地，青土树木之野，太昊句芒之所司者，万二千里。"②可见，"鸟身人面"的句芒降福予人的功能正是先民心可想而行难达的，因而它成为先民的崇拜对象，且在后世文学与文化中有旺盛的生命力。

　　鸟不光把器官借予人，使人类具有超乎寻常的功能，鸟还是人类工作的助手和游戏的伙伴。如昆仑女神西王母就是一位役使鸟的神人，《山海经·海内北经》载："西王母梯几而戴胜杖，其南有三青鸟，为西王母取食。在昆仑虚北。"③《竹书纪年》中西王母则"有鸟人"④、《史记·司马相如列传》载《大人赋》有"三足乌为之（西王母）使"，唐张守节《正义》："三足乌，青乌也。主为西王母取食，在昆墟北。"⑤乌是鸟的一种，《说文解字·鸟部》："乌，孝鸟也。"⑥在东方朔《神异经》中，鸟具有渡津的功能、通神的性质，西王母乘着它一年一度往访东王公。在此，鸟成为交通阴阳、沟通东西的象征。日本学者小南一郎认为，西王母与周穆

① 　袁珂：《中国神话传说辞典》，上海：上海辞书出版社，1985 年，第 129 页。
② 　刘安著、高诱注：《淮南子注》，第 83—84 页。
③ 　袁珂：《山海经校注》，第 306 页。
④ 　方诗铭、王修龄：《古本竹书纪年辑证》，上海：上海古籍出版社，1981 年，第 47 页。
⑤ 　司马迁：《史记》，第 3062 页。
⑥ 　许慎：《说文解字》，第 82 页。

王互访，以鸟为使者①。可见，鸟受西王母的役使，帮西王母获取食物、传递书信。

《搜神记·越地冶鸟》中有"长三尺"的人形鸟②，《万详婢》中有"鸟头，两足马蹄，一手无毛"的"怪子"等皆兼有人、鸟的器官③。他们与《山海经》中人鸟组合的神人形象相似，可见这类神人形象在古代的影响。

除了上文所举人猪、人鸟组合的神人形象外，《山海经》的人兽合体类神人形象还有人猪、人牛、人马、人羊等。这些神人形象中，与人合体的动物都是源于生活中常见的动物，其中猪、牛、羊、马、鸡、狗等六畜是驯化而成的家养动物，与人类关系密切，真正与人类形成伴生关系。而虎、蛇等野生动物则仍然保持着神秘、力量、阴险等特性为人们所羡慕与害怕，具有消极的因素。但不管是积极的还是消极的人兽组合神人形象，均具有特异的功能和旺盛的生命力，这主要通过丑和怪的形象体现出来。

人兽合体类神人形象人兽功能合一，他们要么是人首兽身，要么是兽首人身。而在兽首人身这类神人形象中，不管他们外观如何，仅从能像人一样行走这一点看，可以说他们要远比人首兽身形象更人类化、更现实化。这也就是说，在远古社会，"形体

---

① 小南一郎著、孙昌武译：《中国的神话传说与古小说》，北京：中华书局，2006 年，第 30 页。
② 干宝：《搜神记》，北京：中华书局，1979 年，第 154 页。
③ 干宝：《搜神记》，第 102 页。

和行动与人类大相径庭的人首兽身妖怪（笔者按：神人形象）曾得势一时，但后来渐渐向更为人类化、更为现实化的兽首人身形发展了"①。

综上所述，先民在恶劣的生活环境中举步维艰，于是便借助想象以征服自然力，支配自然力，把自然力加以形象化。这些主观幻想虽然主体思维驰骋在九霄云外，但其基础仍来源于现实社会。这些幻想创造了种种超越现实的神话艺术形象，在口传文化时代具有重要的作用和鲜明的时代特征。《山海经》中人鸟组合的神人形象具有神性的媒介，是先民的图腾崇拜、民族融合以及审美价值观念发展变化的展现，是先民原始宗教意识不断演进的体现，具有丰富的文化内涵和深远的影响。

三、早期鸟形的嬗变及其文化意义

鸟是生命灵动和重生意义的象征，古代文学作品中有诸多鸟崇拜的记载，常常通过描绘鸟形象来展现鸟与人天、人神及创世神话甚为紧密的关系。这种传统很早就已形成，其源头可以追溯到《诗经》。《诗经·商颂·玄鸟》所描绘的是单独的一只鸟，《楚辞·天问篇》有帝喾高辛氏夫妇植入，《山海经》则为"人鸟形象"。可见，原始鸟图腾形象不断融入人的元素，人的成分扩大，动物的成分缩小，这一嬗变表明人与自然的分野过程。人

---

① 中野美代子著、何彬译：《中国的妖怪》，第78页。

从自然中跳出来，人的自我意识不断加强。其中所寄托的生命理念也存在许多差异，而这些嬗变又与时代相契合。

（一）独立的"鸟神"崇拜

原始氏族社会是一个野合杂交的时代或血族结婚的社会①，"男女构精，万物化生"的道理对先民来说是异常神秘而又不可探知的。他们把氏族的繁衍看作是冥冥之中某种异物的意志和力量作用于圣处女身上的结果，图腾感生成为"民知其母，不知其父"的母系氏族社会最明显的标志之一。在这类神话里，人类生育繁衍没有男子之功，主要是女人因图腾物的关系而怀孕生育的②。"玄鸟生商"就是其中一个典型例子。《诗经·商颂·玄鸟》："天命玄鸟，降而生商，宅殷土芒芒。古帝命武汤，正域彼四方。方命厥后，奄有九有。商之先后，受命不殆……。"③此诗以诗史兼神话性质追述了殷人的来历——天命玄鸟降而生之。情节简单，所崇拜的仅是一只鸟，不掺和人的元素。又《诗经·商颂·长发》："有娀方将，帝立子生商。玄王桓拨，受小国是达，受大国是达。"《毛传》："玄王，契也。"《郑笺》："帝，黑帝也。……承黑帝而立子，故谓契，为玄王。"④《国语·周语下》："玄王勤商，十有四世而兴。"韦《注》："玄王，契也。殷祖契由玄

---

① 郭沫若：《中国古代社会研究》，北京：中国华侨出版社，2008 年，第 7—8 页。
② 田兆元：《神话与中国社会》，上海：上海人民出版社，1998 年，第 85 页。
③ 郑玄注、孔颖达疏：《毛诗正义》，第 1343—1344 页。
④ 郑玄注、孔颖达疏：《毛诗正义》，第 1350—1351 页。

鸟而生，汤亦水德，故曰玄王。"①《鲁语上》："自玄王以及主癸莫若汤。"韦《注》："玄王，契也。"②有娀即契母有娀氏之女，玄王即契。可见在古人的观念中，商民族以玄鸟为自己的祖先，把玄鸟当作崇拜的对象，表现在早期文学中仅是对一只鸟的描绘。

《左传·昭公十七年》所载东夷少昊氏集团把鸟奉为自己部族的图腾崇拜对象，以鸟名官，用鸟名去称呼各类公务人员。这是东夷国君主郯子到鲁国访问时，针对鲁国大夫昭子"少皞氏鸟名官，何故也"的提问所作的回答。郯子是少皞氏的后裔，又是东夷国君主，他是位饱学之士，对祖先的事情了如指掌。郯子的叙述表明少皞氏根据鸟类的活动确定季节，鸟类为制定历法不可或缺的参照物。用不同鸟类的名字作为历法官的称号成了他们鸟崇拜意识最主要的践行方式：凤鸟氏是历法总管，玄鸟氏、伯赵氏、青鸟氏 丹鸟氏是负责具体节气的历法官，接受凤鸟氏的领导。同时，这是我国现存文献中关于上古置官制度以及官制的沿革最为完备、明确的表述之一，具有重要的文学史料和神话学价值。它反映了上古先民图腾崇拜与神话由注重灵性到注重人性不断演化的历史进程，显示了上古官制文化演变过程中逐步形成的神灵化、历史化和文学化特质。"古代中国东部居民多以鸟为图腾，亦可称之为'广义之鸟夷'，甚至东北部族亦有以

---

①   徐元诰：《国语集解》，第 131 页。
②   徐元诰：《国语集解》，第 165 页。

鸟为图腾之遗迹"①。可见东方部族以鸟为图腾的历史悠久,影响深远。

综上可知,《诗经》《左传》《国语》等典籍所记载的殷商先民的鸟崇拜有不同的践行方式:商人以鸟作为祖先,东夷少皞氏以鸟名官。不管哪一种方式,他们所崇拜的对象是鸟,体现在文学作品也只是对鸟形象的描绘。直到战国,这一类神话传说中才有"人"的掺入,且有了简单的故事情节。

(二)人鸟神人崇拜

战国是"九流十家"争鸣的时代,思想空前活跃,人们注重自我。与此相应,战国文学作品在描绘鸟形象的同时植入了"人"的因素。除了描绘"玄鸟"外,帝喾高辛氏及其妃子简狄成了此则神话故事的主人公并一直流传后世。《楚辞·天问》:"简狄在台,喾何宜? 玄鸟致贻,女何喜?"王逸《章句》:"言简狄侍帝喾于台上,有飞燕堕遗其卵,喜而吞之,因生契也。"②《思美人》:"高辛之灵盛兮,遭玄鸟而致诒。"王逸《章句》:"帝喾吞燕卵以生契也。言殷契合神灵之祥知而生,于是性有贤仁,为尧三公。"③可见"玄鸟生商"的情节在屈原时代更为丰赡。《吕氏春秋·音初篇》将玄鸟释为燕子:"有娀氏有二佚女……帝令燕往视之,鸣若谧隘。二女爱而争搏之,覆以玉筐,少选发而视之。燕遗二

---

① 童书业:《春秋左传研究》,北京:中华书局,2006 年,第 885 页。
② 王逸章句、洪兴祖补注:《楚辞补注》,第 105 页。
③ 王逸章句、洪兴祖补注:《楚辞补注》,第 147 页。

卵……'燕燕往飞'。"①《说文解字·燕部》："燕，玄鸟也。"②与
《吕氏春秋》一脉相承。《世本》对其世系作了详细地记载："帝喾
卜其四妃之子，皆有天下。……次妃有娀氏之女，曰简狄，而生
契。"③《竹书纪年·殷商成汤》对简狄生契的方式进行补充：
"初，高辛氏之世妃曰简狄……有玄鸟衔卵而坠之……简狄先得
而吞之，遂孕。胸剖而生契。……受封于商。"④显然，这里的帝
喾高辛氏及其妃子简狄是后人叠加上去的。有了他们夫妇二人
的加盟，受崇拜者不再是"玄鸟"一神，帝喾高辛氏夫妇还是和玄
鸟一起逐渐成为人们崇拜的对象和古代典籍所记载的人鸟神人
故事。当然，此为感生神话，作为丈夫的高辛氏并不是始祖诞生
的决定者。

如果说《楚辞·天问》《楚辞·思美人》《吕氏春秋·音初篇》
《世本》和《竹书纪年》中所记载的是尊贵的、可望而不可即的帝
王与玄鸟相关联的话，那么，《山海经》则记载了另类的人鸟组合
形象。这类神人形象取人的器官和鸟的器官组合而成，兼有人
和鸟的形体特征。由于这些神灵是以人形为主体，可把他们归
入人的范围进行审视。如《海外东经》："东方句芒，鸟身人面，乘
两龙。"《海外北经》："北方禺强，人面鸟身，珥两青蛇。践两青

---

① 吕不韦著、高诱注 《吕氏春秋》，第 59 页。
② 许慎：《说文解字》第 245 页。
③ 宋衷注、秦嘉谟等辑：《世本八种》（茆泮林辑本），北京：中华书局，2008 年，第
　11 页。
④ 方诗铭、王修龄：《古本竹书纪年辑证》，第 225 页。

蛇。"《大荒北经》："有儋耳之国……北海之渚中，有神，人面鸟身，珥两青蛇，践两赤蛇，名曰禺强。"《大荒东经》："东海之渚中，有神，人面鸟身……名曰禺。"《大荒西经》："西海陼中，有神人面鸟身……名曰弇兹。"《大荒北经》："大荒之中，有山名曰北极天柜……有神，九首人面鸟身，名曰九凤。"《海外南经》："谨头国在其南，其为人人面有翼，鸟喙。"《大荒南经》："有人焉，鸟喙，有翼，方捕鱼于海。大荒之中，有人名曰驩头……驩头人面鸟喙，有翼，食海中鱼，杖翼而行。"《海内经》："有盐长之国。有人焉鸟首，名曰鸟氏。"《北山经》："又北二百里，曰发鸠之山。……有鸟焉，其状如乌，文首、白喙、赤足，名曰精卫，其鸣自詨。是炎帝之少女名曰女娃，女娃游于东海，溺而不返，故为精卫。"等等。

综观如上"人鸟形象"不难看出，作为先民崇拜鸟的一种表达方式，人鸟组合的神人形象是先民模仿鸟去塑造他们心目中的神祇形象。他们与鸟有了感情的交流，把自己的器官移植于鸟时，也把自己的情感、灵性、精神一同移植过去了，"初民到底是开始欣赏人类的五官四肢了"①。与玄鸟相比，"人鸟形象"有人的情感的移入。人的元素增多，人的成分扩大，动物的成分缩小，这显然是一种进步。

到了汉代，玄鸟故事得以发展、完善，玄鸟形象更加丰满。尤其是被《史记》收入后，"玄鸟生商"就成为正统的、占主流的商

① 杨义：《〈山海经〉的神话思维》，《中山大学学报》2003 年第 3 期，第 7 页。

人起源说，人们依此解释商部族以鸟为图腾的宗教信仰和文化起源。《史记·殷本纪》："殷契，母曰简狄，有娀氏之女，为帝喾次妃。三人行浴，见玄鸟堕其卵，简狄取吞之，因孕生契。"[1]《三代世表》引《诗传》："汤之先为契，无父而生。契母与姊妹浴于玄丘水，有燕衔卵堕之，契母得，故含之，误吞之，即生契。"[2]《史记》承续先秦典籍，将玄鸟生商进行整合，完整地记述了有娀氏之女、帝喾之妃简狄吞卵而生契的神话传说以及商人以鸟为图腾的神话故事。

无独有偶，与契的诞生相类似，秦先祖也是出自玄鸟。《史记·秦本纪》："秦之先，帝颛顼之苗裔孙曰女修。女修织，玄鸟陨卵，女修吞之，生子大业。大业取少典之子，曰女华。女华生大费……大费生子二人：一曰大廉，实鸟俗氏……蜚廉善走。"[3]女修吞玄鸟卵而生大业，大业繁衍后代成为秦国。其实，嬴秦为夷人的一支，是鸟的后裔，世代与鸟相关。其祖为大费（柏翳），即伯益，是古代东夷人的一个首领，春秋时期发展壮大。伯益能"调训鸟兽，鸟兽多驯服"，《国语·郑语》韦《注》称之为"虞官"[4]，专门管理山林猎狩之事。伯益子大廉是鸟俗氏，大廉玄孙有孟戏、中衍 鸟身人言[5]。中衍之后叫蜚廉（亦作飞廉），以

① 司马迁：《史记》，第 91 页。
② 司马迁：《史记》，第 505 页。
③ 司马迁：《史记》，第 173 页。
④ 徐元诰：《国语集解》，第 469 页。
⑤ 司马迁：《史记》，第 174 页。

"善走"事殷纣。"飞廉善走，疑出善飞之传说，实在也是鸟图腾的神话"①。少昊以鸟为图腾，赢秦出于少昊，亦以玄鸟为图腾。

对于鸟的描绘，随社会的发展而变化。《诗经》所描绘的是单独的一只鸟。战国时期人们累加了主人公帝喾高辛氏及其妃子简狄，且有简单的故事情节。至汉代，则演变成了具有丰满的人物形象、完整的故事情节和环境描写的神话故事。

（三）鸟形象嬗变的文化意蕴

图腾观念是图腾文化中最重要的文化元素，属于图腾文化的核心，具体可分为三种类型：图腾亲属观念、图腾祖先观念和图腾神观念。图腾祖先观念是最早的祖先观念，指原始时代的氏族或部落认为自己的始祖不是人，而是某种动物、植物、无生物或者自然现象，所有的成员都是由它繁衍而来的，都是它的后裔，并以特殊态度对待生存在自然界中的"始祖"的同类②。上文所举《诗经》"玄鸟生商"和《史记·殷本纪》"简狄吞卵生契"属于图腾观念的例子。古商人视玄鸟为祖先，将其奉为崇拜的对象。而这种崇拜更多的偏重于巫术象征符号以及对鸟类超现实的幻想和精灵、神灵崇拜意识。然而，随着人类思维能力的提升，先民意识到自己的祖先也是人，而不是动物或植物，于是，人的祖先崇拜便产生了，而图腾则被奉为神，依然受到虔诚的敬

① 童书业：《童书业历史地理论集》，第49页。
② 何星亮：《图腾与中国文化》，第135页。

奉①。而鸟则是他们的保护神或助手,鸟崇拜作为传统习俗得以神圣化和仪式化,出现了半人半鸟的神灵形象,如《山海经》等典籍中"人鸟神人"。后来,先民认识到半人半鸟的生物是不存在的,他们就利用自己的聪明才智,对半人半兽的神祇进行加工、改造,使其演变为全人形的神祇。原来的鸟形象也剥离出来而成为独立的形象,与人神相伴,帮助人们沟通天地。与人鸟神人相比,后者的鸟成分减少,人的元素增大,人已不再借助鸟的器官,而作为独立的人存在,处于主导地位。

纵观远古社会的鸟崇拜的发展历程可知,先民们由最初简单的鸟图腾崇拜到人鸟组合的神人形象,再到以独立人的主导地位对神话故事进行审视,鸟崇拜这种独特的文化信仰贯穿始终。与此同时,鸟的元素逐渐减少而人的元素渐趋增多。可见,先民们对原始鸟图腾形象在不断融入其他形象元素的同时,单一而稚拙的原始思维模式正在发生着转变。这又与社会的发展、时代的进步相契合,真实地反映了殷商至战国的社会状况:即随着周代晚期智识的普及与深化以及人文主义的兴起,天道远,人道迩,人从自然中跳出来,人的自我意识不断加强。

文明与原始、野蛮相对立而存在,改造野蛮、修饰原始也就成了人类文明的主要任务②。早期的鸟崇拜、人鸟合一是原始

---

① 胡继红:《从〈诗经〉看民族图腾文化》,《三峡学刊》1997 年第 3 期,第 62 页。
② 梁奇:《面具——沟通人与神之间的桥梁》,《河南理工大学学报》2008 年第 1 期,第76 页。

的、自然的崇拜,是人与自然不分的表现。越是远古,人与自然、人与神的关系越是亲近。往昔的人与自然合一、神人合体从整体上看是人隶属于自然,人被神所统治。而后来对独立人的关注,人兽分离,人从自然中跳出来,则是先民追求正常和文明的美的表现。从《诗经》到《楚辞》《山海经》再到《史记》,对鸟的不同方式的描绘则是这种变化的体现。无论哪类鸟形象,都是人类想象、联想能力的极度展示,后者与前者相比,是人类思维能力的一次大飞跃,也是文化的一次大发展。《诗经》《楚辞》《山海经》和《史记》等早期文学典籍对鸟形描绘的演化亦是中国古代社会文明的发展进化的形象体现。

第二节　人兽伴生类、异形类神怪形象

在人兽伴生类(以虫为助手)神人形象中,人兽功能互补,人与动物相互承认、相互尊重、相互利用、友好相处,动物是人们游戏的伙伴和工作的助手,帮助人们沟通天地。异形类神人是人体器官功能的延伸,表现为身体某些部位比例的变化、器官数量的增减等奇特形象。"这些神灵具有特异的功能,是现实的人无法企及的"[①]。我们可把它们看作是以人的形体为主的神灵并

---

① 李炳海:《人的形貌描写与自然生命力的显现——中国早期文学的一个透视点》,《文艺研究》2006 年第 10 期,第 57 页。

归入人的范围进行审视。

一、以"四鸟"、鸟为助手的神人形象

以"四鸟"、鸟为助手的神人形象属于人兽伴生类神人形象。在这些神人形象中，人的要素与成分逐渐增加，动物的成分渐渐缩小。人与"四鸟"、鸟相互尊重、相互利用、友好相处。"四鸟"和鸟是人们游玩的伙伴和工作的助手，帮助人们沟通天地。作者通过描绘这些神灵，寄托了先民的生命理念。

（一）以"四鸟"为助手的神人形象

在《山海经》中，出现了众多役使"四鸟"的神人形象。"鸟、兽通名耳"①，"四鸟"即四兽，指虎、豹、熊、罴。它们是兽中最凶悍者，人们如果能役使这些猛兽，将会借助它们的威力来战胜自然灾害并过上幸福生活。这样的神人主要分布在《大荒经》中。

在以"四鸟"为助手的神人中，帝俊（舜）的后裔最为典型。郭璞认为"'俊'亦'舜'字，假借音也"，郝懿行由"帝俊妻娥皇"进行反向推测，但又不敢完全肯定郭注②；袁珂从三个方面补证郭注③。于是，"帝夋（或俊、或夒）"即"舜"得到学界的认可。帝俊子役使"四鸟"者有《大荒东经》"有中容之国。帝俊生中容，中容人食兽、木实，使四鸟：豹、虎、熊、罴"；《大荒南经》"大荒之中，

---

① 郝懿行：《山海经笺疏》，第 328 页。
② 郝懿行：《山海经笺疏》，第 328 页。
③ 袁珂：《山海经校注》，第 345 页。

有不庭之山，荣水穷焉。有人三身，帝俊妻娥皇，生此三身之国，姚姓，黍食，使四鸟"。帝俊孙驯服四鸟者有《大荒东经》"有白民之国。帝俊生帝鸿，帝鸿生白民，白民销姓，黍食，使四鸟：豹、虎、熊、罴"；"有司幽之国。帝俊生晏龙，晏龙生司幽，司幽生思士，不妻；思女，不夫。食黍，食兽，是使四鸟"等等。帝俊其他后裔驯服四鸟者有《大荒东经》"芳国，黍食，使四鸟：虎、豹、熊、罴"。

黄帝族役使四鸟者包括：《大荒北经》的叔歜国"颛顼之子，黍食，使四鸟：虎、豹、熊、罴"；《大荒北经》的毛民之国"依姓，食黍，使四鸟。禹生均国，均国生役采，役采生修鞈，修鞈杀绰人。帝念之，潜为之国，是此毛民"。

其他役使四鸟者有：《大荒北经》的北齐之国"姜姓，使虎、豹、熊、罴"，《大荒南经》的张弘之国"食鱼，使四鸟"，《大荒西经》的先民之国"食谷，使四鸟"。此外，《海外东经》的君子国是以虎为助手的神人形象："君子国在其北，衣冠带剑，食兽，使二大虎在旁，其人好让不争。"君子国人食兽、使虎，驯服虎兽为自己服务，借助兽力交通神灵。

这些神人因为有"四鸟"作助手而能通天、通神，具有常人无法企及的功能。郝懿行说："使者，谓能驯扰役使之也。"[1]中容为帝俊所生，他役使着虎、豹、熊、罴四种野兽，具有强盛的生命

----

[1] 郝懿行：《山海经笺疏》，第 328 页。

力。三身国人是帝俊妻娥皇所生，姚姓，食黍，役使虎、豹、熊、罴"四鸟"。他们危在"四方有渊"之地生活，靠的是"四鸟"的帮助。依记载，白民是帝俊之孙，役使着虎、豹、熊、罴。思士、思女为司幽所生，均是帝俊的曾孙。思士不娶妻子，思女不嫁丈夫，他们以黍为食物，役使豹、虎、熊、罴。白民、思士、思女及其后裔能够以各种兽类为食物，并借助这些动物的力量沟通神灵。帝俊的其他后裔也有役使虎、豹、熊、罴的，如前文所举《大荒东经》的"芳国"，《史记·陈杞世家》："昔舜为庶人时，尧妻之二女，居于妫汭，其后因为氏姓，姓妫氏。"①袁珂指出："芳国或当作妫国。妫，水名，舜之居地也。妫国当即是舜之裔也。则此芳国（妫国）实当是帝俊之裔也。"②芳国为舜的后裔，这里的人们使唤着虎、豹、熊、罴，依靠之们的帮助通神。可见，帝俊（舜）家族是一个驯服役使四鸟的家族，虎、豹、熊、罴臣服于他们，帮助他们交通神灵。

　　帝颛顼高阳氏，黄帝之孙、昌意之子③，其子在叔歜国，是"使四鸟"之神。毛民国是黄帝的后裔，他们也役使"四鸟"，《国语·晋语四》："凡黄帝之子二十五宗，其得姓者十四人，为十二姓，姬、酉……衣是也。"④其中有衣姓。《海外东经》亦有对毛民国的记载："毛民之国在其北，为人身生毛。一曰在玄股北。"郝

---

① 司马迁：《史记》，第 1575 页。
② 袁珂：《山海经校注》，第 343 页。
③ 司马迁：《史记》，第 11 页。
④ 徐元诰：《国语集解》，第 334—335 页。

懿行认为毛民国依姓，禹之后裔也①。禹父鲧是黄帝的一位臣子，曾因治水失败而被杀害。可见禹也为黄帝部族的一员。毛民国是禹之后裔，也是黄帝的后裔，他们亦为役使虎、豹、熊、罴的神灵。上文所讲帝俊（舜）的后裔有许多役使"四鸟"之神，实际也是黄帝的后裔，因为舜本是黄帝的后裔，这在《史记》中有详细的记载："虞舜者，名曰重华。重华父曰瞽叟，瞽叟父曰桥牛，桥牛父曰句望，句望父曰敬康，敬康父曰穷蝉，穷蝉父曰帝颛顼，颛顼父曰昌意。"②昌意是黄帝和正妃嫘祖所生的次子③，这样，黄帝到虞舜的世系为：（黄帝）→昌意→颛顼→穷蝉→敬康→句望→桥牛→瞽叟→虞舜（重华）。由此可见，上文以"四鸟"为助手的神人均是黄帝的后裔，他们的后代继承了役使"四鸟"的能力，借助虎、豹、熊、罴四种野兽通天施法，以便更好地维护自身及本族的利益。

（二）以鸟为助手的神人形象

除了上文所论述的以"四鸟"为助手的神人形象外，《山海经》中还有以鸟为助手的神人形象，他们分别是夭[沃]野（国）和玄股国人、西王母、王亥。

《海外西经》的夭[沃]野"鸾鸟自歌，凤鸟自舞。凤皇卵，民食之；甘露，民饮之，所欲自从也。百兽相与群居。在四蛇北。

---

① 郝懿行：《山海经笺疏》，第271—272页。
② 司马迁：《史记》，第31页。
③ 司马迁：《史记》，第10页。

有人两手操卵食之，两鸟居前导之"；《大荒西经》沃之野"凤鸟之卵是食，甘露是饮。凡其所欲，其味尽存。爰有甘华、甘柤、白柳、视肉、三骓、璇瑰、瑶碧、白木、琅玕、白丹、青丹，多银铁。鸾凤自歌，凤鸟自舞，爰有百兽，相群是处，是谓沃之野"；《海外东经》的玄股国"其为人衣鱼食鸥，使两鸟夹之。一曰在雨师妾北"。

《海内北经》的西王母"梯几而戴胜杖，其南有三青鸟，为西王母取食。在昆仑虚北"；《大荒东经》困民国的王亥"两手操鸟，方食其头"，等等。这些神人形象均以鸟作为助手来沟通天人，具有非凡的本领和丰富的文化内涵。

（三）以"四鸟"、鸟为助手神人形象的文化内涵

第一，先民期盼借助"四鸟"与鸟通神，从而摆脱恶劣的生存环境。面对浩渺的自然与恶劣的生存环境，先民倍感生活的艰辛与无奈。同时，他们还想摆脱这些无奈，渴望过上幸福、安康的生活。于是他们就期盼以"四鸟"、鸟为助手到达理想的彼岸，从而赋予这些光怪陆离的神人形象以丰富文化内涵。虎、豹、熊、罴是兽中最凶悍者，尤其是在野草丛生、人烟稀少的远古社会，这些动物愈显凶悍，能够担当起保卫的重任。至于食兽、使虎，则源于巫的古老传统。巫师以动物为助手通神，《山海经》中虎、豹、熊、罴多具有护卫性质，如《西山经》有守护神陆吾，"虎身而九尾，人面而虎爪，司天之九部及帝之囿时"；《大荒西经》的昆仑丘有虎身神守卫，"西海之南，流沙之滨，赤水之后，黑水之前，有大山，名曰昆仑之丘。有神——人面虎身，有文有尾，皆

白——处之"。古帝王墓地多有虎、豹、熊、罴等守护,如《海外南经》帝尧、帝喾所葬的狄山,"帝尧葬于阳,帝喾葬于阴。爰有熊、罴、文虎、豹、离朱、视肉";《大荒南经》舜与叔均所葬的阿山,"有阿山者。……赤水之东,有苍梧之野,舜与叔均之所葬也。爰有文贝、离俞、熊、罴、象、虎、豹、狼、视肉"。《大荒南经》尧、帝喾、舜所葬的岳山等等,皆有虎守之。《海外北经》《大荒北经》中颛顼和九嫔所葬的务隅(附禺)之山,有虎、豹、熊等猛兽守卫。虎又具有进攻能力,如《史记·五帝本纪》载黄帝"教熊、罴、貔、貅、貙、虎,以与炎帝战于阪泉之野。三战,然后得其志"①。熊、罴、貔、貅、貙、虎均为凶猛兽类,它们帮助黄帝攻打炎帝。可见,先民向这些猛兽借力,从而达到通神之目的。

依据《大荒北经》《大荒东经》,帝俊的后裔有芎国、中容之国、白民之国,司幽之国以及叔歜国、毛民之国,姜姓的北齐之国,皆能使虎、豹、熊、罴四鸟。古帝王皆为大巫,虎、豹、蛇、虫皆为其所驱使,即使他们死了,这些禽兽仍然依恋守卫在他们的墓地旁边。他们的后人也继承了这种驱使禽兽的能力。君子国人食兽使虎,驯服兽中之王为自己服务,其目的应是借助兽力以沟通天人。

在神话传说中,西王母是一位居住在昆仑山上掌管灾疫和刑罚的女神,她法力无边。据陈梦家《古文字中之商周祭祀》,在

---

① 司马迁:《史记》,第 3 页。

殷卜辞中所见"西母"神身上，已可见到西王母前身的踪影①。可见这位女神的起源之古老。《山海经》三次记载这位神灵，分别在《西山经》（两次：玉山和嬴母山）和《海内北经》。三青鸟受西王母的役使，为她取食。西晋时在汲郡战国魏王墓出土的《竹书纪年》里有类似的记载："穆王十七年，西征昆仑邱，见西王母。西王母止之，曰：'有鸟谞人。'"②"西王母与穆王曾经互访，西王母似被认为居于昆仑附近，西王母又似曾以鸟为使者。"③三足乌受西王母的役使，帮西王母获取食物。《史记·司马相如列传》载《大人赋》有"亦幸有三足乌为之使"的记载，唐张守节《正义》："三足乌，青乌也。主为西王母取食，在昆墟北。"④乌是鸟的一种，《说文解字·乌部》："乌，孝鸟也。"⑤这位女神借助于鸟通神。在《神异经·中荒经》中，鸟成为连通西王母和东王公之间的要津：

　　昆仑之山有铜柱焉，其高入天，所谓天柱也。围三千里，圆周如削，下有回屋方百丈，仙人九府治之；上有大鸟，名曰希有，南向张左翼覆东王公，右翼覆西王母。背上小处无羽，一万九千里。西王母岁登翼上会东王公也。故其柱铭曰："昆仑铜柱，其

---

① 陈梦家：《古文字中之商周祭祀》，《燕京学报》1936 年第 19 期。

② 方诗铭、王修龄：《古本竹书纪年辑证》，第 47 页。

③ 小南一郎著、孙昌武译：《中国的神话传说与古小说》，第 30 页。

④ 司马迁：《史记》第 3068 页。

⑤ 许慎：《说文解字》，第 82 页。

高入天,员周如削,肤体美焉。"其鸟铭曰:"有鸟希有,绿赤煌煌,不鸣不食。东覆东王公,西覆西王母。王母欲东,登之自通,阴阳相须,唯会益工。"①

天柱上的希有鸟具有通神的性质,西王母乘着它访问东王公,这鸟有渡津的功能。西王母、东王公分别是阴、阳的象征,他们的相会代表着宇宙的延续,而他们之间的"鹊桥"就是天柱上的这只希有鸟。"它'巧妙'地调和着象征'阴'与'阳'的二要素。……代表着阴与阳的二者按一定时期会合,这对于宇宙的存续是不可或缺的,为它们按时会合而相斡旋,就是这些居于宇宙顶端的鸟的任务"②。鸟帮助西王母通天,使之具有神性,鸟与西王母和谐相处,患难与共。此与《山海经》《大人赋》等典籍一脉相通。

《大荒东经》的王亥是商族首领,殷人先公,他操鸟食鸟。很多典籍都有他的记载,而名字的分歧较大:甲骨卜辞、《古本竹书纪年》与此经相同,均作"王亥";《初学记·兽部》引《世本》作"胲","《世本》曰:'胲作服牛'"③;《史记·殷本纪》作"振","冥卒,子振立",《索隐》作"核","《系本》作核"④;《汉书·古今人

① 东方朔:《神异经》,第 113 页。
② 小南一郎著、孙昌武译:《中国的神话传说与古小说》,第 90 页。
③ 徐坚:《初学记》,北京:中华书局,1962 年,第 706 页。
④ 司马迁:《史记》,第 92 页。

表》作"垓"，"垓，冥子"①。他是有作为者，帮助父亲冥治水并立
大功，且发明了牛车，开始驯牛。这样一位先民，亦是以鸟为助
手，他两只手拿握一只鸟，与鸟相处、嬉戏，视鸟为伙伴。这与青
铜器中有（乳）虎食人卣相符。一般解释是人与虎相戏，若后世
马戏团之表演。先民与鸟兽群处，掌握了鸟兽的习性，因此能够
驯服鸟兽，以之为游戏的伙伴，为工作的助手。他们相互信任，
相互温暖，死生与共，这是人在与鸟兽共处中获得的最宝贵经
验。而人与人之间反而难于寻求，郢人善使斧，无其质，亦无所
用其技。

第二，表达先民期冀人鸟共舞的美妙境界。鸟可以在天空
自由飞翔，能够越过千山万水，到达理想之地。先人崇拜鸟，很
多部落都以鸟为图腾，"广言之，古代中国东部居民多以鸟为图
腾，亦可称之为'广义之鸟夷'，甚至东北部族亦有以鸟为图腾之
遗迹"②。他们希望与鸟兽共处，在鸟的帮助下工作生活，使平
淡的生活充满鸟语花香。《海外西经》之夭[沃]野和《海外东经》
之玄股国是其中之一。生活在沃野的沃民过着愉快的生活：两
只鸟前为他引导道路，鸾鸟在唱歌，凤鸟在舞蹈，他们以凤卵为
食物，将甘露作饮料，与百兽群居群舞，对于人们所向往的，都能
如愿以偿。这是生命的乐土，充满歌声，拥有欢乐祥和的氛围，

---

① 班固：《汉书》，第888页。
② 童书业：《春秋左传研究》，第885页。

真不愧为世外桃源般生活。玄股国人把鱼皮当衣服，以鸥鸟为食物，把两只鸟夹在他们身旁，亦是一派与鸟兽群居、幸福惬意的和睦情景。这是经文中描述的充满美感的音乐境界，在这美妙的境界里，鸾凤和鸣、百兽群舞，人神同乐、人兽共乐。《山海经》有多处这样的描述：《海外西经》："大乐之野，夏后启于此儛《九代》，乘两龙，云盖三层。左手操翳，右手操环，佩玉璜。在大运山北。一曰大遗之野。"《大荒南经》："有载民之国。……巫载民盼姓，食谷，不绩不经，服也；不稼不穑，食也。爰有歌舞之鸟，鸾鸟自歌，凤鸟自舞，相群爰处。百谷所聚。"《海内经》："西南黑水之间，有都广之野。后稷葬焉。爰有膏菽、膏稻、膏黍、膏稷，百谷自生，冬夏播琴。鸾鸟自歌，凤鸟自儛，灵寿宝华，草木所聚。爰有百兽，相群爰处。此草也，冬夏不死。"

大乐之野是夏启乘龙登天之处，《九代》之舞是人神同乐的歌舞。《大荒西经》所提到的夏启就是一个喜爱音乐的天子，"开（启）上三嫔于天，得《九辩》与《九歌》以下"，他是三宾于天、将天上《九辩》和《九歌》带到民间，即把乐章从神界带到人间的英雄。这大乐之野与《海外西经》的诸夭之野、《大荒南经》的载民之国、《大荒西经》的有沃之国、《海内经》的都广之野都是"鸾鸟自歌，凤鸟自舞"。这是生命的乐土，人们不愁衣食，"不绩不经，服也；不稼不穑，食也"，"百兽相与群居"，人与兽共享富足和平的生活。这样的乐土只存在于音乐之中，是人们所向往的生活。

二、以蛇为助手的神人形象

在人兽伴生类神人形象中，动物是人类的助手。其中，以蛇为助手的神人形象中，人与蛇相互承认、相互尊重、相互利用、友好相处。蛇是人们游戏的伙伴和工作的助手，帮助人们沟通天地。

（一）以蛇为助手的神人形象类型

以蛇为助手的神人大多通过珥、践、操、衔、戴、啖等方式把蛇当作助手，这些神人在蛇的帮助下拥有神奇特性。

1. 珥蛇、践蛇之神

此类神人形象包括四海（方）神、夏后开（启）。四海（方）神指东海神禺䝞、南海神不廷胡余、西海神弇兹和北海（方）神禺强，它们分布在《大荒经》《海外北经》中。如《大荒东经》的禺䝞、《大荒南经》的不廷胡余、《大荒西经》的弇兹、《大荒北经》《海外北经》的禺强，匀为人面鸟身。其中，禺䝞"珥两青蛇，践两黄蛇"，不廷胡余、弇兹、禺强"珥两青蛇，践两青蛇"。夏后开（启）在《大荒西经》中，"珥两青蛇，乘两龙……上三嫔于天，得《九辩》与《九歌》以下"。

2. 操蛇之神

操蛇之神包括夸父、于儿、巫咸国、雨师妾等。《大荒北经》的夸父"珥两黄蛇，把两黄蛇"，《海外北经》的博父国人"右手操青蛇，左手操黄蛇"。《中次十二经》夫夫之山的于儿"其状人身而身操两蛇,常游于江渊,出入有光",洞庭之山的神怪"状如人而载蛇,左右手操蛇",郝懿行曰:"'载'亦'戴'也,古字通。"①该神怪戴虫操蛇。《海外西经》的巫咸国人"右手操青蛇,左手操赤蛇,在登葆山,群巫所从上下也"。《海外东经》的雨师妾"两手各操一蛇,左耳有青蛇,右耳有赤蛇"。

3. 衔蛇、啖蛇之神

《大荒北经》的强良"衔蛇操蛇,其状虎首人身,四蹄长肘",《海外东经》的黑齿国人"食稻啖蛇",等等。

在上面分类中,出现一些交叉,如夸父既操蛇又珥蛇,雨师妾既操蛇又珥蛇,遇到这种情况,我们暂且归之于"操蛇之神"。强良衔蛇操蛇,我们归之于衔蛇、啖蛇之神。

（二）以蛇为助手的神人形象的特性

与熊虎等雄壮的动物相比,蛇显得阴柔,因此被视为阴性。这常常让人联想到柔弱的女子,如《诗经·小雅·斯干》说梦到虺蛇,生女孩的征兆:"吉梦维何,维熊维罴,维虺维蛇。大人占之,维熊维罴,男子之祥,维虺维蛇,女子之祥。"②梦到熊罴是生男孩的征兆,与阴柔的蛇对应。《说文解字·巳部》:"巳,巳也。四月,阳气巳出,阴气巳藏,万物见,成文章。故巳为蛇,象形。"③在十二生肖中,巳属蛇,属阴,与蛇的阴柔属性相符合。

---

① 郝懿行撰、栾保群点校:《山海经笺疏》,第 229 页。
② 郑玄笺、孔颖达正义:《毛诗正义》,第 937 页。
③ 许慎:《说文解字》,第 311 页。

也许是因为蛇具有这样的属性，它一般被视为另一个世界的使者、通神的法器，可以引导人与异界联络。如张光直先生所言："《山海经》里还有许多'珥蛇''操蛇'的说法，就是描写各地的巫师将帮忙的动物用两手牵握操纵或戴佩在耳上。……这些个神，都是与蛇合为一体的，有的在耳边，有的在手中，有的在足下，无疑都是他们作法登天的工具。"①"张的分析使珥玉与珥蛇联系得非常紧密，玉与蛇都是帮助人通神的工具，都是用来加强耳朵的通神功能的"②。可见，这些神通过珥、践、操、衔、唆等方式把蛇当作助手，蛇是他们登天入地的工具。

珥蛇即两耳各挂一蛇，践蛇即两脚各踏一蛇。四海神是珥蛇、践蛇之神，他们在蛇的引导下与异域人交涉，保卫自己的领地。同时，他们丕具有其他神性功能或成为人们所津津乐道的神话传说。弇兹两耳各带一青蛇，两脚各践一赤蛇，他是西海的守护神。在古代典籍中，弇兹（崦嵫）山是一座产异石珍木、天子临驾、吞吐日月之山。《山海经·西山经》："西南三百六十里，曰崦嵫之山，其上多丹木，其叶如谷，其实大如瓜，赤符而黑理，食之已瘅，可以御火，其阳多龟，其阴多玉。"毕沅说："崦嵫山，字当为弇兹山，在今甘肃秦州西五十里。"③郦道元指出："弱水……西行极崦嵫之山，在西海郡北。山有石赤白色，以两石相打，则

① 张光直：《中国青铜时代》，第 333 页。
② 罗家湘：《〈逸周书〉研究》，第 135 页。
③ 毕沅：《山海经新校正》，第 29 页。

水润,打之不已,润尽则火出,山石皆然,炎起数丈,径日不灭。有大黑风,自流沙出,奄之乃灭,其石如初。言动火之事,发疾经年,故不敢轻近耳。"①可见,崦嵫山是一座神奇的山脉,盛产丹木、玉、龟等物品。这些物品具有已瘅、御火等神奇的功能。《穆天子传》:"天子升于弇山。……天子升于昆仑之丘,以观黄帝之宫。"②郭璞注云:"弇,兹山。"③可见,弇兹山是与昆仑山相同的神山。屈原面对这座山发出感慨:"望崦嵫而勿迫。"王逸说:"崦嵫,日所入山也,下有蒙水,水中有虞渊。"④崦嵫吞吐太阳,其物产有已瘅、御火等功能,是阴柔的体现,与弇兹珥蛇、践蛇相一致。

禺强亦为珥两蛇、践两蛇的神人,他不光为北海之神,同时还是风神。《庄子·大宗师》载其立于北极:"禺强得之,立于北极。"⑤《山海经》称之为北海神。《淮南子·坠形训》:"禺强,不周风之所生也。"高诱注曰"禺强,天神也,乾为不周风"⑥。《史记·律书》:"不周风居西北,主杀生。"⑦据袁珂论证,禺强既是海神又兼风神⑧。可见,北海之神禺强实际是主管不周风者。

---

① 郦道元著、陈桥驿校证:《水经注校证》,第 954 页。
② 郭璞注:《穆天子传》,第 249 页。
③ 郭璞注:《穆天子传》,台湾:台湾商务印书馆,1989 年,第 249 页。
④ 王逸章句、洪兴祖补注:《楚辞补注》,第 27 页。
⑤ 王先谦:《庄子集解》,第 80 页。
⑥ 刘安著、高诱注:《淮南子注》,第 65 页。
⑦ 司马迁:《史记》,第 1243 页。
⑧ 袁珂:《神话论文集》,上海:上海古籍出版社,1982,第 130 页。

蛇的阴柔与风有相似之处，禺强在蛇的帮助下成为海神和风神。

《大荒西经》中夏后开（启）为珥蛇之神。夏后开实为夏后启，因避汉景帝刘启讳改为"开"。依经文所载，他珥蛇、驾龙曾三次作客于天帝，得九奏之乐，即《楚辞·天问》所载"启棘宾商，《九辩》《九歌》"①。夏启是我国古代社会的君王，具有崇高的地位。《左传·昭公四年》载："椒举言于楚子曰：'臣闻诸侯无归，礼以为归。今君始得诸侯，其慎礼矣。霸之济否，在此会也。夏启有钧台之享。'"杜预注曰："盖启享诸侯于此。"②《归藏》："昔夏后启筮，享神于大陵而上钧台枚占。"③"'钧台'即'天台'（天曰大钧，故称"钧天"）……'璿台'即'钧台'，启之'钧台'之享或即'宾天'之说之人话化乎？"④钧台即钧天之台。《吕氏春秋·有始览》指出钧天居于中央："何谓九野？中央曰钧天，其星角亢氐。"高诱注云："钧，平也，为四方主。故曰钧天。"⑤可见启地位之高贵，故而《天问》将其视为交通天地的神灵，而他在蛇的引领下进入神灵的世界。

总之，这些神人（或神山），他们具有异乎寻常的功能，而这一切的获得，与珥蛇、践蛇有着一定的联系。

在神话传说中，夸父是一位敢于追逐太阳的大英雄。他身

---

①　王逸章句、洪兴祖补注：《楚辞补注》，第 98 页。
②　杜预注、孔颖达疏：《春秋左传正义》，第 4418 页。
③　李昉：《太平御览》，北京：中华书局，1960 年，第 383 页。
④　童书业：《春秋左传研究》，第 22 页。
⑤　吕不韦著、高诱注：《吕氏春秋》，第 124 页。

上带着四条蛇：两耳各挂一蛇，两手各握一蛇。他之所以能以超人的力量和速度去追逐太阳，大致是因为"四蛇"的帮助。常人无法入日，在先民的想象中，夸父是以珥蛇、把蛇的方式得到蛇的引导，并从蛇那里获取生命的活力，得以入日，因此成为与太阳竞走的英雄①。夸父的这种精神，激励着一代代志士，成为后代文人作品中的关键词。阮籍《咏怀诗》有"夏后乘灵舆，夸父为邓林"的诗句，陶渊明《咏怀诗》用"夸父诞宏志，乃与日竞走"来赞美其精神。

《中山经》的"于儿""帝之二女"常游于江渊，出入有光或必致飘风暴雨，也得益于蛇的帮助。凡人不能进入深渊，在蛇的指引下，才得以进入。蛇是他们入渊、发光、致风雨的助手。《海外西经》巫咸国的众巫师在蛇的引导下通天、宣神旨、达民情。人是无法升天的，在蛇的帮助下人进入天庭，如《列子·汤问》的操蛇之神将愚公移山之事"告之于帝"。可见蛇是巫咸国众巫师的助理，在蛇的帮助下，众巫师成为往来于天地之间的使者。《大荒北经》的强良是衔蛇操蛇之神、《海外东经》的黑齿国是唉蛇使蛇之神。蛇是他们的助手，他们以蛇为作法的工具。

不管是珥蛇、践蛇之神还是操蛇、唉蛇之神，都是以蛇为助手。"这些神，都是与蛇合为一体的，有的在耳边，有的在手中，

---

① 李炳海：《蛇：参与神灵形象整合的活性因子——珥蛇、操蛇、践蛇之神的文化意蕴》，《文艺研究》2004 年第 1 期，第 83 页。

有的在足下，无疑都是他们作法登天的工具"①。蛇作为通天施法的助手，与青铜器上的动物纹饰的功能相符合。我们知道，商周青铜彝器多用于祭祀，是巫觋沟通天地所用的法器。据张光直研究，商周青铜器上动物纹样，是助理巫觋通天地工作的各种动物在青铜彝器上的形象②。这与经文的记载是相符的。

（三）以蛇为助手的神人形象的文化内涵

珥蛇、践蛇、操蛇、衔蛇、戴蛇、啖蛇的神人形象，体现了先民对蛇的认可与征服、利用的双重态度。先民与蛇共同生活在一个环境中，对蛇尚有一定的依靠，人们没有能力摆脱蛇，蛇也无法将人全部咬死，二者只好共处。共处之道有二：首先是相互承认、相互尊重，其次是相互利用。就原始先民来说，即使不再生有蛇的器官，他们也要想方设法与蛇取得联系并利用蛇。先民通过珥、践、操、衔、戴、啖等方式把蛇作为助手，作为登天作法的工具，以便获得蛇的帮助，从而使自己强大。这是先民的高明之处。相较于半人半蛇的神人形象，这种神人形象是一大进步，但还没有完全摆脱对动物力量的依附、认可心理。

以蛇为助手，虽然尚未完全摆脱对蛇的依赖，但这里的蛇只是处于从属的辅助地位。这些神祇形象采用了彻底的人类外形，并具有人的意志、欲望、性格。可见，先民通过塑造此类神祇

---

① 张光直：《中国青铜时代》，第 333 页。
② 张光直：《中国青铜时代》，第 333 页。

形象,意在表明他们对蛇征服、利用的愿望与决心。同时,这也是"人的属性"增多的标志。

人兽组合的神人形象是"混沌思维"的产物,是人兽未分时代的标志,反映了先民崇拜这些怪兽猛禽以求得到保佑的心理。随着社会的发展,人类修饰野蛮,人性的要素逐渐增长,动物的因素渐渐减弱,人们逐步走向文明并与动物器官揖别。然而,在生产力极端低下的古代社会,人们并不能完全征服自然界中的一些凶猛禽兽,也不能完全解释自然现象。这样,先民就发挥聪明才智,以"四鸟"、鸟蛇等动物为助手,借助它们去战胜自然灾害或者侵扰自己的禽兽,以保全自身和本族的利益。这些助手为他们提供了行进动力,他们因此而显得卓然超群。同时,这些助手已经成了人们征服的对象,明显处于从属地位,从而凸显了人类的伟大。与人兽合体类神人形象相比,人兽伴生类神人形象是人类思维能力的一次大飞跃,也是文化的一次大发展。如果说以前是动物式的贫乏生存,此后就进入了一种丰富的精神生存。人类从此开始一个新的发展模式,这就是不仅用身体运动去获取生存资源,而且用精神活动去获取生存资源。

三、异形神人的书写

异形主要指体貌的特异,具体表现为身体各部位比例变化、器官的数量增减等奇特形象。

（一）身体比例的变化

这部分主要表现为身体器官的比例扩大或缩小，兹按照由大（长）到小（短）的顺序论述。身体部位比例增大者有《海外东经》的大人国"为人大，坐而削船"，《海外北经》的大足国"跂踵国在拘缨东，其为人大，两足亦大。一曰大踵"，《海外南经》的长臂国"长臂国在其东，捕鱼水中，两手各操一鱼。一曰在焦侥东，捕鱼海中"，《海外西经》的长股国，《大荒西经》的长胫之国，《海外南经》的长头人、长颊人，等等。它们主要表现为人高、足大、臂长和头颊长，特点突出。身体部位比例缩小者有《大荒东经》《大荒南经》的小人国、《中山经》的小腰神武罗、《海外南经》的小颊人等等。

（二）器官数量增减的神人形象

这些神人生有三头六臂，多足多翼或者是缺足、少目、少臂等。器官数量增加的神人形象包括多身、多首、多足尾等形象，如《海外西经》《大荒南经》的三身神、《海外北经》的九首神相柳、《海外东经》的八首八足八尾神天吴、《中次五经》《海外南经》的三首神、《中次六经》的二首神、《西山经》六足四翼的帝江、《中次五经》三足的涉蠱等等。

器官减少的神人形象包括《海外西经》《大荒西经》一臂一目一鼻孔的一臂国（民）、《海外北经》的一目国、《西山经》一足一手的神魍、《海外北经》一手一足的柔利国等等。

在经文中，有些神人形象的两种或多种器官同时发生变化，一般表现为一增一减,如《大荒西经》的颛顼之子三面一臂、《海外西经》的奇肱国人一臂三目。前者为颛顼的子孙后裔,生有三张脸和一条胳膊,这些人永远不死。后者为一条胳膊、三只眼睛的神人,他们的眼睛有阴阳之分,阴在上,阳在下。《海外西经》的形天是一位特殊的神人形象,他无首,"以乳为目,以脐为口,操干戚以舞" ①。

(三)异形神人的文化内涵

人类为了某种观念需求而改造自己的身体,这是古今文化的常态。先民在恶劣自然环境的束缚下生活,举步维艰,他们就发挥自己的想象力,想象出五官奇特之人,使其长于某一动作的器官加(大)长或缩小(短),以便于适应环境、捕获食物,增强人类战胜自然的能力而更好地生活下去。如大人国个大,坐着划船②。长臂人长于采摘树上的果实,借助臂长的优势而善于捕鱼,"捕鱼水中……捕鱼海中";长股、大足善于行走,远居"西北海之外,赤水之东"。在日常生活中,囿于空间的限制,如穿过狭小的山洞,高大成了一种障碍,先人想象缩身变成小人、小颊或小腰等以便顺利通行。古人伸缩的想法,今天使用机械来代替。

同理,先民苦于应对恶劣的生活条件或周围的凶禽猛兽,

---

① 依赵逵夫先生考证,"形天"应当作"形象"之"形",而不作"刑法"的"刑",故在此写为"形天"。详见赵逵夫:《形天神话源于仇池山考释——兼论"奇股国"、氏族地望及"武都"地名的由来》,《河北师范大学学报》2002年第4期,第43—44页;赵逵夫:《古典文献论丛》,北京:中华书局,2007年,第436页。

② 郝懿行撰,栾保群点校:《山海经笺疏》,第266页。

他们常常把自己想象成生有三头六臂、多足多尾的形象。每个手足都是一个完整的体系，可以执行任务。有时为了强化某个或某些器官的功能，他们把自己想象成只生有某个或某些器官，以便让自身所有的能量都灌注到这器官上。如一臂国、一目国、一鼻国、一足国等形象的神人。当然，也有多个器官同时变化的神人形象，一般表现为一增一减。如颛顼之子是三面人，他三面一臂，不死；奇肱国人一臂三目，善为机巧，屠杀百禽，实在是奇异威猛。经文中多首、多足、多尾、多面少臂、多目少臂之人是古代的"变形金刚"，它们能够适应多变、恶劣的生活环境。

　　形天是我国神话中的英雄人物，可谓是奇人形象的典型代表。他同天帝争夺领导权时被砍去脑袋成为无头人，却以乳为目，以脐为口，一手执盾，一手挥斧，狂呼踊跃，继续进行反抗。形天奇特的形象中蕴含着旺盛、顽强的生命力和锲而不舍的斗争精神。他"一直是我国反对强权，酷爱自由，英勇奋斗，至死不屈的伟大精神的象征。他激发、哺育、造就了我们民族性格中坚强刚毅、不怕牺牲，为正义、为自由而顽强奋斗的一面。形天神话，是我国古代文学中最为悲壮、激烈和激动人心的篇章之一"①。

　　五官奇特的神人形象大多是一些国家的整体行为，即某一

---

① 赵逵夫：《形天神话源于仇池山考释——兼论"奇股国"、氐族地望及"武都"地名的由来》，《河北师范大学学报》2002 年第 4 期，第 43 页。

国人都具备这一特征,如柔利国人一手一足,反膝;大人国为人大;踆踵国为人大,两足亦大,等等。先民大多依据日常生活的实际需求来创造这些形象。为了应对外部的生存环境,增强战胜自然的能力,"先民们利用他们有限的内部与外部世界的知识,在不自觉的幻想中,以自己的生长地为中心,建构着各自的宇宙模型和神灵系统。这就是他们初始的世界观与宗教信仰,是他们在精神文化方面最早的创造之一"①。总而言之,先民生活中的这个外部世界往往在神话中与内部世界融混在一起,他们想象出三头六臂、刀枪不入,能升天入地随意变形的超人,并赋予这些超人旺盛的生命力,从而给自己的生活增添战胜困难的勇气和信心,获得心理上的安慰,以便更加坚强地活下去。

当然,古人早期的这些狂想,也会成为后世文化发展的动力。如古之文身,今之整容;为了加强某种器官的功能,古人有伸缩的想法,今人则造出机械来代替,等等。

四、从神人形象补正《山海经》的作时

作为保存神话材料最多的古籍,《山海经》具有重要的价值,有许多学者进行研究。而《山海经》的成书时代是其中的难题之一。

---

① 陈建宪:《神祇与英雄——中国古代神话的母题》,北京:三联书店,1995 年,第86—87 页。

（一）《山海经》成书年代四说

第一，禹、益时说。刘歆《上〈山海经〉表》：“《山海经》者，出于唐、虞之际。……禹别九州，任土作贡，而益等类物善恶，著《山海经》。”①王充《论衡·别通篇》、赵晔《吴越春秋·越王无余外传》、郭璞《注山海经叙》②、颜之推《颜氏家训·书证篇》、魏徵《隋书·经籍志》、晁公武《郡斋读书志》、毕沅《山海经新校正》从之。

第二，《天问》之后说。《直斋书录解题》卷八引朱熹语：“今以文意考之，疑此二书（《山海经》《淮南子》）本皆缘解《天问》而作。”③明胡应麟《少室山房笔丛正集》卷十六从之④。

第三，汉时说。程憬《商民族的经济生活之推测》：“汉人所作《山海经》中曾记后稷之孙叔均始作牛耕。”⑤吕思勉《中华民族源流史》从之。

第四，作于先秦说。蒙文通《略论〈山海经〉的写作时代及其产生地域》：“自刘秀以来的正统说法，都认为它是大禹、伯益所记。这当然是值得怀疑的。……其为先秦时代的古籍，应当是

---

① 刘歆《上〈山海经〉表》，见郭璞：《宋本山海经》，第 11 页。
② 郭璞《注山海经叙》说：“盖此书跨世七代，历载三千，虽暂显于汉而寻亦寝废。”以汉代为起点，追溯七代或三千载，恰是大禹时代。可见郭璞亦以为禹所作。
③ 陈振孙：《直斋书录解题》，上海：上海古籍出版社，1987 年，第 238 页。
④ 胡应麟认为《山海经》是战国晚期好奇之士取《穆天子传》《庄子》《列子》《离骚》等汇集而成。
⑤ 程憬：《商民族的经济生活之推测》，《新月月刊》一卷四号，上海：上海书店，1985 年影印。

可以肯定的。"①陆侃如《论山海经的著作年代》②、茅盾《中国神话初探》③、袁行霈《山海经初探》④、袁珂《山海经写作的时地及篇目考》⑤、褚斌杰、谭家健《先秦文学史》、方铭《战国文学史论·战国巨变与战国文学家人文环境的改变》、赵逵夫《先秦文学编年史·战国部分》从之。笔者以为该书"非一时一人作",而其时代当为先秦时期。

　　《山海经》分为《山经》《海经》和《大荒经》(包括《海内经》一篇,下同)三部分,它们不是出于一手,也并非作于一时,是可以肯定的。笔者以为,《山经》成书最早,约是战国初期或中期的作品;《海经》稍晚,约为战国末期至秦统一前的作品;《大荒经》最迟,大概是汉初的作品。我们可从书中所载的神人形象进行考察。

---

① 蒙文通认为《大荒经》时代最早,当在周室东迁前作;《海内经》时代稍晚,《山经》时代最晚,在周定王五年至周显王九年间(前 602 年—前 360 年)。详见:蒙文通《略论〈山海经〉的写作时代及其产生地域》,《中华文史论丛》(第 1 辑),第 56—59 页。

② 陆侃如认为,《山经》为战国时人作,《海经》作于淮南王后、刘歆前的西汉;《大荒经》和《海内经》为作于刘歆后、郭璞前的汉魏时期。详见:陆侃如《论山海经的著作年代》,《新月月刊》一卷五号。

③ 茅盾说,《五藏山经》在东周时,《海内外经》在春秋战国之交,《荒经》及《海内经》最后,应在秦统一前。详见茅盾:《神话研究》,天津:百花文艺出版社,1981 年,第 151 页。

④ 袁行霈《山海经初探》指出,《山经》成书于战国初期或中期,《海经》和《大荒经》(包括《海内经》)成书于秦或西汉初年。详见:《当代学者自选文库·袁行霈卷》,合肥:安徽教育出版社,1999 年,第 5 页。

⑤ 袁珂认为,《大荒经》四篇和《海内经》一篇成书最早,大约在战国初年或中年;《五藏山经》五篇和《海外经》四篇稍迟,是战国中期以后作品;《海内经》四篇最迟,当成于汉代初年。详见袁珂:《神话论文集》,上海:上海古籍出版社,1982 年,第 1—2 页。

（二）从人兽组合形象考察《山海经》的作时

人形兽貌类神人形象是取人和动物的器官组合而成，是《山海经》中相对朴素、原始的神人形象，是"混沌思维"的产物和人兽未分时代的标志。这类神人形象绝大多数出现在《山经》中。如《南次一经》诸山神"人面鱼身"，《南次二经》的山神皆"龙身鸟首"，《南次三经》的山神皆"龙身人面"。在《西次二经》十七座山中，"十神皆人面而马身""七神皆人面牛身"。《西次三经》共二十三座山，其神皆"羊身人面"。《西次四经》共十九座山，亦有很多人兽组合的神人，如崦嵫山的孰湖"人面马身"，人面鸮"人面猴身"。

《北山经》单狐之山等二十五山之神皆为"人面蛇身"；《北次二经》十七山神皆为"蛇身人面"；《北次三经》共四十六座山四十四神，其中二十神"马身人面"，十四神"彘身而载玉"，十神"彘身而八足蛇尾"。

《东山经》竹山等十二山神皆"人身龙首"，《东次二经》共十七座山，其神皆为"兽身人面"，《东次三经》共九座山，其神皆为"人身而羊角"。

《中山经》描绘的是当时的政权中心，是《山经》的主体部分，其中的人神组合的神怪形象较多。据笔者统计，《中山经》的人兽合体类神人多达50种。《中次二经》共九座山，其神皆为"人面而鸟身"。《中次三经》和山的"泰逢""人身虎尾"，青要山的"武罗""人面豹身"。《中次四经》共九座山，其神皆为"人面兽身"。《中次六经》平逢山之神"骄虫""状如人而二首"。《中次七经》共十九座山,其神皆"豕身而人面"。《中次八经》共二十三座山,其神状皆"鸟身人面"。《中次九经》共十六座山,其神状皆"马身而龙首"。《中次十经》共九座山,其神状皆"龙身而人面"。《中次十一经》共四十八座山,其神状皆"彘身人首"。《中次十二经》共十五座山,其神状皆"鸟身而龙首"等等。

比较而言,《海经》和《荒经》中只有少量人兽组合的神人形象,具体为,《海经》有 13 处,如《海外南经》氐人国"人面而鱼身"、《海外北经》的陵鱼"人面"、《海外西经》的鸾鸟"人面"、《海外东经》的句芒"鸟身人面"等等。《荒经》有 17 处,如《大荒北经》的禺强"人面鸟身"、九凤"人面鸟身",《大荒南经》的䵓头"人面鸟喙,有翼",《大荒东经》的天吴"人面虎身",《大荒西经》的神人"人面虎身"等等。

综观上述神人形象,它们具有以下特点:

第一,多为人面兽身或人身兽首,少数为兽首兽身组合而成。

第二,对于他们的记述一般具有固定的句式,如"……其神(状)皆×面×身。其祠之……"。

第三,描写较为简单。这些神人几乎都没有完整的故事情节,这反映了他们古朴、原始的面貌,即"神话学上所讲的离有文字记载的商周时期(笔者注:商周以后)越近,所表现的故事越少,离有文字记载的商周时期(笔者注:商周以后)越远,故事表现的内容越为详细的道理"①。

　　第四，人兽（兽兽）组合形象绝大多数在《山经》中，且是该经神人形象的主体部分，《海经》和《荒经》相对少些。

　　第五，这些圣诞不经的神人是原始人思维的表现，反映了他们尚不能清楚地划分人与物的界限。与以动物为助手、役使动物相比，这种思维显得有些落后。依逻辑规律，越古老的应该愈原始、落后，越是后来的愈文明、进步。因此，以记载人兽合体类神人为主的《山经》应该是较为原始古老的，应在《海经》和《大荒经》之前成书。

　　（三）由《海经》的神人形象考察其作时

　　《海经》包括《海内》《海外》二经。《尔雅·释地》："九夷、八狄、七戎、六蛮，谓之四海。"郭璞注曰："九夷在东，八狄在北，七戎在西，六蛮在南。"②"海"通"晦"，即暗昧不明之地，它与四极、四荒之地相连，多为野人所居。可见此处"海"的概念与现代意义上的海洋不同。以虫为助手的神人形象大多出现在《海经》里，如四方之神均为乘龙或珥蛇之神③，《海外西经》的"夏后启"和《海外北经》的"河伯"是乘龙之神，《海外西经》的沃野国神怪是以鸟、兽为伙伴，《海外东经》的玄股国和《海内北经》的西王母以鸟为助手。

---

① 高有鹏、孟芳：《神话之源——〈山海经〉与中国文化》，开封：河南大学出版社，2001年，第14—15页。
② 郭璞注、邢昺疏：《尔雅注疏》，第5690页。
③ 四方神分别是东方句芒、南方祝融、西方蓐收、北方禺强。

　　《海经》里的这些神人形象，以动物为助手，人与兽共享富足和平的生活。与《山经》的人兽合体类神人形象相比，这些神人形象的人的要素逐渐增加，动物的成分缩小。这显示出原始先民对自然、社会认识和理解的提升，是人类思维的进步。然而，这些神人形象大都呈原始状态，比较朴野粗犷，少有加工润饰的迹痕，尚不够完整、丰满，特别是各神灵间的联系仍然是松散的，神谱的意义并不明确，"事实上，《海内经》和《海外经》在总体范围上并没有超出多少华夏族早期活动的区域"①。这说明他们还未超出原始民族的范围，其成书年代应介于《山经》《大荒经》之间。

　　（四）由神话谱系考察《大荒经》的作时

　　在内容上，《大荒经》是相对独立于《山经》《海经》的，它所保存的神话也最为丰富、最为系统化。

　　第一，保存了以"帝俊"为中心的系统的家族神谱。袁珂认为帝俊是舜②。《大荒经》对其家族成员的记载最为详细，依次胪列如下。

　　《大荒东经》四处：其一，"有中容之国。帝俊生中容，中容人食兽、木实……"；其二，"有司幽之国。帝俊生晏龙，晏龙生司幽，司幽生思土，不妻……"；其三，"有白民之国。帝俊生帝鸿，帝鸿生白民……"；其四，"有黑齿之国。帝俊生黑齿，姜姓……"。

①　高有鹏、孟芳：《神话之源——〈山海经〉与中国文化》，第 19 页。
②　袁珂：《山海经校注》，第 345 页。

《大荒南经》三处：其一，"大荒之中，有不庭之山，荣水出焉。有人三身，帝俊妻娥皇，生此三身之国……"；其二，"有襄山。又有重阴之山。有人食兽，曰季厘。帝俊生季厘，故曰季厘之国"；其三，"南海之外，甘水之间，有羲和之国。有女子名曰羲和，方日浴于甘渊。羲和者，帝俊之妻，生十日"。

《大荒西经》两处：其一，"有西周之国，姬姓，食谷。有人方耕，名曰叔均。帝俊生后稷，稷降以百谷"；其二，"有女子方浴月。帝俊妻常羲，生月十有二，此始浴之"。

《大荒北经》一处："东北海之外，大荒之中，河水之间……丘方员三百里，丘南帝俊竹林在焉，大可为舟。"

除《大荒经》外，《海内经》的帝俊神话亦很丰富，直接描写帝俊者就多达五处：其一，"帝俊生禺号，禺号生淫梁，淫梁生番禹，是始为舟。番禹生奚仲，奚仲生吉光，吉光是始以木为车"；其二，"帝俊赐羿彤弓素矰，以扶下国，羿是始去恤下地之百艰"；其三，"帝俊生晏龙，晏龙是为琴瑟"；其四，"帝俊有子八人，是始为歌舞"；其五，"帝俊生三身，三身生义均，义均是始为巧倕，是始作下民百巧。后稷是播百谷"。

帝俊家族十分显赫，中容、晏龙、帝鸿、黑齿、三身国、十日、季厘、后稷、禹号等都是其家庭成员，还有一些旁系。庞大的家族形成了庞大的神话世界，在此神界中，大言山等山上的扶木、苏门山等山上的松青树以及常阳山、大荒山等场所，均是日月出入处，能够吞吐日月，气象万千，烘托出主神帝俊的庞大气势。

其后裔是木车、彤弓素矰、琴瑟、歌舞、巧倕等创始者，于后人功劳甚大，深受后世的敬仰。

在《大荒经》中，除了系统完整的帝俊神话外，还有黄帝族神与颛顼族神以及禹、共工、蚩尤、夸父神话群和西王母、炎帝、女娲、王亥、应龙、羿等神话人物，它们的故事情节和内容均比《山经》《海经》生动、完整。可见，此时已经有了系统的神话故事以及丰满完整的故事主人公形象。这与《山经》《海经》里所描绘的原始粗犷、缺少加工润饰的神人形象相比，显示出很大的进步，这是人们思维水平提高的标志。也就是说，从《山经》到《海经》再到《大荒经》，神人形象越来越清晰，神话故事情节越来越完整，系统性越来越强，所以以《大荒经》应在《山经》《海经》之后成书。

第二，《大荒经》记载了掌管日月、沟通天地自然、主管生命的神人，表达了强烈的人文精神。首先，司日月之神，《大荒东经》的鹓和《大荒西经》的石夷掌管着日月星辰运行的次序。其中，鹓是女和月母国附近的一位神灵，他处在大地的东北角，控制着太阳和月亮并使它们有序地升落，掌握着日子的长短。石夷与鹓遥遥相对，处在大地的西北角，掌管着太阳和月亮的运行。

其次，沟通天帝之神。《山海经》存在着贯通天地的巨大植物，如"建木""九丘之木"等，日本学者小南一郎称之为"世界树"①。巫师和其他神灵就是依靠这些山脉和世界树交通天地，

①　日本学者详细论述了《山海经》及其他典籍中的"世界树"。详见小南一郎著、孙昌武译：《中国的神话传说与古小说》，第 71—84 页。

完成下宣神旨 上达民情的使命。《大荒西经》之氐人是炎帝的后裔，为炎帝之裔孙灵恝所生，他长有人脸鱼身，是一位上下于天的神人，"有互[氐]人之国。炎帝之孙名曰灵恝，灵恝生百互[氐]人，是能上下于天"。《海内经》中柏高也是一位通天之神，"华山青水之东，有山名曰肇山，有人名曰柏高，柏高上下于此，至于天"。柏高居住在华山东面的肇山，他常在这里上下，到达天国。

巫师（神）是人民群众中的一员。在古代社会，生产力低下，环境险恶，人们不能抵御自然，由原始的企图通过巫术行为克服自然灾害保护自己的心理转而求助于不可知的自然势力（神）。于是，当时一些特别聪明的人就利用这种心理取得初民对他们的信仰，这种人便由此而成了巫师①。在初民心中，巫师就是神，他可以与神灵交通并宣达神旨和民情。巫师的出现一方面显示了人们的聪明智慧，尤其是他们善于观察世界、捕捉人们的心理需求。另一方面也表明了人们对巫师的信任。但也正是这种信任，增强了先民战胜困难和疾病的信心与决心，正所谓病从心生 亦靠心治 从这个角度来看，信仰巫师会取得一定的效果。这就是神话传说中巫师操不死药救治病人或者掌管国之兴亡的创作原动力。可见，巫师是人们的精神寄托和心理期盼，是福禄、好运、欢乐的象征，因此巫文化在中国传统文化中占据重

---

① 梁钊韬：《宗教的起源和发展——中国古代巫术》，广州：中山大学出版社，1999年，第119页。

要地位,具有顽强的生命力。

再次,不死之神。《大荒西经》载"大荒之中,有山名曰大荒之山,日月所入。有人焉三面,是颛顼之子,三面一臂,三面之人不死,是谓大荒之野"。三面人是颛顼的后裔,他们永远都不会死亡。《大荒西经》载长寿之神:"有轩辕之国。江山之南栖为吉。不寿者乃八百岁。"轩辕国人喜欢居住在江山的南边,认为这样吉祥。他们中短命的也能活到八百岁,真可谓是长寿矣。

死亡,对于任何时代来说,都是困扰人们的最大恐惧,即使在科技高度发达的今天,人们面对死亡也深感恐惧与无奈。对于原始先民来说,死亡从来就是不自然的。据布留尔研究,澳大利亚土著民、南北美洲、非洲和亚洲的部落都持有长生信仰。如非洲人坚信任何死亡都是横死①,即原始人常常把我们看来极其自然的死亡归因于偶然的、神秘的,并坚信人本来可以长生不死。《海内南经》之不死民、《大荒西经》之三面人可视作这种思想的反映。

既然死亡是别人蓄意谋杀的横死,"疾病是鬼神造成的,要想使什么疗法有效,必须先驱走身体中的鬼魂"②。那么,古人认为可以采取措施,以拖延横死的日期来延续生命。《大荒西经》中"不寿者乃八百岁"的"轩辕国"就是这方面的例子。事实上,在那样的环境中生存,人们的生命是极为短暂的。尽管如

① 列维-布留尔著、丁由译:《原始思维》,北京:商务印书馆,2004 年,第 268—269 页。
② 列维-布留尔著、丁由译:《原始思维》,第 261 页。

此，先民还是创造了众多的长寿之神，以此表达他们强烈的生命意识。这种强烈的生命观念对后世文学创作产生了极大的影响。如《搜神记》《聊斋志异》《西游记》等文学作品中都有人与异物互变而长寿的形象出现，生命的永恒是这些形象的内在精神。这与《山海经》中长寿之神以及其他的神人有相似之处，他们的出现使人们在心理上得到安慰和满足。

沟通天帝、掌控自然的愿望的产生，以及相关的神怪的出现，表明人的要素逐渐增多，动物的要素渐趋消失。由此推测，《大荒经》可能成书于《山经》《海经》之后。若此，我们可以推测《山海经》不是出于一时一人之手，至于成书年代，大致为《山经》约是战国初期至中期的作品，《海经》约为战国末期至秦统一前的作品，《大荒经》大概是秦汉之际的作品。各部分在流传的过程中，可能一直处于增删损益的状态。到刘歆时代，由他领校，秘书言、秘书太常属臣望校订《山海经》共三十二篇，并定之为十八篇①。晋代郭璞在刘氏父子校定的基础上博引众书，补充、编订、注释而成的《山海经注》，是我们所能看到的最古老的注本②。

---

① 刘歆：《上〈山海经〉表》，见郭璞注：《宋本山海经》，第 11 页。

② 郝懿行认为郭璞之前已有人注释《山海经》，其理由是"郭注《南山经》两引'璨曰'，其注《南荒经》'昆吾之师'又引《音义》云云，是必郭已前音训注解人"。参见(清)郝懿行撰、栾保群点校《山海经笺疏·山海经笺疏叙》，第 13 页。而陈连山却认为"璨曰"等未必是专门作注者，从而判断它们非郭璞之前的注释。参见陈连山《〈山海经〉学术史考论》北京：北京大学出版社，2012 年，第 80 页。笔者采纳陈先生的观点。

第三节　"鸟工""龙工"考释

虞舜是古代著名的圣君孝子,《尚书》《左传》《国语》《论语》《孟子》等典籍对其圣绩与孝行均有书写。为彰显虞舜之孝道,《孟子》增设了父母与弟弟的陷害以及舜逃生的情节,汉至清代对该故事的阐释呈现四种系统:虞舜自逃、二妃助逃、神祇佑护、瞽瞍放生①。其中,"二妃助逃"的记载首见于《列女传》,它涉及"二妃"使用"鸟工""龙工"助舜逃生,并为后世所继承而衍生出不同的文本系统。但这些典籍均未明确说明"鸟工""龙工"所指,以致学界对其释义不一。东汉以降的学者对"鸟工""龙工"的阐释可分为两种不同的层面:实体的衣物、虚拟的能力或法器。前者过于重实,后者偏重虚拟。事实上,作为虞舜神话传说的一部分,"鸟工""龙工"具有虚实相融的特质,它们既是饰有鸟、龙图案的衣物,又是"二女(即二妃)"的法器,通过触染巫术赋予虞舜飞翔与潜渊的能力。这可从两方面论证:第一,古代先民衣鸟兽皮毛之习俗为"鸟工""龙工"产生的历史源头,汉代羽衣羽人为其形成的现实背景,"二女"及其后裔使鸟御龙的记载为其神话基础;第二,"鸟工""龙工"应继承了古代佩戴鸟兽图像驱灾求福和"形名"的传统。"鸟工""龙工"植入虞舜神话之中,纾解了虞舜登高入渊与孝道相违背的人生困局,赋予"二女

① 梁奇:《论虞舜逃生传说的衍化及其衍生性文本》,《复旦学报》2022年第2期,第110—119页。

助逃"范式以神话色彩，彰显了至圣感天、神灵佑助的观念，并影响后世的书写。

一、"鸟工""龙工"的书写及阐释

《楚辞·天问》洪兴祖补注所引《古列女传》记载"二妃"使用"鸟工""龙工"助舜逃生，后人在此基础上展开书写与阐释。

> 瞽叟与象谋杀舜，使涂廪，舜告二女。二女曰："时唯其戕汝，时唯其焚汝，鹊如汝裳衣，鸟工往。"舜既治廪，戕旋阶，瞽叟焚廪，舜往飞。复使浚井，舜告二女。二女曰："时亦唯其戕汝，时其掩汝。汝去裳衣，龙工往。"舜往浚井，格其入出，从掩，舜潜出。①

司马贞所引《列女传》与上文相似："二女教舜鸟工上廪……龙工入井。"②它与洪氏所引当属同一文本系统。可见，《古列女传》明确指出舜借"鸟工"飞离，脱"涂廪"之困；靠"龙工"潜出，解"浚井"之危。

"鸟工""龙工"助舜逃生一说被后世典籍所承继，如《山海经·中次十二经》郭璞注曰："二女灵达，鉴通无方，尚能鸟工龙

---

① 王逸章句、洪兴祖补注：《楚辞补注》，第104页。
② 司马迁：《史记》，第34—35页。

裳救井廪之难……"①《竹书纪年·有虞氏》沈约注、《宋书·符瑞上》均载:"舜父母憎舜,使其涂廪,自下焚之,舜服鸟工衣服飞去。又使浚井,自上填之以石,舜服龙工衣自傍而出。"②《史记·五帝本纪》正义引梁武帝《通史》为:"瞽叟使舜涤廪,舜告二女,女曰:'时其焚汝,鹊汝衣裳,鸟工往。'舜既登廪,得免去也。""舜穿井,又告二女。二女曰:'去汝裳衣,龙工往。'入井,瞽叟与象下土实井,舜从他井出去也。"③萧绎《金楼子·后妃篇》、沈泰《盛明杂剧》卷三〇与《通史》相似,当袭用《通史》。然而,今本《列女传》则删去"鸟工""龙工",仅言"二妃"助舜脱险:"瞽叟焚廪,舜往飞出……舜往浚井,格其出入,从掩,舜潜出。"④二物的移除却消解了虞舜飞离、潜出的神秘性,削弱了故事的吸引力。

综上可知,《古列女传》将"鸟工""龙工"作为虞舜逃生的必备工具,后世典籍或将"龙工"改为"龙裳",或兼用"鸟工衣服"与"龙工衣",其中已暗含将"鸟工""龙工"当作衣物之意,但东汉至当下的学者阐释时却出现不一致的义项甚至相牴牾。概言之,可将这些阐释分为四类。

第一,"鸟工"为"鸟飞之巧"。宋曾慥《类说》"鸟工往"条注曰:"习鸟飞之巧以往。"⑤可见,鸟工当为鸟飞翔之技巧。

① 郭璞注:《宋本山海经》,第 158 页。
② 沈约:《宋书》,北京:中华书局,1974 年,第 762 页。
③ 司马迁:《史记》,第 35 页。
④ 刘向:《列女传》,沈阳:辽宁教育出版社,1998 年,第 1 页。
⑤ 曾慥:《类说》,北京:文学古籍刊行社,1955 年,第 108 页。

　　第二，"鸟工"指"如鸟张翅状"。明沈泰《盛明杂剧》卷三〇"鸟工"下有"古他登廪如鸟张翅轻轻飞下，不得损伤"①。沈氏仅对"鸟工"进行摹状性说明，认为舜如鸟般展翅飞离仓廪而未受损害。该说当对《史记·五帝本纪》索隐"似鸟张翅而轻下，得不损伤"有所继承②，而《汉语大词典·鸟部》将"鸟工"释为"有如鸟飞的本领"③，则与"如鸟张翅轻轻飞下"相似。

　　第三，"鸟工"指"头与身皆著毛"。清沈钦韩《汉书疏证》卷三六引《宋书·符瑞上》舜"服鸟工衣飞去"，证明《汉书·王莽传下》王莽"头与身皆著毛"④。沈氏认为"鸟工衣"指头身皆佩戴鸟的羽毛，当继承了《山海经》的佩饰习俗及郭璞"佩其皮毛"之说。

　　第四，"鸟工""龙工"分别指绘有鸟形与龙形彩纹的衣服。《佩文韵府》将"鸟工""龙工"归入"衣部"，直言鸟工衣、龙工衣⑤；袁珂认为"鸟工""龙工"分别是绘有鸟形或龙形彩纹的衣服，舜穿上它们后便能化身大鸟飞出、变为游龙潜出⑥。陈泳超将"鸟工""龙工"当作能赋予舜飞、潜能力的衣物，认为舜"穿上'鸟工'、'龙工'便有了'鸟'与'龙'的特殊本领，所以舜能'飞

①　沈泰：《古本〈盛明杂剧〉》，北京：中华书局，2015 年，第 259 页。
②　司马迁：《史记》第 34 页。
③　汉语大词典编辑委员会、编纂处：《汉语大词典》，第 1031 页。
④　沈钦韩等：《汉书疏证》，上海：上海古籍出版社，2006 年，第 229 页。
⑤　张玉书：《佩文韵府》，上海：上海古籍书店，1983 年，第 31 页。
⑥　袁珂：《中国神话传说》，北京：中国民间文艺出版社，1984 年，第 262—264 页。

出'、'潜出'"①。《汉语大词典·龙部》释"龙工（衣）"为"古代疏
浚河流时穿着的工作服"②，并引《列女传》《宋书》加以说明。

以上阐释大致可分为两个层面：其一，将"鸟工""龙工"视
为实体的衣物，如《山海经·中次十二经》郭注、《佩文韵府》、《宋
书》、袁珂《中国神话传说》、陈泳超《尧舜传说研究》、《汉语大词
典·龙部》等；其二，将其释为虚拟的能力或法器，如南宋曾慥
《类说》、清沈钦韩《汉书疏证》、《汉语大词典·鸟部》、尚永亮《英
雄·孝子·准弃子——虞舜被害故事的文化解读》等。比较而
言，前者侧重其物质构造，后者侧重其实用功能。其中，郭璞的
注释重在揭示《山海经》神怪与名物的神异性，"疏其壅阂（阂），
辟其茀芜"③。他认为"二女"是"天帝之二女，而处江为神"④，而
二女所用"鸟工龙裳"自然具有神性。沈钦韩认为鸟工衣是头、
身皆著毛而具有飞行能力，则暗含鸟羽拥有巫术之力，从而使佩
戴者具备非凡的飞行能力。袁珂、陈泳超、尚永亮等学者承续郭
璞，从神话学视角研究《山海经》，如袁珂对"鸟工""龙工"的功能
进行界定，指出其为"衣服"与"神妙的法宝"⑤；尚永亮认为它们

① 陈泳超：《尧舜传说研究》，南京：南京师范大学出版社，2000年，第220页。
② 汉语大词典编辑委员会、编纂处：《汉语大词典》，上海：汉语大词典出版社，2001
年，第1460页。
③ 郭璞：《注山海经叙》，《宋本山海经》，第6页。
④ 郭璞注：《宋本山海经》，第157页。
⑤ 袁珂：《中国神话传说》，第262—264页。

"已颇具可助人飞翔或潜游的神秘色彩"①，均值得我们借鉴。然而，袁珂对二舜"化身大鸟飞出、变为游龙潜出"的阐说未免有言过其实之嫌②，且仍未解决"鸟工""龙工"的属性问题。司马贞、沈泰认为"鸟工"指"如鸟轻飞"，将"鸟工"视为一种比喻性的摹状，与神话相去甚远。《汉语大词典》仅强调"鸟工"如鸟一般飞行的能力，并未言明其为何物；将"龙工"理解为疏浚河流时所穿的工作服，承袭了古代的"龙裳""龙工衣"之说，且用后世的服饰事象论证"龙工"所指，属于"以今证古"的阐释范式，与泰勒的"文化遗留物"之说不谋而合③，有可取之处。但是，其中亦有不足：其一，忽略"鸟工""龙工"的巫术特质而过于重实；其二，未能规避"以今证古"的缺憾，如忽略民俗的变异性特征，以及空间差异对文化差异的影响等④。可见，史书、词典囿于编写体制所限，须典雅、正统，故缺少虚拟的神话色彩而偏重物态的描述。

　　事实上，不管是马克思主义神话观，还是后来乃至当下其他学者的神话观，它们在承认虚幻特性的同时，更将神话视为现实

---

① 尚永亮：《英雄·孝子·准弃子——虞舜被害故事的文化解读》，《文学遗产》2014年第 3 期，第 4—12 页。
② 袁珂：《中国神话传说》，第 267 页。
③ 爱德华·泰勒：《原始文化》，第 11 页。
④ 梁奇、陈钰琳：《伊藤清司对〈山海经〉神怪的民俗诠释》，《民俗研究》2022 年第 2 期，第 90 页。

生活的记录,认可神话的认识作用、记事功能与社会功能①。可
见,神话当具有虚实兼备的特征,而"鸟工""龙工"是虞舜神话的
组成部分,这意味着唯有虚实兼顾方能较好地诠释其本质。其
实,《古列女传》"鹊如汝裳衣,鸟工往"本身已含有穿戴"鸟工"之
义。我们由"汝去裳衣,龙工往"可知"龙工"为脱去原来"裳衣"
之后的行为,则"龙工"必为能穿戴之物。以此类推,"鸟工"应该
与"龙工"相似。另外,后世文本常将"工"与"裳"互用、"鸟工(龙
工)"与"衣(衣服)"连用,如《山海经·中次十二经》郭璞注将"龙
工"作"龙裳",《宋书·符瑞上》有舜"服鸟工衣服""服龙工衣",
《金楼子·后妃篇》为"衣鸟工往""衣龙工往"②。其中,《金楼
子》中的"衣"作动词,"鸟工""龙工"自然为穿戴的对象;《宋书》
将"鸟工""衣服"连用,要么是"鸟工"修饰"衣服"的偏正关系,
要么二者是并列关系,但无论哪种情况,"鸟工"均与衣物相
关,指能穿戴的佩饰或衣物。可见,"鸟工""龙工"皆为衣物,
与袁珂"画着鸟形彩纹的衣服""画着龙形彩纹的衣服"相符③,
这属于"鸟工""龙工""实"的一面。需要指出的是,它们还应具
有巫术性质,通过触染巫术将鸟善飞、龙善游的属性传递给虞
舜,从而助舜成功逃离家人的陷害,此为其虚的一面。兹可从先

---

① 参见:马克思《〈政治经济学批判〉导言》、阿兰·邓迪斯(Alan Dundes)《神圣的叙
　　事:神话理论读本》、陈连山《论神圣叙事的概念》、王小盾《神话求原》"序"等。
② 萧绎撰,许逸民校笺:《金楼子校笺》,北京:中华书局,2011 年,第 362 页。
③ 袁珂:《中国神话传说》,第 262、264 页。

民衣鸟兽皮毛之习俗、"二女"及其后裔使鸟御龙的文献记载、"鸟工""龙工"的巫术图像学原理以及古代"形名"传统等方面论证之。

二、"鸟工""龙工"产生的基础

（一）"鸟工""龙工"产生的历史渊源与现实基础

第一，先民衣鸟兽皮毛习俗为"鸟工""龙工"产生的历史源头。古代先民有衣鸟兽皮毛之习俗。《礼记·礼运》载上古时"未有麻丝，衣其羽皮"[①]；《王制》载北方狄人"衣羽毛，穴居"，孔颖达疏曰："东北方多鸟，故衣羽；正北多羊，故衣毛。"[②]《左传·昭公十二年》载："楚子次于乾谿，以为之援。雨雪，王皮冠，秦复陶，翠被，豹舄，执鞭以出。""复陶"，杜预注为"秦所遗羽衣也"，孔颖达疏曰"冒雪服之，知是毛羽之衣，可以御雨雪也"[③]，杨伯峻认为是用禽鲁毛绒做成的御寒衣物[④]。羽衣因具有御寒保暖之特质而被作为衣物，衣羽衣之俗在春秋时期尚且保存。《汉书·地理志》颜师古注"鸟夷"曰："此东北之夷，搏取鸟兽，食其肉而衣其皮也。居住海曲，被服容止，皆象鸟也。"[⑤]考古资料亦可证明上古先民衣羽毛之实况，如云南沧源岩画中有许多头插

---

① 郑玄注、孔颖达疏：《礼记正义》，第 3066 页。
② 郑玄注、孔颖达疏：《礼记正义》，第 2897 页。
③ 杜预注、孔颖达疏：《春秋左传正义》，第 4481 页。
④ 杨伯峻：《春秋左专注》，第 1338 页。
⑤ 班固：《汉书》，第 1780 页。

羽毛、身披羽饰的人物形象，这些岩画的创作时间可追溯至原始社会晚期①。据说嫘祖始"教民育蚕，治丝茧以供衣服"②，先民才以丝织品为衣服，可见古代衣鸟兽皮毛的时间之久长。在早期，先民将鸟兽毛皮视为"显著的遮蔽风雪功效的功能性服饰"③，御寒的实用目的明显。在满足御水、保暖等基本需求的前提下，他们才开始注重所衣鸟兽皮毛的审美价值，"衣必常暖，然后求丽"④说明了羽衣由保暖到审美的转化。

鸟兽羽毛遮风避雨、保暖护体的功效来自鸟类尾脂腺所分泌的油脂与其他分泌物，但先民不知其中的科学道理而以为神灵在起作用，所以他们又将羽衣作为礼服而用于通神。《周礼·地官》载"羽人"司掌征收毛皮，"以时征羽翮之政于山泽之农，以当邦赋之政令"⑤；《天官》载"司裘"将征得的皮毛制成羽衣礼服，"以共王祀天之服，中秋献良裘，王乃行羽物。季秋献功裘，以待颁赐"⑥。于是，鸟羽之服成为连通天地的媒介，具有礼制内涵。当实用、审美上升至礼制时，羽衣已富有宗教巫术的含义。如《原始思维》记载墨西哥的回乔尔人巫师佩戴鸟羽通

---

① 邓启耀：《云南岩画艺术》，昆明：云南美术出版社，2004年，第72页。
② 沈朝阳：《通鉴纪事本末前编》，《四库未收书辑刊》第1辑，北京：北京出版社，1997年，第383页。
③ 周思源：《羽衣服饰文化研究》，陕西师范大学硕士学位论文，2012年，第11页。
④ 孙诒让：《墨子间诂》"墨子佚文"，第9页。
⑤ 郑玄注、贾公彦疏：《周礼注疏》，第1613页。
⑥ 郑玄注、贾公彦疏：《周礼注疏》，第1470页。

神①；《吕氏春秋·求人篇》载禹南至羽人之处为不死之乡②；《山海经·海外南经》载羽民国"为人长头，身生羽"，郭璞注曰"画似仙人也"③；《楚辞·远游》载"仍羽人于丹丘兮，留不死之旧乡"，王逸注曰："因就众仙于明光也。……《山海经》言'有羽民之国，不死之民'。亦曰：'人得道，身生毛羽也。'"洪兴祖认为"羽人，飞仙也"④，朱熹承继之，姜亮夫认为洪注说明"人之得道者能飞行自如，如鸟之有羽翼也"⑤。事实上，古代有诸多佩戴鸟兽羽皮或器官以祛疠禳灾、求福祈康的习俗，亦属于巫术的范畴，如《山海经》所记载的佩戴鸟兽羽皮或器官使人不畏、不聋、不眯、不厌、宜子孙。孙作云认为这是以鸟为图腾的鸟氏族自我庇护的方式⑥。它们与《吕氏春秋》《楚辞》中的羽人以及墨西哥巫师所佩戴的鸟羽共同构设了羽衣、羽人的宗教意象，影响后世。

第二，汉代羽衣、羽人为"鸟工""龙工"形成的现实背景。汉代是追求长生不死及神仙信仰炽热的时代，这催生了现实生活和艺术品中羽衣、羽人的出现。其中，羽人多出现在雕塑、画像石（砖）、壁（帛）画等艺术中，它们为肩生双翼的仙人形象，是道家羽化升仙思想的产物。同时，羽人还以半人半鸟的图像形式

①　列维·布留尔著、丁由译：《原始思维》，北京：商务印书馆，2009 年，第 32 页。
②　吕不韦著、高诱注：《吕氏春秋》，第 292 页。
③　郭璞注：《宋本山海经》，第 163 页。
④　王逸章句、洪兴祖补注：《楚辞补注》，第 167 页。
⑤　姜亮夫：《楚辞通故》，济南：齐鲁书社，1985 年，第 259 页。
⑥　孙作云：《说羽人——羽人图、羽人神话、飞仙思想之图腾主义考察》，见《孙作云文集》，郑州：河南大学出版社，2003 年，第 606—607 页。

出现在古代器物上，故被称为"羽人图"或"鸟人图"，该类图最早见于战国时期的"猎壶"。到了汉代，人的成分增多，鸟的成分减少，便生成了头生羽的仙人图，它们常见于漆器、铜镜等器物之上①。羽衣不仅在画像石中出现，在现实生活中亦有，如《史记·封禅书》《汉书·郊祀志》均载"天子又刻玉印曰'天道将军'，使使衣羽衣，夜立白茅上，五利将军亦衣羽衣，立白茅上受印，以视不臣也。"颜师古注曰："羽衣，以鸟羽为衣，取其神仙飞翔之意也。"②《后汉书·酷吏列传》记载光武帝年间阳平令李章"带文剑，被羽衣，从士百余人到来"，惩治赵刚。李贤注曰："辑鸟羽以为衣也，《前书》栾大为五利将军，服羽衣也。"③西汉天道将军栾大、东汉阳平令李章皆为穿羽衣之人，可见两汉时期穿羽衣之俗仍存，它们为"鸟工"的产生提供了现实基础。

综上可知，鸟羽兽皮经过了"实用—审美—礼制—巫术"的演变历程。其中，衣鸟兽羽毛的实用阶段是"鸟工"生成的前提，战国的仙道思想为其源头，汉代的羽人、羽衣为其现实背景。而龙则为幻想中的神异动物，它"鳞虫之长，能幽能明，能细能巨，能短能长，春分而登天，秋分而潜渊"④。人们将龙、鸟图像绘制到衣物上，借助其凶猛、奇异的特性而潜水入渊，巫术之义十分

---

① 孙作云：《说羽人——羽人图、羽人神话、飞仙思想之图腾主义考察》，第 561—582 页。
② 班固：《汉书》，第 1224 页。
③ 范晔：《后汉书》，北京：中华书局，1985 年，第 2415 页。
④ 许慎：《说文解字》，第 245 页。

明显。可见，"鸟工""龙工"的形成既有历史渊源和现实背景，又有宗教巫术因素，可谓是集真实与虚幻于一体。

（二）"二女"及其后裔使鸟御龙为鸟工、龙工产生的神话基础

《山海经·中次十二经》载"帝之二女"居住在洞庭之山，后世注疏对此"帝"的解释有分歧，郭璞认为是"天帝"[1]；汪绂认为是"尧"，则"二女"为娥皇、女英，即《九歌》中的湘君、湘夫人[2]；袁珂调和郭、汪之说，认为"尧之二女即天帝之二女也，盖古神话中尧亦天帝也"[3]。学界多遵从袁珂的说法，认为"二女"即"二妃"，指娥皇、女英。笔者以为，她们使鸟御龙之本领，当为"鸟工""龙工"产生的神话基础。

首先，"二女"为使鸟御龙的神祇。《楚辞·九歌·湘君》载有湘君聚鱼鸟、驾飞龙的神往畅思，"君不行兮夷犹""驾飞龙兮北征""鸟次兮屋上"。王逸认为"湘君所在，左沅、湘，右大江，苞洞庭之波，方数百里，群鸟所集，鱼鳖所聚"[4]。鸟兽是人们游戏的助手、工作的伙伴和通神的媒介，《山海经·海外西经》诸夭之野、《大荒西经》沃之野均有人鸟和鸣、百神群舞的人神同乐场面，可与湘君役使鸟兽相印证。《海外南经》的祝融、《海外西经》《大荒西经》的夏后启（开）、《海外西经》的蓐收、《海外东经》的句

① 　郭璞注：《宋本山海经》，第157页。
② 　汪绂：《山海经存》，杭州：浙江古籍出版社，1984年，第53页。
③ 　袁珂：《山海经校注》，第176页。
④ 　王逸章句、洪兴祖补注：《楚辞补注》，第61—65页。

芒、《海内北经》的冰夷等神祇"乘龙"的记载,则与湘君"驾飞龙兮北征"相印证。可见,驾龙驭鸟的神祇尤为常见,"二女"即为其中的重要成员。

其次,"二女"后裔能役使鸟兽。"二女"是帝舜神系的主要组成部分,她们的故事在虞舜神话中"占据着重要地位"①。《山海经》多处记载帝俊(舜),计有《大荒经》十处②、《海内经》五处。长沙子弹库楚帛书有"日月夋生……帝夋乃为日月之行"③,与《大荒经》"日月所处"的日月之神一致,"夋"当为"俊",即是舜。舜与娥皇、女英的后裔役使鸟兽的记载多见诸《山海经》,如《大荒南经》载娥皇所生三身国"使四鸟":"帝俊妻娥皇,生此三身之国,姚姓,黍食,使四鸟。"④《大荒东经》载帝俊子中容国、黑齿国,及其孙白民国、司幽国"使四鸟"⑤。《大荒东经》的芍国亦能使"四鸟":"芍国,黍食,使四鸟:虎、豹、熊、罴。"⑥郭璞认为"芍音口伪反"⑦,袁珂据此推判"芍国或当作妫国。妫,水名,舜之居地也"⑧,"昔舜为庶人时,尧妻之二女,居于妫汭,其后因为氏

---

① 贾雯鹤:《尧舜神话谫论:以〈山海经〉为中心》,《国学》2019 年第 1 期,第 20 页。
② 《大荒东经》四处、《大荒南经》三处、《大荒西经》两处、《大荒北经》一处。
③ 董楚平:《中国上古创世神话钩沉——楚帛书甲篇解读兼谈中国神话的若干问题》,《中国社会科学》2002 年第 5 期,第 154 页。
④ 郭璞注:《宋本山海经》,第 220 页。
⑤ 郭璞注:《宋本山海经》,第 213—214 页。
⑥ 郭璞注:《宋本山海经》,第 212 页。
⑦ 郭璞注:《宋本山海经》,第 212 页。
⑧ 袁珂:《山海经校注》,第 294 页。

姓，姓妫氏"①。可见，"芳国"应为"妫国"，他们为舜之后裔，亦能使唤鸟兽。古人认为"四鸟"乃"鸟兽通名"，"使四鸟"即驯服并通过乘、操、驾、珥、佩、戴等方式役使这些鸟兽，使之服务于己②。可见，"二女"及其后裔皆有驯服役使鸟兽的能力，当为"鸟工""龙工"产生的神话基础。

三、"鸟工""龙工"的图像认知与"形名"属性

鸟、龙分别赋予舜善飞、潜游的巫术特性，"鸟工""龙工"为其巫术特质的物态呈现形式。这可从图像与"形名"视角进行阐释。

（一）鸟、龙图像的驱邪求福之效能

先民通过佩戴鸟兽羽皮或器官以使自己获取旺盛的生命力。然而，对于体格较为笨硕或迅猛不易控制的动物，现实生活中不能，也无法靠近并佩戴其毛羽或器官。于是，古人就佩戴它们的画像以获取其威力，这在中外典籍中均有记载。如印第安人、中非罗安哥人、巴西波罗罗人等认为"肖像能够占有原型的地位并占有它的属性"，而"图像与被画的、和它相像的、被它代理了的存在物一样，也是有生命的，也能赐福或降祸"③。又如中国先民"铸鼎象物""使民知神奸"；将天狗的图像、鹛的图像佩

① 司马迁：《史记》，第 1575 页。
② 郝懿行：《山海经笺疏》，第 328 页。
③ 列维-布留尔：《原始思维》，第 43—46 页。

在身上,挂在家门口或村落入口处作为御凶、避火、驱灾的咒符。时至今日,人们仍用带有神祇图像的木刻、图片驱灾辟邪,图像的威力仍在彰显。

古人认为自己的肖像或动物的图像具有超常的威力,其原因有二:首先,交感巫术原理。"交感巫术"为弗雷泽提出,指人、物之间可通过某种神秘的交感相互作用,互相传播能量与动力①。"鸟谓习飞鸟之巧,龙谓知水泉脉理"②,人们认为佩戴饰有鸟、龙图案的衣物,就能借巫术感染、具备善飞和知晓水性的能力。其次,图像具有先入为主的特质与强大的视觉冲击力,被广泛应用于宗教仪式中。人们感知能力的获得,大多归功于五官,其中视觉占据主导地位。生理学研究表明,受到外界刺激时,人类的视觉神经细胞远比听觉神经细胞反应快③,所以古代常在宗教仪式中使用图像禳祸祈福、讽喻劝谏。而绘有"鸟工""龙工"图案的服饰利于沟通神祇,虞舜借助它们能"感染"鸟、龙之威力,以达到飞廪、潜水而逃避灾难的效果。至于后世将鸟兽图像绘制于衣服上以表达不同的身份与地位,则是由巫术转向了礼制文化④。它们既是对周代礼制的继承与发展,亦可看作

① J. G. 弗雷泽:《金枝》,第 27 页。
② 韩愈撰、魏仲举集注:《五百家注昌黎文集》,《四库全书》第 1074 册,台湾:商务印书馆,第 466 页。
③ 张萍淑等:《听觉和视觉认知电位 P300 系列成分的临床电生理学特征》,《中国健康心理学杂志》2017 年第 1 期,第 20 页。
④ 如古代皇帝的绣有龙形图案的龙袍,明清官服的胸前或后背所织缀的绘有鸟兽图案的"补子"均属此类。

是鸟工、龙工的孑遗。

（二）"鸟工""龙工"的"形名"属性

早期先民命名事物主要有三种方式：以形命名（形名）、以声命名（声名）和以味命名（味名）①。其中，"鸟工""龙工"属于形名的范畴。形名主要通过描摹事物的体貌特征而定"名"，大致分为三类：其一，对某一国家或地区的人进行笼统地描摹、命名，如《山海经·海外南经》的羽民国、贯匈国、岐舌国、三首国，《海外西经》的三身国、一臂国、奇肱国，《海外北经》的一目国，《海外东经》的大人国等。其二，描摹个体的局部体貌而形成摹态词，如委蛇、隹匐、凿齿、黄耉、台背、侏儒等。其三，依据个体的衣着佩饰及其图像而进行命名，如鸟工、龙工、大衣哥、草帽姐等。其中，第一类多用于早期的族群部落的命名，第二类多"抓住人体某一特点，进行简单化、脸皮化的描绘"而形成一个固定的范式②，第三类多依据外在的、附加的物件而命名，至今仍在持续使用这类词语，或创制新词。

众所周知，受制于自身智识水平，早期先民只能对目见的人与事作外在的、表层的识别，认为事物的形貌往往代表了事物本身、本质（实），"凡有貌象声色者，皆物也"③。于是他们将事物的外在形貌作为一事物区别于其他事物的重要属性，依据体貌

①　贡华南：《从形名、声名到味名——中国古典思想"名"之演变脉络》，《哲学研究》2019 年第 4 期，第 52 页。
②　参见第一章第一节《中国早期文学中的语象构建》。
③　王先谦：《庄子集解》，第 192 页。

特征而命名,"所以别同异"①。这样,"形"转化为"名"的形式,事物的名称则通过形貌得以显现,故而"形"的凸显遂成为中国早期思想史的重要特征②。反之,我们可以"形"观实(本质)、"以名举实"③。因此,原本由"形"承载的"实"也被转移到"名"中,"名"成为连接"形""实"之间的桥梁,通过事物的名称可以反推其形貌与本质。所以,我们可借"鸟工""龙工"之"名"推测其绘制鸟、龙图像之"形",窥见其巫术、法器之"实"。

"工"本为衣物,亦具有巫术性质。《说文解字》将工、巫互训。《说文解字·工部》:"工,巧饰也。……与巫同意。"④《说文解字·巫部》:"巫,祝也。女能事无形,以舞降神者也。……与工同意。"⑤白川静认为工为咒具,巫字形可视作象两手持其咒具之形⑥。吉映澄亦从字形上寻求二者的关联,认为巫、工同意"不仅仅只是同'工'之本意,而是从字形扩展开来,借工之字形会巫之字义"⑦。可见,工、巫之义密切关联,"龙工""鸟工"包含巫术意蕴。"鸟""龙"为名、为形,而将衣物制成鸟形龙状自然是不合理的,只能在衣物上绘制鸟、龙图案,并以此命名为"鸟工"

---

① 孙诒让:《墨子间诂》"墨子佚文",第13页。
② 贡华南:《从形名、声名到味名——中国古典思想"名"之演变脉络》,《哲学研究》2019年第4期,第54页。
③ 孙诒让:《墨子间诂》,第250页。
④ 许慎:《说文解字》,第100页。
⑤ 许慎:《说文解字》,第100页。
⑥ 转引自许进雄:《中国古代社会》,台北:台湾商务印书馆,1995年,第505—507页。
⑦ 吉映澄:《从〈说文〉"巫工同意"之角度试探巫字义源》,《文化学刊》2020年第4期,第203页。

"龙工"。综上,"鸟工""龙工"属于形名之范畴,其命名体现了形、名、实的统一,是对中国"形名"传统的承继与使用。

四、余论

理清"鸟工""龙工"的释义,对于正确诠释"二妃助逃"乃至虞舜神话均有重要意义,亦能纠正当下工具书中相关义项的偏颇。

第一,纾解虞舜所面临的"人伦困局"。在对先前典籍进行阐释的同时,后世典籍亦会留有缺憾或不足。《尚书·尧典》概述瞽瞍愚蠢固执、母亲刻薄荒谬与象傲慢骄横,但虞舜却能依靠美行孝德与他们和谐相处①。《孟子》在宣扬虞舜圣主形象的同时,更注重其孝道的一面,通过极力宣传其孝行、孝迹,以期将舜当作孝治的典范②。为彰表虞舜的孝道,《孟子·万章下》增设"完廪、焚廪""浚井、掩之"等情节,并将家庭成员的邪恶、凶残本性具体化:"父母使舜完廪,捐阶,瞽瞍焚廪。使浚井,出,从而掩之。象曰:'谟盖都君咸我绩,牛羊父母,仓廪父母,干戈朕,琴朕,弤朕,二嫂使治朕栖。'象往入舜宫,舜在床琴。象曰:'郁陶思君尔。'忸怩。舜曰:'惟兹臣庶,汝其于予治。'不识舜不知象之将杀己与?"③这表明《孟子》在诠释此事件时注重文本分析与

---

① 孔安国传、孔颖达疏:《尚书正义》,第258页。
② 梁奇:《〈孟子〉对虞舜孝行的书写与"忠""孝"一体的理论构设》,《中国人民大学学报》2018年第6期 第148页。
③ 赵岐注、孙奭疏:《孟子注疏》,第5947页。

自身视角的"视域融合"。然而,该诠释范式也留下了两大缺憾:其一,未能指明"掩井"的主体与虞舜逃生的细节,即对施害者的参与度和受害者的逃生过程,尤其是后者语焉不详,这为后世留下充裕的阐释空间而致使异说纷呈。其二,构设了虞舜的"人伦困局"。对于前者,笔者已有专文论析①,此处重点分析《孟子》所构设的"人伦困局"。因为"敬父母之遗体,故跬步未敢忘其亲"②,所以《大戴礼记·曾子本孝》《礼记·曲礼上》规约孝子"三不"——不登高、不履危、不临深。"三不"对孝子的日常居处与行事进行约束,违反者将是不孝之举。而"完廪"要登高,"浚井"则"临深",它们已将舜陷于进退维谷之境,做则违礼、"危父母"而不孝③;不做则不顺从父母,亦是不孝④。换言之,《孟子》所构设的完廪与浚井情节,已使虞舜面临人伦困局:做与不做均为不孝。而"鸟工""龙工"的植入则巧妙地纾解了这一困局,使舜依靠己力能飞下、潜出,摆脱窘境。

　　第二,赋予"二妃助逃"以神话色彩,促使该故事保持旺盛的生命力与传承的延续性。《列女传》为彰表二妃的智德而弱化其

---

① 梁奇:《论虞舜逃生传说的衍化及其衍生性文本》,《复旦学报》2022 年第 2 期,第 113—114 页。

② 王聘珍撰,王文锦点校:《大戴礼记解诂》,北京:中华书局,1983 年,第 79 页。

③ 《孟子·离娄下》载"世俗所谓不孝者五……好勇斗狠,以危父母,五不孝也"。此将"危父母"视为不孝之一。

④ 儒家将顺从父母纳入孝道的范畴,如《论语·为政》载"孟懿子问孝。子曰:'无违。'"《里仁》载事父母"敬不违,劳而不怨"。

神性，完成了从对她们的神性书写到智德颂扬的转变①。然而，智德颂扬偏重伦理化的说教，这一方面违背虞舜逃生传说的神话特征，另一方面与世人的猎奇心理不符。而"鸟工""龙工"的植入，则赋予"二妃助逃"文本系统以神话色彩，既能使其向神话归复，亦能满足人们的猎奇心理，从而促使该故事保持旺盛的生命力与传承的延续性。同时，"鸟工""龙工"对后世典籍中虞舜逃生传说情节的生成，如敦煌变文《舜子变》帝释变作黄龙，"引舜通穴往东家井出"②等，当有一定的影响。

第三，纠正词典中相关义项的偏颇。《汉语大词典·鸟部》将"鸟工"释为"有如鸟飞的本领"③，《汉语大词典·龙部》将"龙工（衣）"释为"古代疏浚河流时穿着的工作服"④，并引《列女传》《宋书》加以说明。前文已经论述，《汉语大词典》对"鸟工"的解释强调其有如鸟一般飞行的能力；将"龙工"理解为疏浚河流时所穿的工作服则忽略其巫术元素而过于重实，且有"以今证古"之不足。总体而言，前者较为虚幻，后者则过于实处，皆有一定的偏颇，未能指出"鸟工""龙工"的真正含义。而我们通过考证"鸟工""龙工"，能兼顾神话的虚实相合之特质，从而纠正该词典释义的偏颇。

---

① 梁奇：《论虞舜逃生传说的衍化及其衍生性文本》，《复旦学报》2022 年第 2 期，第 115 页。
② 王重民等编：《敦煌变文集》，北京：人民文学出版社，1957 年，第 131—133 页。
③ 汉语大词典编辑委员会、编纂处：《汉语大词典》，第 1031 页。
④ 汉语大词典编辑委员会、编纂处：《汉语大词典》，第 1460 页。

第四章

日本伊藤清司《山海经》
神怪体貌的多维诠释

伊藤清司(1924—2007)，日本庆应义塾大学教授，主要致力于中国少数民族神话研究与中日神话的比较研究。其代表作《中国的神兽与恶鬼：〈山海经〉的世界》①《中国古代文化与日本》②《日本神话与中国神话》《〈山海经〉与华南的古代民族文化》③是研究《山海经》神怪类型及民俗特质的论著。

第一节　二元范式下的神怪体貌研究

伊藤清司采用二元范式，从神话、民俗、宗教、医学等多维视角研究《山海经》中的神怪。他将神怪生存的场域分为内部世界

---

① 伊藤清司著、刘晔原译：《〈山海经〉中的鬼神世界》，北京：中国民间文学出版社，1990 年版；伊藤清司：《中国的神兽与恶鬼：〈山海经〉的世界》，史习隽译（增补修订版），北京：商务印书馆，2019 年版。拙作参照史先生的译本。
② 伊藤清司著、张正军译：《中国古代文化与日本》，昆明：云南大学出版社，1997 年。
③ 伊藤清司著、中原律子译：《〈山海经〉与华南的古代民族文化》，《贵州民族学院学报》1988 年第 4 期，第 88—91 页。

与外部世界，其中人类居住在内部世界，外部世界则以神怪为主；他将神怪分为善恶两类，认为通过祭祀可使恶神转变为善神。二元范式对异形怪兽的生存空间、神格、形状等作了清晰的探究，对于《山海经》中的神祇、中国神话学乃至中日比较神话的深入研究均有促进作用。

一、内、外部世界的二元对举

"内部世界""外部世界"本是《常陆国风土记》中提出的概念，指麻多智在山口所设置的区分自己与夜刀神的界限[①]。伊藤先生借用它们研究神怪的生存场域，认为内部世界是人类居住的场所，外部世界是猛兽横行、灾难不断的怪神世界。其中，内部世界指村邑及其周围较小的封闭空间，这是作为人们生活据点的村落共同体的"中国世界"[②]，大致相当于《中山经》所载伊洛流域及其附近的区域。这从经文中所记载的地名、水域可以看出，如《中次二经》鲜山"西三百里曰阳山……阳水出焉，而北流注于伊水"，郝懿行认为："'三百'当为'三十'，字之讹。'阳山'见《水经·伊水注》。《隋书·地理志》云：'陆浑县；有阳山'。"[③]伊水、陆浑均在今天的洛阳。阳山西行一百二十里是蔓山，山中的蔓水向北流至伊水。郝懿行认为此山"在今河南卢氏

---

① 　伊藤清司：《中国的神兽与恶鬼：〈山海经〉的世界》，第 167 页。
② 　伊藤清司：《中国的神兽与恶鬼：〈山海经〉的世界》"增补修订版说明"，第 12 页。
③ 　郝懿行撰、栾保群点校：《山海经笺疏》，第 153 页。

县西南。……伊水经栾川亭北"；伊水出自蔓渠之山，向东流至洛，该山在今河南卢氏县熊耳山西①。《中次四经》的潚潚之水向南流注于伊水。涧水发源于白石山阴，亦与伊河相汇，《水经·涧水注》指出"涧水出新安县南白石山"②。《尚书·禹贡》载伊、洛、瀍、涧四水入于河③，这些水名至今仍在洛阳使用。《中次六经》的平逢之山也在洛阳附近，"南望伊、洛，东望谷城之山"。谷城之山，郭璞认为"在济北谷城县西"，郝懿行认为"盖县因山为名，山在今河南洛阳县西北"④。伊洛指洛阳的伊水、洛河，夏、商、西周、东周都曾在洛阳建都，此地当为伊藤先生所谓的"内部世界"的中心区域。汪绂认为"盖以洛阳居天下之中，王者于此以时望祭四岳"⑤，即指出了洛阳的中心位置。根据经文及郭璞、毕沅、郝懿行等学者的注释，此区域范围大致位于今天河南洛阳至陕西一带，有些地名、水域至今仍在沿用。

　　相对于内部世界而言，外部世界是充满野性的空间，是"栖息着神怪、蕴藏着药物、咒物等财物的山岳丘陵、丛林川泽"的"负面世界"⑥。它多被描述为猛兽遍野的"非人类的世界"，如《南次一经》《海外南经》等多"蝮虫""蝮蛇"。郭璞"以虫为蛇，以

---

① 郝懿行撰、栾保群点校：《山海经笺疏》，第 155 页。
② 郦道元著、陈桥驿校证：《水经注校证》，第 379 页。
③ 孔安国传、孔颖达疏：《尚书正义》，第 315 页。
④ 郝懿行撰、栾保群点校：《山海经笺疏》，第 171 页。
⑤ 汪绂：《山海经存》"中次六经"，第 19—20 页。
⑥ 伊藤清司：《中国的神兽与恶鬼：〈山海经〉的世界》，第 12 页。

蛇为鱼"，郝懿行指出"今东齐人亦呼蛇为虫也"①。王逸注《楚辞·天问》时，将"一蛇吞象"改作"灵蛇吞象"②，增加其神话色彩。蛇为虫的一属，它们狰狞可怖、破坏性极强，是外部世界中最为凶狠的动物之一，为先民所畏惧。他如《西次二经》的"虎、豹、犀、兕"，《大荒北经》的"青鸟、琅鸟……罴、黄蛇"，均是具有破坏性的禽兽，它们的出现时常带来灾难。《南次二经》的狸力、猾裹或"见则其县多土功"，或"见则其县有大繇"；《南次三经》的鲑鱼、颙，《西次三经》的鸱鸟，《西次四经》的孰湖，《东次一经》的蚩鼠，"见则天下大旱"；《西次二经》的凫徯"见则有兵"，朱厌"见则大兵"等，均有巨大的破坏性。早期社会人少禽兽多，猛兽占据生存空间且给人们的生活带来困扰或灾难，《孟子·滕文公上》《韩非子·五蠹》《淮南子·览冥训》等典籍对上古尧舜之世猛兽肆虐的状况进行描绘，伊藤先生也注意到了此方面。

对于先民而言，灾难与兵乱等现象由超自然力量所掌管，所以他们将外部世界看作神秘的处所而设法进入。伊藤先生将外部妖怪与内部人类相遇的途径概括为两种："第一种情况便是妖怪、鬼神自己入侵内部世界"，第二种情况是"人类进入外部世界，侵入了妖怪、鬼神的领域"③。人们尽力扩展其生存空间，从而侵入外部世界。而野兽们为了寻求食物也时常侵犯人们的内

① 郝懿行撰、栾保群校：《山海经笺疏》，第 236 页。
② 王逸章句、洪兴祖补注：《楚辞补注》，第 95 页。
③ 伊藤清司：《中国的神兽与恶鬼：〈山海经〉的世界》，第 105 页。

部世界。前者表现为"长着让人仅是目睹便觉可怕的怪异样貌的妖兽群体在山野之中徘徊，一次次地造访着周围的村落"①，后者指人类为寻找生活资料而不得不进入山岳川泽。伊藤列举《左传》《穀梁传》《山海经》《管子》等"山林藏宝"的记载，证实山川"具有生活物资"的属性②，从而将《山海经》称为行政记录，或者开采山川资源的示意图，此说富有创见。人们进入山林寻找生活资料，面临被野兽吞没或困死山中的危险，故而又对山林产生畏惧之心。一方面，先民认为山岳既象征通往幸福的天梯，也象征着冥府与黄泉，他们对山岳产生敬畏与崇拜。就此而言，伊藤先生认为古人对山岳具有宗教畏惧性的判断是正确的。另一方面，先民认为"山川之神足以纲纪天下"③，通过祭拜其"守卫神"可获得生活资料或佑护，从而缓和人神间的关系，减少损伤。

胡厚宣认为殷商时期已有东南西北四方的概念与相关的祭祀方式，且"全套地保留在《山海经》和《尧典》里"④。"商代王畿与四土的关系可以和内服外制相联系"⑤，因为当时地阔人少，王畿与四方的关系较为松散，"直到晚商时期，商朝对四土诸侯的控制方逐渐加强，商朝方逐步成为真正意义上拥有一定领土

---

① 　伊藤清司：《中国的神兽与恶鬼：〈山海经〉的世界》，第 12 页。
② 　伊藤清司：《中国的神兽与恶鬼：〈山海经〉的世界》，第 233 页。
③ 　司马迁：《史记》，第 1913 页。
④ 　胡厚宣：《释殷代求年于四方和四方风的祭祀》，《复旦学报》1956 年 1 期，第 81 页。
⑤ 　张兴照：《商代地理环境研究》，北京：中国社会科学出版社，2018 年，第 134 页。

主权的早期国家"①。《山海经》按照南、西、北、东、中（内）的方位记述川林渊薮、珍草异兽，空间特质明显，为早期疆域观念的反映。由此可知，伊藤氏从广阔的空间维度研究《山海经》，不失为一种良策。也所谓的内部世界是以黄河中游的伊洛地区为中心、由血亲共同体所形成的村落与村邑。早期的氏族部落沿黄河两岸生活，或者由上游顺流而下，定居在今天陕西东部与河南一带，进而形成宗族之家和个体家庭。大规模村邑的形成与个体家庭的成熟有关，就家庭史的演变而言，伊藤先生的推判是正确的。

二、善神、恶怪的相对与互融

"山林川谷丘陵，能出云、为风雨、见怪物者皆曰神。"②《南次一经》郭注："凡言怪者，皆谓貌状傀奇不常也。"③神怪具有异常的相貌与功能，可分为善恶两类。根据恶鬼的破坏程度不同，伊藤先生将之归纳为食人妖怪、疫病恶鬼、旱涝神怪、火战蝗劳之怪等类型。如《东次一经》的鲦鳙、《北次一经》的肥遗"见则其邑大旱"；《东次四经》的𩾌雀、猲狙均为食人野兽；《中次二经》的化蛇尖叫，往来山渊之间；《中次十一经》的耕父"见则其国为败"

---

① 周书灿：《从外服制看商代四土的藩属体制与主权形态》，《中国边疆史地研究》2010年第 3 期，第 1 页

② 郑玄注、孔颖达疏 《礼记正义》，第 3445 页。

③ 郝懿行撰、栾保群点校：《山海经笺疏》，第 3 页。

等,这些恶兽怪鸟具有强大的破坏功能,是人类的天敌。相反,护佑人们的善神如《东次四经》"见则天下大穰"的当康,《南次一经》"佩之宜子孙"的蜀鹿,"佩之不聋"的旋龟;《西次一经》"服之不畏雷"的囊𪓛;《西次三经》"服之已瘅"的谨,"服之使人不厌"的鹩鸰;《中次六经》"服之不眯"的鸰鹨;《南次三经》的凤凰与《西次二经》的鸾鸟"见则天下安宁"。这类鸟兽能为人们带来福祥与好运,是人们所期盼的灵鸟瑞兽,被赋予福寿祥和、天人同乐的政治隐喻。

在这些鸟兽中,凤凰和鸾鸟出现较多。《逸周书·王会解》载"西申以凤鸟。凤鸟者,戴仁、抱义、掖信,归有德。丘羌鸾鸟",孔晁注云:"其形似鸡,蛇首鱼尾。戴仁,向仁国。抱义,怀有义。掖信,归有德之君也。……鸾大于凤,亦归于仁义者也。"[1]郭璞注"凤凰"为:"汉时凤鸟数出,高五六尺,五采。"[2]鸾鸟,郭璞注"鸾鸟"云:"旧说鸾似鸡,瑞鸟也。周成王时西戎献之。"[3]《艺文类聚》卷九九引郭氏《赞》:"凤凰灵鸟,实冠羽群。八象其体,五德其文。附翼来仪,应我圣君。"[4]鸾凤是象征祥瑞的神灵,常被作为贡品进献给帝王。善、恶神怪的分类使得看似混杂无序的神怪世界显得肌理明晰。

趋善避恶是人类共同的期望。伊藤氏通过揭示恶怪到善神

---

① 黄怀信、张懋镕、田旭东:《逸周书汇校集注》(修订本),第858—859页。
② 郝懿行撰、栾保群点校:《山海经笺疏》,第19页。
③ 郝懿行撰、栾保群点校:《山海经笺疏》,第43—44页。
④ 欧阳询等:《艺文类聚》,上海:上海古籍出版社,1982年,第1709页。

的转变,较好地诠释《山海经》中善恶两类神怪间的互通互融之关系。他认为促使恶神转变为善神的途径是祭拜,"外部世界的超自然存在成为祭祀对象之前,曾经对内部世界抱有敌意,是经常作祟的负面存在,但是通过祭祀转变成了守护内部世界秩序与安宁的正面存在"①。为了印证这一观点,伊藤氏列举祝融、吴回等由招致火灾的恶神转变为司火、防火的善神的例子。祝融、吴回在早期典籍中多有记载,高诱注《吕氏春秋·孟夏纪》与《淮南子·时则训》时将他们视为一人,"祝融,颛顼氏后,老童之子,吴回也"。高氏还将回禄与祝融、吴回当作同一神祇,概因《左传·昭公十八年》《国语·周语上》有火神"回禄"之记载。郭璞则依据《大戴礼记·帝系》注《大荒西经》时认为祝融即重黎,为吴回的兄弟:"祝融弟,亦为火正也。"②尽管高、郭存在分歧,但他们都认为祝融、吴回是火神,是防止火灾发生的善神。伊藤氏则认为他们"原本却可能是利用妖火散布灾害的怪神"③。他引用《左传·昭公二十八年》融风导致火灾,《国语·周语上》回禄在夏都出现致夏灭亡,《墨子·非攻下》天命融降火,以及《山海经》中对祝融"兽身人面"的狰狞面目的描绘,推测它们是"来自外部世界、呈现兽形之类怪异姿态的怪神"④。此将祝融、吴回、回禄等由早期招致火灾的恶神转变为司火之善神的脉络梳理清

① 伊藤清司:《中国古代神兽与恶鬼:〈山海经〉的世界》,第207页。
② 郝懿行撰、栾保群点校:《山海经笺疏》,第360页。
③ 伊藤清司:《中国古代神兽与恶鬼:〈山海经〉的世界》,第58页。
④ 伊藤清司:《中国古代神兽与恶鬼:〈山海经〉的世界》,第59页。

楚，"祝融与回禄最初与毕方鸟一样，也是带来怪火、威胁人类的妖怪。它们在接受人们的宽恕和祈愿成为祭祀对象之后，作为镇火之神、防火之神，拥有了浓重的保护神性质"，"郑国遭遇火灾而祭祀回禄，是从负面妖怪向正面神明转变过程中的一个画面"①。他如蚩尤、方相氏及浑敦、穷奇、梼杌、饕餮四凶等，亦是由恶神转变为击退恶鬼的善神，伊藤氏均有所涉及。根据伊藤氏神祇善、恶属性互相转变的理论，我们可反向推测书中诸多"可以辟火"的神怪存在的合理性。

对于一些具有善恶双重性的神怪，伊藤氏也进行了较为合理的阐释。如肥遗在经中出现四次，分别为《北次三经》彭毗之山、《西次一经》太华之山、《北次一经》浑夕之山、《西次一经》英山。其中，英山肥遗是鸟，是正面的吉神；其他三个为蛇，是负面的破坏性恶神。经文前后存在矛盾和抵牾，后世的注解也不一致。《西次一经》郭璞注："汤时此蛇见于阳山下。复有肥遗蛇，疑是同名。"②郝懿行认为"蟥"应为"遗"，并引《郡国志》刘昭注及《艺文类聚》九六卷证之。他们的解释均未触及本质，不能令人信服。伊藤氏梳理肥遗的演化轨迹，沿袭郭璞"汤时此蛇见于阳山下"、郝懿行"蟥当为遗"的诠释，推测"肥蟥和肥遗之蛇应该是同一种类的旱鬼。肥蟥的'蟥'字应该是记录者为了表明其为

---

① 伊藤清司：《中国的神兽与恶鬼：〈山海经〉的世界》，第 207—208 页。
② 郝懿行撰、栾保群点校：《山海经笺疏》，第 26 页。

蛇形鬼神而有意造出来的文字"①；又结合西周"作册大方鼎"青铜器或其他图文的一头二身的怪蛇图像，以及林巳奈夫将其作为肥遗形象的判断，判定《管子·水地》洭川水之精"蚎"为肥遗的同类，而"蚎'是"肥遗"发音的缩略，或"肥遗"是"蚎"的发音引申，从而推测《管子·水地》中呼喊"蚎！蚎!"是一种巫术，是利用蚎的威名恐下水中鱼龟的捕鱼方法。它或震慑水族，或使河水干涸，即呼喊名字吓退妖怪的咒术。伊藤氏通过搜罗《吕氏春秋·顺民》《玉篇》《成汤元纪》等大旱的记载，说明汤王时的大旱由旱神肥遗导致。蛇能飞行，蛇类肥遗成为一种超自然的存在物，能够从鲜山飞往阳山，故能出现在不同的地方。伊藤氏结合偃师所发现的汤王宫殿遗址，印证商汤时旱神引起阳山大旱传说的合理性。这样，他通过勾勒形状、证以文献，将图像学、语言学、巫术和历史学等多学科综合考察，较好地诠释了肥遗形象的演化过程，合理地解决了《山海经》中的矛盾，弥补了前人注释的缺憾。

伊藤氏把经中恶鬼、善神按照二元的范式进行分类，揭示其对立的原因以及互相通融的过程和可能性，这有助于我们理解《山海经》中的神怪，以及民间信仰中曾经发生转变或具有多重性神格的神怪。

---

① 伊藤清司：《中国的神兽与恶鬼：〈山海经〉的世界》，第 49 页。

三、神怪佩饰与自然生命力的契合

《山海经》中有很多佩戴饰物以防病、驱疫、祈福的记载。据中尾万三统计，"在药物、咒物之中，佩戴在身上或者衣服上，被当作护身符、咒符使用的财物数达到二十九种之多"①。伊藤氏将其分为草木、鸟兽皮毛和石头三类。第一，佩戴草木。如《南次一经》"佩之不迷"的迷榖，"佩之无瘕疾"的育沛，《西山经》"佩之可以已疠"的薰草，《东次四经》"可以服马"的芑，《中次六经》"服之不字"的黄棘，"服之不瘿"的无条，《中次七经》"服之媚于人"的菖草。第二，佩戴鸟兽毛羽。如《南次一经》"佩之宜子孙"的蜀麻，"佩之不聋"的旋龟；《南次一经》"佩之不畏"的猼訑，"佩之不惑"的灌灌；《西次一经》"服之不畏雷"的橐蜚，《西次三经》"服之已瘅"的䑏，"服之使人不厌"的鹓鶵；《中次六经》"服之不眯"的鸰鹏。第三，《中次七经》的帝台之石"服之不蛊"。郭璞注："祷祀百神，则用此石。"②郝懿行引《本草经》："石胆，主诸邪毒气。"③石被赋予神性，致使携带它的人不蛊。

经文仅载佩戴草木、鸟兽毛羽与石头，没有说明具体的方式，郭璞笼统地说带兽皮毛、著鸟羽毛，"佩，谓带其皮毛""著其毛羽，令人不畏天雷也"④。伊藤先生从佩戴的不同方式、方法

---

① 伊藤清司：《中国的神兽与恶鬼：〈山海经〉的世界》，第 188 页。
② 郭璞注：《宋本山海经》，第 125 页。
③ 郝懿行撰、栾保群点校：《山海经笺疏》，第 180 页。
④ 郭璞注：《宋本山海经》，第 15、31—32 页。

进行诠释，形象地为我们构建一幅幅先民的佩饰图像。他将经文的"服"分为口服和佩戴身体外侧两种用法，把草木作为药物看待，认为直接"佩戴在衣服上，又或者插在头发上"①，或者"佩戴于腰间"。为了证明这一说法的合理性，他引用《礼记·月令》"衣白衣，服白玉，食麻与犬"、《楚辞·离骚》"户服艾以盈要兮"等文献，以及古代郑国将薰草佩戴身上预防流行病、当今日本五月五日用菖蒲叶贴在肚子或卷在头发上以驱邪、海南黎族佬人在背部或腹部邦植物以止胸背疼痛等习俗加以论证②。至于《南次一经》《西次一经》《西次三经》等所载佩戴鸟兽羽毛，伊藤先生认为自古即有"将鸟或蠡斯的翅膀佩戴在身上用来避雷或是祈求安产的巫术"③，并以《春秋繁露·郊语》"鸱羽去眯"为用鸟羽作咒物来逐眯的习俗进行辅证。鹘鵝"服之使人不厌，又可以御凶"，伊藤认为这是人们捡起鹘鵝的羽毛，佩戴自己身上用以治病驱邪的习俗，其中的巫术之义十分明显。

伊藤氏指出，对于体型硕大的猛兽，人们设法佩戴其身体的某一部分，或制作动物的迷你图像，将其作为咒符或驱邪的咒物挂在家门口、村口或马前④。《山海经》记载了通过佩戴动物的图像或器官而达到祛灾避祸之目的。如《南次一经》载佩鹿蜀宜子孙，伊藤清司吉合鹿茸、鹿角被当作强精或产后回春的妙药，

---

① 伊藤清司：《中国的神兽与恶鬼：〈山海经〉的世界》，第131页。
② 伊藤清司：《中国的神兽与恶鬼：〈山海经〉的世界》，第129—132页。
③ 伊藤清司：《中国的神兽与恶鬼：〈山海经〉的世界》，第134页。
④ 伊藤清司：《中国的神兽与恶鬼：〈山海经〉的世界》，第207、195页。

认为佩戴能祈子嗣，祈祷顺产。又如佩戴杜衡可以"走马"，伊藤氏在继承郭璞、吴任臣等先贤注释的基础上分析其原因，将杜衡的形（马蹄）、名（马蹄香）与佩饰咒术、马匹飞驰关联，使得杜衡等花草"走马"特性得到较为圆满的解读。其中，佩戴草木者较多，因为草木易得，便于携带，故而常作为佩戴的咒物来驱邪求福，在经文中记载较多。

四、二元范式研究《山海经》神怪的意义

伊藤清司使用二元范式研究《山海经》中的神怪，形成比较独特的研究范式，对《山海经》乃至中国古代神怪的研究具有一定的推助意义。

第一，二元范式继承并开拓了中国古代对《山海经》类属的划分。司马迁认为《山海经》荒诞不经，导致后世对其归属不统一。《汉书·艺文志》将其归入数术略"形法家"，《隋书·经籍志》《旧唐书·经籍志》《新唐书·艺文志》归入史部"地理类"，《宋史·艺文志》归入子部"五行类"。《后汉书·王景传》载汉明帝永平十二年派王景修汴渠，赐予他《山海经》《河渠书》《禹贡图》①，凸显了该书的"地理类"属性。首先，伊藤清司综合吸收中国古人的分类方法，继承古代的"地理类"归属，使用内部世界、外部世界概括其地理空间，以此作为人神生活区域的分界。

---

① 范晔：《后汉书》，第 2465 页。

作为地理类书籍，《山海经》多载山林渊薮，所以从空间视阈切入是较好的研究角度。其次，从空间视阈切入，研究《山海经》的神怪，又与日本的地貌密切相关。日本是岛国，在三十七万多平方千米的国土面积上分布着六千八百多个岛屿与三千多平方千米的水域面积。居住在村落中的人类面对浩瀚大海与莽莽山川，尤为恐惧不安，自保心理强烈，故而他们将自己生活的村邑视为适合居住的"内部世界"，而周边的山泽却是遍布神怪的野蛮区域——"外部世界"。内部与部外对立，人与神怪界限分明。就此而言，伊藤氏采用内外部世界的分法，将这些神怪的生成场域与生活范围放置在特定的空间场域详细论述，利于把握。

第二，揭示自然界中人神之间的对立、神灵与神灵之间的转换规律。既然内部世界以人类居住为主，人们在尽力守护自己生活区域的同时，也会试图侵占外部资源，总结与神怪的相处之道，拉拢善神，祭拜恶神，佩戴花草或动物及其器官为自己增加威力，从而使恶怪变为善神，以便禳灾祈福。就此而言，伊藤清司的研究从善恶神和神怪佩饰、赤色彰显其自然生命力，突出神怪的术数特性等方面，较好地揭示了人神之间、神怪之间的转换规律。

第三，继承并发展中国古代的《山海经》注释。中国古代对《山海经》的认识存在分歧，注解时各有侧重。郭璞《山海经注》精于文字训诂、文义疏解，吴任臣《山海经广注》尚博好奇，毕沅

《山海经新校正》侧重地理考证和文本校勘，郝懿行《山海经笺疏》功在校勘、训诂与考据，且"以博物的眼光对待怪异"①。伊藤清司在前人注疏的基础上进行拓展，如祝融与吴回在《海外南经》《大荒西经》等经文中，伊藤氏先引用、罗列郭璞、吴任臣、郝懿行等学者对祝融、吴回的注释，在综合考辨的基础上，认为由招致火灾的恶神而变为善神，并举郑国遭遇火灾而祭回禄的史实加以证明。这样的阐释，既保留了前人的注释，也有所创新。《西次一经》《中次九经》中的草具有"走马"功能，郭璞认为人们带着它或悬挂在马身，可使马快走。吴任臣因《博物志》"马蹄香"的形如马蹄而认为经文以形为用。伊藤氏在继承郭璞、吴任臣注解的基础上，把杜衡的形（马蹄）、名（马蹄香）、佩饰咒术与马匹飞驰联系起来，论述杜衡等花草"走马"、调教马的咒物之功效，较为可信。又如《中次二经》的伊水之怪马腹，郝懿行引《刀剑录》所载汉章帝铸剑降服之，《水经注·沔水》中的水虎、刘昭注《郡国志》引《荆州记》中的水卢，认为三者相同。伊藤氏也引用这三部典籍、赞许郝懿行的观点，并指出它们的属性差异，将之与日本的水怪河童类比，更好地诠释了马腹。

伊藤清司对神怪的诠释有诸多独到的创获。如《西次一经》的黄䕘"浴之已疥，又可已胕"，伊藤先生认为这是药熨法和灌水法的综合，它从驱散潜伏在体内的恶灵的想法演变而来的，是一

①　郝懿行撰、栾保群点校：《山海经笺疏》"前言"，第 3 页。

种带有巫医性质的医疗之法①。《西次一经》的"菁蓉"是避孕草，"其本如桔梗，黑华而不实……食之，使人无子"，此草在《太平御览》卷四〇所引《河图括地志》中作"骨荣"。伊藤氏认为将其作为避孕藁草，可能与由这种植物开花不结果的特征发展而来的感染咒术相关②。《西次三经》有"食之宜子孙"的树木，伊藤氏列举修己吞薏苢怀禹、简狄吃鸟卵生契等古代求子的咒术，妇女采摘苤苢作为怀孕诱饵的感染巫术，论证经文中的植物果实成熟后被登山的女子采集食用，以祈求子嗣，或者祈祷胎儿平安出生③。

　　当然，伊藤清司的研究亦有不足之处，我们应该客观对待之。第一，他使用内外部世界划分神怪生存空间的方法未必完全适应《山海经》。前文已经论述，内外部世界的概念移自麻多智所设的人神之间的界限。日本是岛国，内部的村邑与外部的岛川截然分开。作为单个村落而言，采用麻多智的分法有合理之处。但这也有一些问题，归纳有二：

　　首先，就一个村落来说，自居地为内部世界，周围的山川是外部世界，其他的村落也可能成为外部世界。但在其他村落的居民眼中，"此村落"也成为"外部世界"。可见，人们均以自己的居住地作为判断内外部世界的参照，从而导致两个"世界"的外

① 伊藤清司：《中国的神兽与恶鬼：〈山海经〉的世界》，第145页。
② 伊藤清司：《中国的神兽与恶鬼：〈山海经〉的世界》，第179页。
③ 伊藤清司：《中国的神兽与恶鬼：〈山海经〉的世界》，第171页。

延与内涵不能固定。其次，内外部世界的划分与中国的实际不相符。中国早期先民在黄河中下游定居生活，内部世界与外部世界也相对固定。他们以四土、四方来推判远方异域的"外部世界"，且这一思维模式形成较早。甲骨文中已有"四土"，四土之内是王畿之所在。张兴照认为商代王畿位于"冀、兖、豫三州相邻地区，东土地及青徐……南土据有荆扬，当兼有豫州之一部；西土跨有雍梁，另兼有冀州之一部；北土以冀州为主体"①，四土则为王畿之外的区域。古人注重自己的居住范围，"古帝命武汤，正域彼四方……邦畿千里，维民所止，肇域彼四海"②。《说文解字·山部》则以天子狩猎到达的地方为四岳："东岱，南霍，西华，北恒，中泰室。王者之所以巡狩所至。"③天子狩猎场所不应该距离宫室太远。《孟子·公孙丑上》"夏后殷周之盛，地未有过千里者"可作为佐证。人类所居住的四土与四方、四海之内应该是《山海经》的"内部世界"，其外围是"外部世界"。事实上，中国古代的两个"世界"是固定少变的，这与伊藤氏所谓的内外部世界截然不同。

　　第二，伊藤清司所说的外部世界多猛兽，内部世界多为人类居住的乐土，未必完全正确。在中国古代的典籍中，内部世界也有一些凶猛的禽兽。《逸周书·世俘解》载商末中原地区的野生

---

① 张兴照：《商代地理环境研究》，第 134 页。
② 郑玄笺、孔颖达疏：《毛诗正义》，第 1344 页。
③ 许慎：《说文解字》，第 190 页。

动物："武王守,禽虎二十有二、猫二、糜五千二百三十五、犀十有二、氂七百二十有一、熊百五十有一、罴百一十有八、豕三百五十有二、貉十有八、麈十有六、麝五十、麋三十、鹿三千五百有八。武王遂征四方,凡憝国九十有九国……凡服国六百五十有二。"①有学者指出"以上记载或有夸张的成分,或有今人理解的歧义,但其提及的动物在商代都应是存在的"②。我们从气候方面也可验证商代中原地区猛兽活跃的可能性。据王邨统计,在殷商至战国的近 1 300 年中,中原地区尽管出现了一系列的丰(多雨)枯(少雨)灾害期,但该地区与"四周各地区面雨量的平均相关系数达到0.7以上"③。面平均雨量是衡量区域内单位面积上的平均降水量,它能较客观地反映整个区域的降水情况。这说明整个中原地区在早期的1 300年间的年降水量适中,适宜野生动物的生存。可见内部世界也当有很多猛兽存在。而伊藤氏所说的外部世界多猛兽,内部世界多为人类居住,不一定适合早期中国的实际情况。

总而言之,伊藤清司继承中国古代的注释与中日已有研究成果,采用二元范式系统地研究《山海经》的神怪,形成了较为完备的诠说范式,对《山海经》以及其他神怪的研究均具有重要的意义。

---

① 黄怀信、张懋镕、田旭东:《逸周书汇校集注》(修订本),第 433—436 页。
② 张兴照:《商代地理环境研究》,第 176 页。
③ 王邨、王松梅:《近五千余年来我国中原地区气候在年降水量方面的变迁》,《中国科学》1987 年第 1 期,第 105 页。

第二节　借鉴古注阐释神怪的
体貌特征

　　《山海经》因所言怪物"闳诞迂夸,多奇怪俶傥之言"①而"益复难读",所以古代注疏成为后世研读该书时必不可少的参照。在古代的十余位注疏者中②,清代学者居多,因此清代被称为《山海经》注释研究的井喷期③。《山海经》古注是后世重注、阐释的重要依凭,尤其被国外学者奉为圭臬。伊藤清司在诠释书中的神怪类型、巫术信仰与民俗特质时多引用《山海经》和其他典籍的古注。概括而言,可将其分为三类:引用《山海经》古注、引用它注辅证己说、驳正古注。他对古注或依循,或驳正,并在此基础上深入、系统地探究书中的神怪、名物与民俗的文化内涵,对《山海经》的阐释起到积极的推助作用。同时,伊藤先生征引古注时也存在不足与缺憾:一方面,伊藤对所引古代注释与典籍缺少深层次的论证;另一方面,他在征引古籍文献时有一些明显的错误。我们应该客观审视,以便取长避短,助力于《山海经》的深入研究。

---

① 　郭璞:《山海经序》,《宋本山海经》,第3页。
② 　古代注本主要有晋代郭璞《山海经注》、明代杨慎《山海经补注》、王崇庆《山海经释义》和清朝吴任臣《山海经广注》、汪绂《山海经存》、毕沅《山海经新校正》、吕调阳《五藏山经传》《海内经附传》、吴承志《山海经地理今释》、郝懿行《山海经笺疏》等。
③ 　张步天:《〈山海经〉古籍版本考察——兼论〈山海经〉非全经注本》,《福建师大福清分校学报》2013年第3期,第1—4页。

一、征引古注以证成已说

伊藤清司的《山海经》研究是在借鉴中国古注的基础上展开的。此以《山海经》研究较为集中的《中国的神兽与恶鬼：〈山海经〉的世界》《中国古代文化与日本·〈山海经〉研究》为例进行统计，得知伊藤共引《山海经》原文 161 条，引用《山海经》古注 55处（详见"伊藤清司引《山海经》古注统计表"），其他典籍的古代注释若干，可见他对古注的认可与重视。伊藤或直接引用《山海经》古注，或引用它注辅证已说，或驳正古注而另辟蹊径。

第一，引用《山海经》古注。伊藤氏所引古注包括郭璞、郝懿行、汪绂、毕沅等人的注释，此将其细分为引用单个古注与多个古注两种情况。首先，引用单个古注阐释神怪。郭璞《山海经注》在文字校勘与名物训诂方面功劳甚巨，对后世有重要的影响。伊藤氏引郭注 29 处，如他引用郭璞"即螣蛇，乘雾而飞者"的注解[1]，论述《中次十二经》柴桑山白蛇、飞蛇的危险性，推测"飞蛇绝非普通的蛇类"[2]；依据郭注"今大月氏国有大羊，如驴而马尾"对《西次一经》羬羊的产地、类属进行分析。又如，郭璞称《中次七经》的䔄草为荒夫草，伊藤氏引此注印证该草"服之媚于人"之功效，认为"这一命名也是由于它具有增加媚色的咒

---

[1]　郭璞注：《宋本山海经》，第 160 页。
[2]　伊藤清司：《中国的神兽与恶鬼：〈山海经〉的世界》，第 12 页。

力”①。郭注之外，伊藤氏引用较多的就是郝懿行的《山海经笺疏》。郝氏注疏属后出转精，是“冠于诸家”的力作②，被伊藤氏引用 17 处。如郝懿行认为《东次四经》北号之山的无核枣即《尔雅》的无实枣“楢”，产于山东省北部的乐陵地区。伊藤先生在阐释北号山之树时遵从之。《南次二经》尧光之山“其阳多玉，其阴多金”③，郝懿行称《太平御览》引此经作“克光之山，其阴多铁”④，伊藤氏据此推判“现行本的‘金’字可能是‘铁’之讹字”⑤。吴任臣、汪绂、毕沅诸家的注疏也被伊藤引用。如《西次一经》载旱鬼肥𧊩，吴任臣《山海经广注》引《成汤元祀》称“肥𧊩见于阳山，后有七年之旱”⑥，伊藤氏诠释肥𧊩时亦引用之⑦。《南次二经》有水神长右，毕沅认为“长右”应是“长舌”之误⑧，被伊藤氏采纳；对于“怪力乱神”的阐释，伊藤氏主要依据朱熹“鬼神，造化之迹，虽非不正，然非穷理之至，有未易明者，故亦不轻以语人也”的注解⑨；诠释《中次七经》的帝屋、《中次二经》的马腹、《西次三经》的毕方时分别依据汪绂、郦道元、高诱等人的

①　伊藤清司：《中国古代文化与日本》，第 448 页。
②　袁珂：《山海经校注》“序”，第 1 页。
③　郭璞：《宋本山海经》，第 18 页。
④　郝懿行撰、栾保群点校：《山海经笺疏》，第 11 页。
⑤　伊藤清司：《中国古代文化与日本》，第 412 页。
⑥　吴任臣撰、栾保群点校：《山海经广注》，第 42 页。
⑦　伊藤氏所引文字有改动，将《成汤元祀》错引为《成汤元纪》。详见《中国的神兽与恶鬼：〈山海经〉的世界》第 53 页。
⑧　毕沅：《山海经新校正》，第 5 页。
⑨　朱熹：《论语集注》，见《四书章句集注》，北京：中华书局，1983 年，第 98 页。

注解。

其次，引用多种古注诠释一个（类）神怪。为了论证的需要，伊藤先生在论证一个（类）神怪时也会引用多种古注，从而使自己的诠释更有依据。如《北次一经》的耳鼠"以其尾飞"，伊藤氏引用郭璞注"或作'髯飞'"，又引用吴任臣、郝懿行以耳鼠为鼯鼠（即飞鼠的一类）[1]的说法论证耳鼠的物类归属；诠释耳鼠"食之不脒（眯）"的功效时，伊藤氏先引郭注"脒，大腹也"，再举郝懿行将"脒"与难产相关联的注解进一步论述；阐释《中次七经》的三足龟时，伊藤氏先引用《尔雅·释鱼》称三足鳖为"能"、三足龟为"贲"的解释，再引郭注"今吴兴阳羡县有君山，山上有池，水中有三足六眼龟"，具体而深入地诠释。又如《西次一经》的鸰渠可以治疗"瞏"，郭璞释瞏为"皮皱起也"，郝懿行说是"皴剥"之意[2]，毕沅则认为"依义当为疱"[3]。伊藤氏综合三家注释，将"瞏"解释为皮肤病症状[4]。复如，上文所举《西次一经》的肥𧓨，汪绂、郝懿行从语音学视角进行注解，将"虮"与"肥𧓨"的发音对比[5]。伊藤氏借用此说，认为"虮""肥𧓨"所指为同一对象[6]。再如，郭

---

① 吴任臣认为耳鼠"即鼯鼠，飞生鸟也"，参见《山海经广注》第 134 页。郝懿行认为"疑即《尔雅》'鼯鼠，夷由'也。……其形肉翅连尾足"，参见《山海经笺疏》第 90 页。

② 郝懿行撰、栾保群点校：《山海经笺疏》，第 25 页。

③ 毕沅：《山海经新校正》，第 9 页。

④ 伊藤清司：《中国古代文化与日本》，第 466 页。

⑤ 汪绂认为"盖'虮'字即肥遗二字合音也。'遗'字本音'位'"，参见汪绂《山海经存》（卷三）第 5 页，杭州古籍书店，1984 年。郝懿行认为"《说文》'虮'即'逶'字之或体，'逶迤'即'委蛇'也，与'肥遗'声相近，岂即是与"，参见《山海经笺疏》第 98 页。

⑥ 伊藤清司：《中国的神兽与恶鬼：〈山海经〉的世界》，第 52 页。

璞认为《西次四经》的鳣鱼"口在颌下，体有连甲也。或作'鮎鲤'"，郝懿行认为郭注"鮎鲤"或作"鮎鱼"①。伊藤氏在郭、郝二说的基础上进行阐发，指出鮎鱼是日本的鲶鱼，进而联系日本流传的大鲶鱼动引发大地震的民间迷信思想进行论述②。

第二，引用它注辅证己说。为了更好地论证自己的观点，伊藤氏在引用《山海经》古注的同时，也旁征其他典籍的注释来辅证己说。例如，《中次二经》有食人之怪马腹："有兽焉，其名曰马腹，其状如人面虎身，其音如婴儿，是食人。"③马腹食人之性，郭璞未注，吴任臣引用陶弘景《刀剑录》所载汉章帝时期铸金剑降服的伊水人膝之怪，以及《水经·沔水注》的"水唐"、《襄沔记》的"水虎"、《荆州记》的"水卢"来类比《中次二经》的水怪"马腹"④，郝懿行承袭吴任臣，伊藤在吴、郝所引这些注释的基础上，从马与水之关系论证伊水之怪马腹得名的原因。又如，伊藤氏引用《左传·昭公十八年》杜预注"东北曰融风，融风，木也。木，火母，故曰火之始"⑤，《淮南子·泛论训》高诱注"（毕方）木之精也"⑥，《东京赋》薛综注"毕方，老父神，如鸟，两足一翼者，常衔

---

① 郝懿行撰、栾保群点校：《山海经笺疏》，第 82 页。
② 伊藤清司：《中国的神兽与恶鬼:〈山海经〉的世界》，第 72 页。
③ 郭璞注：《宋本山海经》，第 111 页。
④ 吴任臣撰、栾保群校：《山海经广注》，第 224—225 页。
⑤ 伊藤清司引为"东北之风为木之精所起之风，火由木生，为火之母。故融风为火之始"，与杜注原文有出入。原文参见杜预注、孔颖达疏：《春秋左传正义》，第 4528 页。
⑥ 刘安著、高诱注：《淮南子注》，第 231 页。

火在人家作怪灾"①等相关古注论证《西次三经》的妖火之神毕方；引用《南都赋》李善注"耕父者，旱魃也"②等论证《中次十一经》耕父的神灵属性。复如，他引用朱右曾《逸周书集训校释》对"奇干"为"奇余"之讹的辨析，论证《西次三经》的鹕鹕；引用《尔雅翼》对龙"九似"的解释论证四灵的合成兽形态。值得注意的是，伊藤先生对这些古注的引用并非直录原注，而是将其进行意义转述或阐释后引用。

　　总体而言，伊藤引用单个古注所阐释的神怪或名物一般较为简单，或者前人的注解已经十分清楚，而引用多个古注所诠释的神怪或名物则较复杂，抑或古注所释尚不清楚。但不管哪种引用方式，均表明他对古注的依循与认可。

二、驳正古注并另立新说

　　在依循古注的同时，伊藤氏也在其《山海经》研究论著中表达自己的观点，且敢于质疑与驳正古注中的"不妥者"。例如，《东次四经》的苣"可以服马"，郭璞将之释为"以汁涂之则马调良"，郝懿行认为这一做法可能是从仿照汗血宝马演变而来的土俗："良马有汗血者，以苣汁涂马则调良，或取此义与？"③而伊藤

---

①　萧统编、李善等注：《六臣注文选》，第 77 页。

②　刘昭注：《后汉书·礼仪志》引《东京赋》李善注称："耕父、女魃皆旱鬼。"参见范晔撰、李贤等注：《后汉书》，北京：中华书局，2011 年，第 3128 页。但此说不见于今本《文选》。

③　郝懿行撰、栾保群点校：《山海经笺疏》，第 142 页。

先生却对此进行质疑、纠正：

　　这种在马身上涂上红色，期待其能够强健飞驰的类比咒术是在汗血宝马传入中国之后，或者是在关于汗血宝马的传言流传开之后才开始出现的，这一点有必要存疑。……这种时间上的先后关系很可能正好恰恰相反，这应该是中国自古就有的一种民俗。①

　　同时，他结合"服"所具有的"佩戴"义项，判定服"更可能应该被理解为将芭佩戴在马的身上""而并不是涂抹的意思"②。又如，《南次一经》的鹿蜀"佩之宜子孙"，郭璞认为"佩之"是佩带其皮毛之义③，古今注家如吴任臣、毕沅、郝懿行、袁珂等皆遵从之。伊藤亦认为时人不可能将体格硕大的鹿佩戴在身上，应取其一部分佩戴，但他推测这一部分很可能"不是鹿蜀的皮革，而是脱落的鹿蜀的角"④。至于其中缘由，则与鹿角具有强精不老、产后回春的功效以及古人将鹿角作为祈求子嗣或顺产的咒物相关。

　　我们可以发现，伊藤对古注的质疑或驳正是建立在细致的

---

①　伊藤清司：《中国的神兽与恶鬼：〈山海经〉的世界》，第 182 页。
②　伊藤清司：《中国的神兽与恶鬼：〈山海经〉的世界》，第 182—183 页。
③　《山海经图赞》曰："鹿蜀之兽，马质虎文。攘首吟鸣，矫足腾群。佩其皮毛，子孙如云。"参见郭璞《山海经图赞》，北京：中华书局，1991 年，第 13 页。
④　伊藤清司：《中国的神兽与恶鬼：〈山海经〉的世界》，第 174 页。

文本研读与考量的基础之上的。当有据可循时，伊藤会在分析寻证后提出新的推判；在没有足够证据的情况下，他则将相关问题列举、抛出供学界讨论。例如，《西次一经》载黄藿草"白华而赤实，其状如赭"，郭璞认为"其状如赭"并不是指形状，而是颜色。但伊藤氏认为此注不够清楚、存在歧义，并从逻辑层面进行了细化：

> "赤实"二字已经指出了它的色彩，在此基础上反复描写颜色显得有些繁杂。如果这一句不是衍文，那么"赭"形容的应该是其果肉，即黄藿的果肉应该是像赭土一般的颜色。①

又如，伊藤认为，《左传·昭公十八年》杜预对融风"火之始也"的注解是根据五行之说，但他并未触及融风的本质内涵，而融风是火灾多发的春季所刮的狂风，它应来自"相信怪神祝融会引发火灾的民间信仰才更为正确"②。伊藤先生既能从中国古代文化背景出发逆推古代注家的注疏依据，又另辟蹊径，从民俗信仰角度提出自己的见解，这是对杜注的考量与修正，也是对经文诠释的深化与推进。再如，《西次一经》载鹐渠，郭璞注："鹐，音'彤弓'之'彤'。"③毕沅曰："《尔雅》作雕渠，《汉书》司马相如赋作

---

① 伊藤清司：《中国的神兽与恶鬼：〈山海经〉的世界》，第 144 页。
② 伊藤清司：《中国的神兽与恶鬼：〈山海经〉的世界》，第 59 页。
③ 郭璞注：《宋本山海经》，第 27 页。

'庸渠',《说文》作'雝渠',皆即此鸟。'鸰'非古字,当为'雝'云。"①毕氏认为"鸰"当为"雝","鸰渠"即《尔雅》《说文解字》之"雝渠"、《上林赋》之"庸渠"。郭、毕二注抵牾,郝懿行亦不赞同毕说,他认为"雝渠与鸰渠形状既异,名称又殊"②。古代注家各抒己见,多属文字训诂,伊藤则在综合引用的基础上指出诸家注解的互异性,并从外形特征提出推判思路,供学界进一步阐发,"根据似山鸡,羽毛黑色,脚红这些特征,可以推断出它属何种鸟类,只是目前尚不清楚"③。他如,《中次六经》的"鸰鹦",吴任臣将其视为山鸡之属④,毕沅认为是脊令,即《诗经·小雅·常棣》郑笺所谓的水鸟⑤。究竟是山鸡,还是水鸟,伊藤氏认为"已无从判明"⑥。这样,他在考辨古注的基础上,或为争议性问题提供思考方向,或将存疑之处抛诸学界。

　　在系统分析伊藤阐释《山海经》的基础上,我们可将其阐释特征归结为两方面。其一,征引与考辨并重,蕴含较高的学术价值。对中国古注的大量征引与考辨是伊藤清司《山海经》研究的重要特色,其征引以《山海经》古注为主,其他典籍注释为辅。笔者对伊藤先生两部研究著作中的《山海经》古注引用情况进行了

---

① 　《山海经新校正》,第 9 页。
② 　郝懿行撰、栾保群点校:《山海经笺疏》,第 25 页。
③ 　伊藤清司:《中国古代文化与日本》,第 466 页。
④ 　吴任臣撰、栾保群校:《山海经广注》,第 245 页。
⑤ 　毕沅:《山海经新校正》,第 61 页。
⑥ 　伊藤清司:《中国的神兽与恶鬼:〈山海经〉的世界》,第 134 页。

统计，具体如下表：

伊藤清司引《山海经》古注统计表

注家＼篇目	南次一经	南次二经	西次一经	西次三经	西次四经	北次一经	北次三经	东次一经	东次二经	东次四经	中次二经	中次三经	中次七经	中次九经	中次十二经	海外南经	海内东经	大荒西经	合计
郭璞	2		8	2	2	3	1	1	1	1		1	2	1	1	1	1	1	29
吴任臣			1			1													2
汪绂						1							1						2
毕沅		1	4																5
郝懿行	1	1	4		1	4		1			2	1	1			1			17
合计	3	2	17	2	3	9	1	2	1	3	1	2	3	1	1	2	1	1	55

由上表可知，除去其他典籍的注疏，伊藤先生征引郭璞、吴任臣、汪绂、毕沅、郝懿行诸家的注疏多达 55 条，其中引郭注最多，占引用总目 52%。郭注为筚路蓝缕、开启山林之作，且关注经文中的神怪等虚幻内容，被伊藤氏大量征引。郝疏依照经文注释，堪称《山海经》学术史上的力作，亦被伊藤广泛纳用。需要指出的是，郝懿行训释时参考了如吴任臣、毕沅等前代注家的大量成果，而伊藤的研究同样以前人成果为基石，在征引古代注疏时进行考辨，并为深入诠释经文奠基。这样的征引具有较高的学术价值。

其二，凸显民俗学视野。伊藤清司较早地关注中国文化，以研究中国神话著称，曾十多次来中国进行文化考察、讲学①。他在阐释神怪时注重中国文化背景，尤其注重对相关民俗内涵的挖掘。从伊藤氏征引古注可以看出他阐释《山海经》时的民俗学视野，他征引古注时尽量选择具有民俗特质的材料，更注重从民俗文化角度进行再诠释。如前所述，他在依循郭注、郝疏的基础上，引入日本民间思想阐释《西次四经》的鳢鱼；以古人用鹿角祈求子嗣或顺产的民俗阐释《南次一经》的鹿蜀，驳正郭璞"佩其皮毛"的注解；以民间火灾信仰修正杜预对融风的注解等等，皆为民俗视野之凸显。值得注意的是，有些民俗的介入未必适当，如阐释《西次四经》的鳢鱼所引入的日本民俗具有迷信的倾向，不能作为印证学术观点的材料。但总体而言，伊藤先生对古注的征引启迪着我们思考《山海经》研究的方向，具有重要的学术价值。

三、征引古注对于深化阐释的意义

前文对伊藤先生的古注征引方式与特点进行了梳理与总结，由此可知，正是这些已有的注解促成了其引用方式之多元化，使得其《山海经》阐释在观点的传承与碰撞中得以深入推进。伊藤先生对古注既有借鉴，又不乏创见，其中体现着他对中国文化的认识，推动着《山海经》阐释的进一步深化，也有值得我们反

① 伊藤清司：《中国古代文化与日本》"自序"，第1页。

思的地方。

第一，伊藤借鉴并发展了《山海经》古注的阐释方法。首先，伊藤常引多条古注阐释《山海经》，将诸家注疏联系起来进行考辨与分析，又搜罗它注辅证，这与古注注重文献征引的阐释传统可谓异曲同工，但伊藤先生征引的文献更为丰富多元。除《山海经》古注外，伊藤先生还博引其他古代文献，这些文献或为《山海经》古注曾引的文献，或是与中国古代文化背景相关的资料。如他在论述"蝗灾之怪"犰狳时，先引《农书》《诗经》阐释古代蝗灾背景，又引《广韵》阐释犰狳的形象；在论述"疫病之神"时，引《左传》《论衡》《搜神记》《庄子》等多种文献分析中国古代的疾病观。其次，伊藤先生注重对《山海经》中特定文字、名物、地域的考辨，这与《山海经》古注重文字训诂与名物、地理考证的传统相似，而伊藤的考证更为翔实。如他在阐释《中次十一经》"见则其国为败"的耕父时，对"败"字的多重含义进行了分析，以判定耕父的本质；在阐释御凶之兽谨、孟槐、天狗时，对每一神兽的原型类属都进行了考辨；在阐释"洪水之神"长右时，通过地理位置的比对，推测长右或为巫支祁同类。再次，伊藤注重抽绎物类共同的功能特性，将《山海经》不同篇章的名物串联起来进行阐释，以此构设按功能分类的阐释架构。这也是对古注阐释方式的借鉴与发展。《山海经》古注在论及某物时常联系经文中的同类或相似事物。如《西次三经》的天狗"其状如狸而白首，其音如榴榴，可以御凶"，郝懿行将其与孟槐视为同类："《北山经》谯明山'孟槐'

之兽音亦与此同。"①伊藤氏据此将孟槐、天狗归为一类而详辨之，并进一步抽绎出二者共同的御凶功效，将之归为善神中"能够防止凶灾的天狗"②一类。可见，从博引典籍、训诂考证、以类相从的阐释方式而言，伊藤先生对古注既有借鉴也有发展。

第二，伊藤推动了《山海经》阐释的深化。不管是对古注的依循还是驳正，伊藤均能提供新的视角与思路，从而推动《山海经》阐释的深化，具体表现为两个方面。

首先，推进《山海经》逻辑层面的再诠释。如前所述，在阐释《东次四经》的芑"可以服马"时，伊藤先生对郭、郝二注进行了考辨。他从逻辑层面厘清"汗血宝马传入中国"与"以芑木汁液涂抹马身"时间上的先后关系，驳正郝疏，形成了新的阐释。在阐释《西次一经》黄蘀草"其状如赭"时，伊藤从经文前后的逻辑次序进行考证，提出了与郭注不同的见解。

其次，推动《山海经》文化层面的深入阐释。古注注重对文字、名物之训诂考据，以表象阐释为主，而伊藤先生的论著中常以民俗文化印证、补充古注，促进触及文化内核的阐释。伊藤先生注重从文化心理与文化信仰层面解读《山海经》，是在古注阐释基础上的进一步深化。如在阐释《东次二经》的鴢鸟时，伊藤依郭注推判此鸟为"鹈鹕"，有"洿河""淘河"之俗称；在此基础上进一步探寻其"见则其国多土功"背后的文化心理，认为其俗称

① 　郝懿行撰、栾保群点校：《山海经笺疏》，第 68 页。
② 　伊藤清司：《中国的神兽与恶鬼：〈山海经〉的世界》，第 194 页。

具有暗示作用，或"让人联想到挖掘河川底部泥沙的修浚河道和筑堤工程"①。在论述《西次一经》杜衡"可以走马"时，伊藤依循郭璞"带之令人便马。或曰马得之而健走"的注解②，但他认为郭璞对杜衡何以能御马未加说明，并尝试从文化信仰层面深入阐发，指出杜衡能够辟邪，"这个天帝山一带的传说或许讲述的是用杜衡来避邪，使马强壮、发挥出本领的习俗"③。在论述《西次一经》流赭"以涂牛马无病"时，伊藤引郭注"今人亦以朱涂牛角，云以辟恶"进行诠释，并对"红色信仰"的文化内涵详细分析，揭示出"红色平常被认为是神圣的颜色……红色是太阳的象征……对红色的信仰可能来自于血的神圣性"的文化意义④。这是对古注阐释的深化，也给《山海经》提供了文化角度的阐释范式。除上述两大方面之外，伊藤先生的《山海经》研究还涉及医学、巫术等层面的诠释，为我们从民俗视角阐释《山海经》提供了可资借鉴的思路与方法。

第三，在认识伊藤先生《山海经》研究范式意义的同时，我们也要客观地审视其中的不足与缺憾。归纳而言，这主要表现为两方面：其一，对所引古代注释与典籍缺少深层次的论证。如前文所举马腹，吴任臣、郝懿行、袁珂等均以形状推断马腹与水虎等为同一兽类，伊藤承袭之而并未详辨。事实上，仅从形状判

---

① 伊藤清司：《中国的神兽与恶鬼：〈山海经〉的世界》，第 90 页。
② 郭璞注：《宋本山海经》，第 33 页。
③ 伊藤清司：《中国古代文化与日本》，第 432 页。
④ 伊藤清司：《中国古代文化与日本》，第 434 页。

断马腹与水虎为同一水怪是不准确的。原因如下：首先，马腹"状如人面虎身"，《山海经》中人面虎身之状的神怪尚有《西次三经》的"陆吾"、《大荒东经》的"天吴"、《大荒西经》昆仑丘的"神人"。若仅以形状为判断标准，这些人面虎身的神怪亦当与马腹为同类。如果这样的话，则会出现风马牛不相及的情况。其次，古代注疏者所引材料的时代较晚，甚至有伪作，如《刀剑录》说汉章帝时期禳除伊水之怪。此书的真实性值得怀疑，《四库全书总目》认为它是后人的伪作①。若依此作为证据，其结论值得怀疑。再次，伊藤没有注意到吴任臣、袁珂将马腹与水虎等类比时，除了形状之外，还关注到了其他方面的相似性。吴任臣所引资料注意到地点与形状的吻合，袁珂先生注意到马腹与水虎的形、性均相近②。显然，此"性"当指食人的本性。而食人之性与形状则是吴任臣、郝懿行等学者将马腹与水虎比附的主要原因。诸如这般，伊藤氏在论著中均未辨析，仅从形状的相类而盲目承袭。其二，我们在研读伊藤的《山海经》研究著作时，发现他在征引古籍文献时有明显的错误，如诠释肥螽时说"《山海经广注》中引用了《成汤元纪》"③，"《成汤元纪》"应为"《成汤元祀》"；论述鹖鸰时说"朱右曾所撰的《逸周书》中记载……"，并将朱先生的《逸周书集训校释》误写成"《逸周书集解校释》"④；阐释"不语怪

---

① 永瑢等：《四库全书总目》，北京：中华书局，1965 年，第 982 页。
② 袁珂：《山海经校注》，第 124 页。
③ 伊藤清司：《中国的神兽与恶鬼·〈山海经〉的世界》，第 53 页。
④ 伊藤清司：《中国的神兽与恶鬼·〈山海经〉的世界》，第 134 页。

力乱神"时所引应为《论语集注》文，而非伊藤氏所谓的"《朱子集注》"等等①，都是较为明显的错误。这就要求我们在研读伊藤清司的论著时注意细心辨析。

第三节　神怪体貌特征的民俗诠释

神话与民俗相辅相成。民俗事象与民俗活动是神话赖以存在的载体，神话是民俗文化传承的内在驱动力。甚至有学者认为神话本身就是民俗事象，神话既"反映了初民对事物的认识，也反映了因这种认识而形成的风俗习尚"②，所以我们可依据民俗事象和民俗活动考索、阐释神话。作为中国古代"神话之渊府"，《山海经》涉及较多的民俗事象。伊藤清司借助西方文化人类学理论，结合考古学、民俗学、文学等学科知识与方法，对《山海经》中的神怪类型、巫术信仰与民俗文化特质进行阐释，形成了宽广的研究视阈。

一、《山海经》民俗学阐释的可行性

民俗学（Folklore）由英国学者威廉·约翰·汤姆斯（William John Thoms）提出，本意为"民众的知识或智慧"，其内

①　伊藤清司：《中国的神兽与恶鬼：〈山海经〉的世界》，第 231 页。
②　郭精锐：《神话与民俗》，《中山大学学报》1987 年第 4 期，第 117 页。

容包括传统的文化现象、风俗习惯和民间信仰等。"传统"指经文及其诠释、文学作品，以及人类的信仰、行为、思想等"世代相传的东西（traditum）"①。可见民俗学的研究对象具备内容的宽泛性与传承的长久性之特征。民俗既是一个学科、一种研究方法，又指民间风俗事象，兼具方法论与研究内容的双重属性。作为一种阐释方法，民俗阐释以探究民众生活与民众欲求，发掘民众艺术、民众信仰和民众习惯为己任②，褐橥这些民俗事象背后所包含的文化意蕴及其传承规律是民俗学研究的目的。伊藤借助西方文化人类学派的理论与方法研究《山海经》中的神怪，形成了独特的阐释范式。考察伊藤民俗阐释的生成场域及范式意义，将有利于《山海经》研究的深入展开。为行文方便，笔者将他阐释时所使用的民俗学方法、材料等都归入民俗学诠释的范畴，并将之作为研究对象。

（一）《山海经》是上古民俗文化的文本集成

《山海经》由山经、海经和荒经三部分组成，包含诸多民俗事象，其中以祭祀、佩饰习俗最为突出。

第一，祭祀民俗。祭祀包含祭品、仪式与语言三个主要元素，祭品通过一定的仪式进献给神祇，语言用于沟通人神。祭品

①　E. 希尔斯著，傅铿、吕乐译：《论传统》，上海：上海人民出版社，1991 年，第 15—17 页。

②　顾颉刚：《〈民俗〉发刊辞》，《民俗》周刊第 1 期，1928 年 3 月 21 日。本文转引自中山大学民俗学会编：《国立中山大学民俗周刊》第 1 册，北京：国家图书馆出版社，2014 年，第 16 页。

主要包括太牢、少牢、璋玉、精米与酒等，祭祀仪式主要有斋戒、祈、瘗、婴等。与二者相比，《山海经》保留的祭祀语言较少①，故我们以祭品与祭祀礼仪为例进行论述。

首先，祭品的选择包含民俗元素。山岳神祇祭祀的书写范式为"毛＋玉/糈（供奉的谷物）/婴＋用（以）＋祭法"②。其中，毛是祭祀山川神祇时不可或缺的祭品，包含着丰富的礼俗。郭璞认为"毛"指选择祭祀的牲畜时以其毛色为标准，袁珂认为"郭注不确"，应指猪鸡犬羊之类的祭祀毛物③。朱德熙、刘钊则认为"毛"是"都、皆、全"之义④。比较而言，袁珂的注解较为可信⑤。毛物的选择所包含的礼俗可借助《礼记·郊特牲》加以说明，"毛、血，告幽全之物也。告幽全之物者，贵纯之道也"。郑玄注曰："纯谓中外皆善。"孔颖达疏曰："血是告幽之物，毛是告全之物。告幽者，言牲体肉里美善；告全者，牲体外色完具。所以

① 袁珂认为《山海经·大荒南经》"南极果，北不成，去痓果"与《大荒西经》"江山之南栖为吉"是保留下来的巫师诅咒。参见袁珂校注：《山海经校注》，第 370 页。

② 《山海经》祭祀方法的研究，可参见阳清：《〈五藏山经〉山神祭法撮论》，《宗教学研究》2014 年第 2 期，第 274—279 页；吴晓东：《〈五藏山经〉祭祀考释》，《广西民族师范学院学报》2016 年第 4 期，第 4—8＋38 页。

③ 袁珂校注：《山海经校注》，第 8 页。

④ 朱德熙：《说"屯（纯）、镇、衡"》，朱德熙著，裘锡圭、李家浩整理：《朱德熙古文字论集》，北京：中华书局，1995 年，第 176—184 页；刘钊：《出土文献与〈山海经〉新证》，《中国社会科学》2021 年第 1 期，第 100 页。

⑤ 理由有二：其一，《山海经》在记载祭祀物品时已使用"皆"，如《西山经》阴山山系"皆用一白鸡祈。糈以稻米，白菅为席"，《北山经》太行山系"皆用一藻茝瘗之。……皆玉，不瘗。……皆用一璧瘗之。……皆用稌糈米祠之，此皆不火食"。其二，《山海经》中有"皆毛"连用的情况，《西山经》"皆毛牷用一羊祠之。烛者百草之未灰，白席采等纯之"。故而，"毛"为"皆"义的可能性不大。

备此告幽全之物者，贵其牲之纯善之道也。"①郑玄所谓"中外皆善"之"外"，应是犬牛羊外在的毛皮，孔疏表明古代祭祀要将牲畜全身的毛、血、皮肉等均进献给神祇，以表达敬意。比较可知，郭璞可能受到郑玄的影响而关注牲畜的外在毛色。但不管是郭璞注《山海经》，还是《礼记》及其注疏侧重于牲畜的全身献祭，其中均包含祭品的甄选与祭品的完整性等祭祀习俗。以此类推，《山海经》中其他祭品的选择亦应该有一套固定的礼俗程式。

其次，山川祭祀蕴含礼俗。在交通不便、地理学不发达的古代社会，山峰是一个空间区域内的重要标志，先民重视这些山系，并将其分等级祭祀，其中蕴含着礼仪。如骓山、禾山被称为"帝"，祭祀时使用太牢、羞酒、歌舞；升山、苦山、少室、太室、骄山、堵山、玉山、夫夫之山、即公之山和尧山等被称为"冢"，祭祀时使用少牢、羞酒、吉玉；瑜山被称为"神"，熊山被称为"席"。俞樾认为帝、冢、神等是对山岳的比喻性称呼，帝最高，冢为次，神再次②。可见山川地理乃社会权力的象征与隐喻③，山系的分等与祭祀涵盖礼仪习俗，我们从民俗学视角阐释才能更好地揭示其中的意蕴。

第二，佩饰与其他民俗。依据佩戴物的不同，可将《山海经》

---

① 郑玄注，孔颖达疏：《礼记正义》，第 3156、3159 页。
② 俞樾：《读山海经》，俞樾《春在堂全书》第三册，南京：凤凰出版社，2010 年，第 544、547 页。
③ 叶舒宪、萧兵、郑在书：《〈山海经〉的文化寻踪》，武汉：湖北人民出版社，2004 年，第 46、57 页。

的佩饰习俗分为三类：佩戴草木，佩戴鸟兽的毛羽、器官或图像，佩戴玉石①。如《南次一经》的迷榖"佩之不迷"、育沛"佩之无瘕疾"、鹿蜀"佩之宜子孙"、旋龟"佩之不聋"②，《西山经》的玉膏"君子服之，以御不祥"③，《海外西经》夏后启"左手操翳，右手操环，佩玉璜"④。值得注意的是，先民无法佩戴体格硕大的鸟兽，可能是将其迷你图像或者身体的某一部分"悬挂在马的胸前"或"悬挂于家门口或村落的入口等处"⑤，以代表佩饰。但不管哪种佩戴与悬挂习俗，均与交感巫术相关。巫术又与民俗关联，我们可从民俗视角揭示佩饰的文化意蕴。此外，《山海经》还包括饮食、禁忌、图腾、医药、岁时民俗、原始历法和异域风俗等民俗内容⑥，我们需从民俗学视角阐释其意义。

（二）《山海经》神话在后世民俗中的受容

《山海经》的神话是对前世民俗的继承，又在后世民俗中流传。兹以"赤"为例论证其神话在后世民俗中的受容。"赤"在《山海经》中的记载多达 100 次⑦，加上属于赤色体系的朱、丹、

---

① 梁奇、计敏：《二元范式下伊藤清司的〈山海经〉神怪研究》，《汉学研究》2020 年秋冬卷，北京：学苑出版社，2020 年，第 455—456 页。

② 郭璞注：《宋本山海经》，第 13—15 页。

③ 郭璞注：《宋本山海经》，第 43 页。

④ 郭璞注：《宋本山海经》，第 169 页。

⑤ 伊藤清司：《中国的神兽与恶鬼：〈山海经〉的世界》，第 195、207 页。

⑥ 张紫晨：《〈山海经〉的民俗学价值》，《思想战线》1984 年第 4 期，第 78—85 页；沙嘉孙：《〈山海经〉中所见我国古民俗》，《民俗研究》1986 年第 1 期，第 31—34 页；马昌仪：《〈山经〉古图的山神与祠礼》，《民族艺术》2001 年第 4 期，第 135—154 页；刘宗迪：《失落的天书：〈山海经〉与古代华夏世界观》，北京：商务印书馆，2006 年。

⑦ 李牧：《论〈山海经〉的色彩系统》，《文化遗产》2019 年第 1 期，第 93 页。

赭、肜、红、紫等则更多①。这些赤色多与辟邪趋福相关联，如
《西次一经》石脆山"有流赭，以涂牛马无病"，郭璞注曰："赭，赤
土。今人亦以朱涂牛角，云以辟恶。"②《东次四经》东始之山"有
木焉，其状如杨而赤理，其汁如血，不实。其名曰芑，可以服马"，
郭璞注曰："以汁涂之，则马调良。"③由郭注可知，晋代亦有以赤
色辟恶的民俗信仰。赤色被赋予禳解灾厄、驱邪祈福之属性，是
古代先民尚赤的表现。先民崇尚红色、使用赭石，盖源于赭石的
易得与色彩艳丽两种属性。赤色在后世的民俗活动与民间造物
中出现了祈福与活力、欢庆等层面的文化内涵，甚至早期的宗教
思想减弱而祈福、欢庆等元素占据主导，但它仍以禳灾驱邪的神
话属性为其内核。如我国民间至今有端午佩朱砂香囊、以红纸
剪"五毒"以辟邪的习俗，即取红色禳灾驱邪之寓意。可见，后世
民间与民俗活动中所使用的赤色，多与《山海经》中以赤红辟邪
禳解的神话相关。

美国学者波亚士（F. Boas，即博厄斯）将神话与社会生活、风
尚习俗等关联，认为"最优势的文化事业，是反映在神话中的。
神话中的事件，反映着人民的生活和职业，因而社会生活的一部
分情境，就可以依据这些故事而再建出来"④。《山海经》的神话

---

① 王雅观：《〈山海经〉颜色体系探究》，温州大学硕士学位论文，2018 年，第 13 页。
② 郭璞注：《宋本山海经》，第 29 页。
③ 郭璞注：《宋本山海经》，第 102 页。
④ 波亚士著、王启澍译：《神话与民俗》，《民俗》周刊第 1 卷第 4 期，1942 年 3 月。本文
　转引自中山大学民俗学会编：《国立中山大学民俗周刊》第 12 册，第 410 页。

亦蕴含着当时社会的文化与民俗，这些文化在后世亦有承传。我们若以民俗文化视角回溯这些神话，其文化脉络将会清晰呈现。

（三）民俗阐释能弥补《山海经》研究之缺憾

以往的《山海经》研究多侧重于文字校勘、名物训释，大多难以揭示其中的神怪叙事与民俗现象。古代学者如郭璞在训释名物、校订文字上用力甚巨；毕沅侧重于地理学考察，主要进行文字与山名水道的考证工作①；郝懿行秉持实事求是的态度训释经文，鲜有主观发挥。以袁珂为代表的现代学者秉持鲁迅的"巫术说"，从神话学视角研究《山海经》②，开启了新格局。陈连山认为，正是袁珂将其中支离破碎的神话片段进行了较为系统的勾稽与解说，从而确立了《山海经》文学经典的神圣地位③。但是，也有学者批评袁珂仍以文献考证为主，忽略了该书的地理属性，缺少来自民俗学、社会学、考古学等多学科的综合观照，以致仍有一些悬而未决的问题甚至训释不当处④。

学术创新分为材料创新与方法创新，在古籍研究中则具体表现为文献整理与文化阐释两个层面。前贤对于《山海经》的文献研究已经达到一定的高度，尤其是随着出土文献的利用，书中的诸多考据难题得以解决。我们要想取得新的进展，必须从方

---

① 毕沅：《山海经古今篇目考》，毕沅：《山海经新校正》，第9页。
② 袁珂：《中国神话通论》，成都：巴蜀书社，1993年，第1—3页。
③ 陈连山：《〈山海经〉学术史考论》，第200页。
④ 陈连山：《〈山海经〉学术史考论》，第200页。

法论上寻求突破口。故而，早在 19 世纪末至 20 世纪初，随着西
方文化、日本文化等外来文化在中国广泛传布，我国老一辈的学
者也尝试使用新的理论与研究方法研究中国神话。如"闻一多、
顾颉刚、钟敬文等非常关注民俗与古代神话的关系研究，将民俗
事象与人类文化学、神话原型、神话意象等结合起来，深入发掘
其内在的宗教礼仪、文化心理、社会意识等古老文化内涵"①。
其中，钟敬文开创了从民俗学视角研究《山海经》的先河。他在
1930 年列出了《山海经》研究提纲，包括总论、神祇及其祭祀、巫
术与原始医药、自然神话与各类传说等内容，"除了第一部分外，
尽是些'民俗学'上事件的课题"②。遗憾的是，因疾病、动乱等
原因，钟老的宏大研究计划并未完全落实，但他将《山海经》看作
古代民众的知识范畴，并从民俗视角阐释的研究思路弥补了先
前经史考证之缺陷，不失为一种可行的研究路径。

（四）伊藤谙熟中国文化与西方理论，具备民俗阐释的条件

伊藤采用民俗学的方法阐释《山海经》，应与他了解中国文
化与《山海经》、熟谙西方人类学派的理论密不可分。他一生十
多次来中国考察、参会，足迹遍布东北、江南、西南诸地区，对中
国民俗文化及其研究谙熟于心。他与钟敬文、乌丙安、宋兆麟、

① 王宪昭：《论神话的民俗学阐释功能》，《广西民族师范学院学报》2015 年第 1 期，第
2 页。
② 钟敬文：《关于〈山海经〉研究——一封回答郑德坤先生的信》，钟敬文著、陈子艾编：
《钟敬文全集 9》第三卷《民俗文化学卷》第 1 册，北京：高等教育出版社，2018 年，第
97 页。

马昌仪等学者交情甚笃，曾称钟敬文是他在"文化大革命"后拜见的第一位中国学者，也是他"最尊敬的超一流大学者"，并邀请钟老为其著作写序①。钟敬文对伊藤也十分认可，曾邀请他到北京师范大学开办的"中国民间文化高级研讨班"讲授"民间故事的传播和变异""巫术与习惯法"等课题②。二人为挚友，学术往来密切，他们的学术研究也在交流中相互影响。同时，伊藤较早地接触西方文化人类学理论，具备理论诠释与方法创新的条件。

综上可知，对于虚实兼具的《山海经》，在中国传统经史研究的基础上，采用民俗文化学视域进行研究是可行的。同时，用民俗阐释神话可给予原始神话以更深层的人文观照，使神话由见诸典籍的僵硬书写变得鲜活、真切。

二、伊藤清司的民俗阐释范式

伊藤清司从民俗学视角阐释《山海经》，以西方文化人类学的诠释方法为指导，结合日本妖怪学、民俗学与中国传统的民俗学研究方法，不仅善于发掘神怪的民俗文化、推阐其中的民俗信仰，还致力于以民俗文化、民俗信仰阐释神怪的含义，构建了系统的研究范式。

（一）以交感巫术为阐释的前提

神话与巫术相关联。交感巫术认为物体与物体、人与物之

①　伊藤清司：《中国古代文化与日本》"自序"，第2页。
②　钟敬文：《中国古代文化与日本》"序"，第4页。

间通过"相似"的模仿或接触后能互相施加影响①。该理论以巫术原理阐释神话，被当时乃至今天的学者广泛接受。伊藤清司以此为理论指导来阐释《山海经》，如前文所举《西次一经》石脆山有"以涂牛马无病"的流赭，伊藤依郭璞注推测"六朝时期也曾流行将因含有氧化铁而变成红色的赭土作为颜料涂在牲畜的身上以辟邪的咒术"，并抽绎出"朱红色一般被视为神圣的颜色，常被用来进行除魔"的巫术②。涂抹红色以辟邪除魔基于接触律原理，属交感巫术中的接触巫术。又如，肥遗（蟥）在《山海经》中多次以致旱恶神的形象出现，伊藤亦用巫术原理阐释之。他认为肥遗是《管子·水地》中"蚼"的发音引申，或者"蚼"是"肥遗"发音的缩略，从而推判呼喊"蚼！蚼！"是一种巫术，是利用蚼的威名恐吓水中鱼、龟的捕鱼方法③。这一方法或震慑水族，或使河水干涸，是通过呼喊名字吓退妖怪的咒术，属于交感巫术中的模仿（顺势）巫术。

　　上古时期巫医合一，先民以为疾病的治疗均可通过巫术实现。《山海经》记载了诸多佩戴草木与鸟兽羽毛祛除疾病、治疗不孕的民俗。伊藤使用巫术原理进行诠释，认为这些佩饰是具有避灾、祛病等巫术性质的疗法④。如《西次三经》的鹌鹑"服之

① 　J. G. 弗雷泽：《金枝》，第 25 页。
② 　伊藤清司：《中国的神兽与恶鬼：〈山海经〉的世界》，第 181 页。
③ 　伊藤清司：《中国的神兽与恶鬼：〈山海经〉的世界》，第 52 页。
④ 　伊藤清司：《中国的神兽与恶鬼：〈山海经〉的世界》，第 131—134 页。

使人不厌"，郭璞注曰："不厌梦也。"①后世注家多从之，但他们均未说明其中的原因。伊藤结合山东沂南地区异鸟画像石推测，认为"很可能在翼望山的深处住着一种怪异的鸟，人们相信山中掉落的某种鸟的羽毛就是传说中鹠鹠的羽毛，于是形成了将这种羽毛捡起佩戴在身上"以"避免梦魇、击退凶鬼恶灵"的巫术②。又如，伊藤认为中国古代将苃苢作为促进怀孕的药饵，是出于交感巫术的相似律原理，"其药效是从该植物的外形特征类推出来的"，而《西次三经》白柎"宜子孙"的记载则是"这种习俗信仰确实存在于古代中国社会"的证明③。再如，《南次一经》杻阳之山的鹿蜀"佩之宜子孙"，郭璞赞曰"佩其皮毛，子孙如云"④。伊藤认为"这一注释可能反映了晋代杻阳一带的人们曾经有那种习俗，或者是郭璞知道那种风俗传说"，进而推测在郭璞生活的晋代可能已有"用鸟兽的毛皮作妊娠、生育的咒物的民俗"⑤。他还引用六朝民间佩用"鹿葱"的生育咒术、唐宋文献收录的难产孕妇把鹦龟、文鳐鱼或海马佩带在身上以减轻生育痛苦的习俗，以及日本渔村流传的同类风俗来补充郭注。伊藤将与妊娠孕育相关的巫术汇聚起来，较清楚地阐释了鹿蜀"宜子孙"的功用。

---

① 郭璞注：《宋本山海经》，第 54 页。
② 伊藤清司：《中国的神兽与恶鬼：〈山海经〉的世界》，第 135 页。
③ 伊藤清司：《中国古代文化与日本》，第 440—441 页。
④ 郭璞：《山海经图赞》，第 13 页。
⑤ 伊藤清司：《中国古代文化与日本》，第 443 页。

伊藤认为神怪威力的彰显、疾病的治疗均是"通过某种神秘的交感"而实现，所以他将《山海经》看作载录早期巫术民俗的文本，并采用交感巫术理论对其中的民俗文化进行发掘。当然，伊藤在使用巫术原理时也有一些不足：其一，巫术文化的形成有特殊的社会与宗教文化背景，伊藤在阐释时并未对其进行深层的追踪。其二，伊藤的阐释过分倚重巫术的心理感应原则，以致出现主观臆测或牵强附会之处。

（二）运用"以今证古"推阐神怪含义

"以今证古"是由"文化遗留物"（cultural survivals）推衍出来的研究方法。爱德华·伯内特·泰勒（Edward Burnett Tylor）提出"文化遗留物"的研究方法，认为"仪式、习俗、观点等从一个初级文化阶段转移到另一个较晚的阶段，它们是初级文化阶段的生动的见证或活的文献"①。该方法主张使用现在晚熟民族的社会风俗、制度与心理信仰去研究先民社会的神话②，黄涛称之为"取今以证古"③。我们简称为"以今证古"。伊藤征引晚熟民族的习俗与信仰推阐神怪意义，主要包括以下三方面。

第一，将《山海经》中神怪的生成场域界定为野蛮人与动物生存的野性世界，这是"以今证古"的前提。以摩尔根（Lewis Henry Morgan）、泰勒为代表的人类学派将古代社会分为蒙昧、

①　爱德华·泰勒：《原始文化》，第 11 页。
②　钟敬文：《民俗学与民间文学》，中国民间文艺研究会研究部：《民间文学论丛》，北京：中国民间文艺出版社，1981 年，第 3 页。
③　黄涛：《中国民间文学概论》，北京：中国人民大学出版社，2004 年，第 100 页。

野蛮等不同的时期①。这些观点对早期民俗学者影响很大，使他们把民俗之"民"与野蛮人相关联，将边陲之地的"未开化的人群""田夫野老"作为民俗学的研究对象。伊藤借用这一观点研究神怪的空间场域，用"内部世界""外部世界"的概念来划分人神的生成空间，认为内部世界是人类居住的场所，外部世界是猛兽横行、灾难不断的怪神世界②。相对于人类生存的内部世界，外部世界则是"未开化的人群"活动的"野性世界"③。在"野性世界"的基础上，《山海经》的神怪文化内涵与晚熟民族习俗信仰的关联性得以建立。

　　第二，引用晚熟民族的习俗信仰阐释民俗文化。"以古证今"的主要途径是引用晚熟民族的习俗信仰研究先民社会的神话，这在伊藤的阐释中体现明显。如《东次一经》的葍山"多活师"，活师为蝌蚪、蛤蟆，《山海经》及其古注均未说明其特殊功用。伊藤引用《金枝》所记载的国王出现变老征兆时被部下杀死的习俗、非洲祖鲁族的君王萨迦向西欧寻找理发油作为长生不老之药的轶事，结合《本草拾遗》以蝌蚪染发的记载，证明活师因具有染发功效而广为世人所知④。这样就将晚熟民族的习俗与活师相联系，对古注与经文中未明确阐释的活师之功用作了进

---

① 路易斯·亨利·摩尔根：《古代社会》，第 3 页；爱德华·泰勒：《原始文化》，第 23 页。
② 伊藤清司：《中国的神兽与恶鬼：〈山海经〉的世界》，第 1—2 页。
③ 伊藤清司：《中国的神兽与恶鬼：〈山海经〉的世界》，第 2 页。
④ 伊藤清司：《中国的神兽与恶鬼：〈山海经〉的世界》，第 150 页。

一步论证与补充。又如，为论证《西次一经》菁蓉、《中次七经》黄棘的避孕功效，伊藤引用秘鲁亚马逊河上流的原住民将"皮里皮里"等植物作为避孕药物、台湾兰屿雅美族妇女使用气味浓重的植物作为堕胎符咒的民俗，并指出《山海经》中以植物避孕堕胎的方法与上述晚熟民族习俗相类，这些植物均是避免怀孕的符咒①。此外，他还引用日本近代流行的五月五日在菖蒲水中沐浴，并将菖蒲叶贴在肚子上或卷在头发里驱邪祈康的习俗，以及海南黎族的俹人在腹部与背部捆绑一种名为 Buhahah 的植物治疗胸、背疼痛的习俗，佐证《山海经》中佩（服）草木的疗疾之法是"普遍存在的习俗"②。

　　第三，以晚熟民族的社会风俗、信仰阐释异形神人。《山海经》记载了诸多五官奇特的异形神人，它们表现为身体器官比例失调，多分布在《海经》与《荒经》。伊藤认为这是"华南或东南亚地区诸民族习俗、信仰的重要历史记录"③，并引用晚熟民族的民俗资料进行阐释。如《海外南经》谨头国"为人人面有翼，鸟喙，方捕鱼"④，伊藤将其与越南、老挝地区能表演飞头秘术的魔棚（歌）蚖，柬埔寨地区 Sâmrê 族能使灵魂与头飞行的魔术师 Ap 或 Thômp，以及贵州布依族口衔所捕河鱼的习俗相类比，认为

---

① 伊藤清司：《中国的神兽与恶鬼：〈山海经〉的世界》，第179—180 页。
② 伊藤清司：《中国的神兽与恶鬼：〈山海经〉的世界》，第131—132 页。
③ 伊藤清司著、中原律子译：《〈山海经〉与华南的古代民族文化》，《贵州民族学院学报》1988 年第 4 期，第 90 页。
④ 郭璞注：《宋本山海经》，第 164 页。

谨头民与这些少数民族特殊职业者相关①。并且，他还将谨头民与日本江户时代的"长脖子妖怪"相联系，认为日本此类"头会脱身飞走"的传说是"受中国文献的感化"②。又如，伊藤联系古代中国西南地区彝族部落信奉三头"土主之神"的民俗阐释《海外南经》《海内西经》《大荒西经》《中次七经》的三首（面）人，推测三头神人的记载可能是彝系民族三头神信仰的体现③。通过引用晚熟民族的习俗资料，伊藤深入探析了异形神怪的民俗内涵，为破译其文化密码提供了解析范式。

　　需要指出的是，伊藤所使用的"今"既包含晚熟民族的社会习俗与信仰，也包括秦汉后的典籍与《山海经》古代注疏中所保留的习俗和信仰。如《西次一经》溪边，"席其皮者不蛊"。此"蛊"为何意，注家众说纷纭：郭璞释为妖邪之气或毒物④，郝懿行将其与秦人"以狗御蛊"的习俗相连⑤。伊藤氏则兼取郭、郝二注中的民俗元素——"蛊"之"妖邪气"与"狗御蛊"之功能，并将二者系连，认为"溪边御蛊"是民间辟邪之术，古籍所载秦人"以狗御蛊"的习俗是对《山海经》时代民俗的继承⑥。又如，《西次一经》的橐𩿾"服之不畏雷"，郭璞注曰："著其毛羽，令人不畏

①　伊藤清司：《中国古代文化与日本》，第510—512页。
②　伊藤清司：《中国古代文化与日本》，第539—542页。
③　伊藤清司：《中国古代文化与日本》，第513—514页。
④　此为郭璞对《南次一经》"食者不蛊"的注释："啖其肉，令人不逢妖邪之气。或曰：'蛊，蛊毒。'"郭璞注：《宋本山海经》，第16页。
⑤　郝懿行撰、栾保群点校：《山海经笺疏》，北京：中华书局，2019年，第8页。
⑥　伊藤清司：《中国的神兽与恶鬼：〈山海经〉的世界》，第196页。

天雷也。或作'灾'。"①伊藤在郭注的基础上深入挖掘避雷咒术的民俗文化内蕴②。再如，他引用《列仙传》《神仙传》《本草纲目》证明活师的染发功效，引用《尸子》《淮南子》《异物志》《博物志》阐释穿胸民，等等。当然，他所引用的古籍，有些已被郭璞、吴任臣、汪绂、郝懿行等人所引，而伊藤则从这些古注中推阐民俗，并对其进行了深层次的挖掘。

泰勒提出的"文化遗留物"被广泛接受。如弗雷泽使用这种方法解释古代神话和民俗，并借此诠释神话和巫术的关系。这种研究方法"在我国民俗学界曾经发生过并且还在发生着重要影响"③，茅盾、闻一多、钟敬文等借用这一理论研究早期的神话，并取得了丰硕的成果。伊藤使用现代晚熟民族以及后世典籍所载习俗与信仰，较好地阐释了神怪的文化内涵。值得注意的是，民俗文化在传承中具有旺盛的生命力，一种民俗文化在流传的过程中具有传承性与贯通性的特征。就此而言，伊藤借用"以今证古"的阐释方法是可行的。但是，民俗文化亦有变异性特质，古代民俗传布至今，定会有所衍化，而伊藤的阐释却忽略了这些。此外，"文化遗留物"研究法以进化论为理论指导，以缺乏现代性的晚熟民族之信仰、民俗及其相关传说、神话等早期资

---

① 郭璞注：《宋本山海经》，第31—32页。
② 伊藤清司：《中国的神兽与恶鬼：〈山海经〉的世界》，第200页。
③ 黄涛：《中国民间文学概论》，第100—101页。

料"推测和重构上古历史"①，这本身就存在一些不足，如仅以时间作为衡量文化差异的要素，即只注重历史时间对文化差异的影响，而忽略了空间差异。伊藤在使用上述资料时，没有对这类不足作出应有的规避。

（三）依"形态标准"判别神怪类属

"形态标准"本为德国人类学家弗里德里希·拉采尔（Friedrich Ratzel）所提出的评价文化形态的方法，指具有可比性的文化要素呈现类似形态时，"表明它们在发生上有着历史上的某种关联，或有同一的起源，或经过传播，或相互借入等等"②。此方法从发生学视角研究文化形态，属于形态学的范畴，其目的在于找出多种文化类型之间的关联性。在此我们借指神怪的外貌形态与体貌特征。前文已经叙述，体貌特征是古今中外评判神怪时常用的标准，伊藤认为妖怪具有异类的样貌与形态，并以此归判神怪的类属③，主要体现在两方面。

第一，依据民俗资料中的体貌特征推判神怪类属。如《东次二经》的犰狳"状如菟而鸟喙鸱目蛇尾，见人则眠……其鸣自讥，见则螽蝗为败"。郭璞注"见人则眠"为"言佯死也"，注"见则螽蝗为败"为"螽，蝗类也，言伤败田苗"④。后世注家多从之。然

① 葛兆光：《中国思想史》第一卷《七世纪前中国的知识、思想与信仰世界》，上海：复旦大学出版社，2019年，第10页。
② 乌丙安：《民俗学原理》，沈阳：辽宁教育出版社，2001年，第292页。
③ 伊藤清司：《中国的神兽与恶鬼：〈山海经〉的世界》，第12、17页。
④ 郭璞注：《宋本山海经》，第96页。

而,他们均未再做深入的阐释,以至于后人无法理解"见人则眠"的犰狳出现时为何"螽蝗为败"。而伊藤从形状特征切入,判断犰狳的形状与水陆两栖的穿山甲一样,而穿山甲受到惊吓或遭遇劲敌时将头部埋入前腿间,或把身体缩成一团以求自保的动态体貌与郭注"佯死"之状契合,较好地揭示了它"见人则眠"的特质。那么,犰狳的出现为何带来蝗螽之灾呢? 他猜想在当时可能流传着穿山甲象征蝗、螽的传说,并列举中日两国分别将蝗虫视为在战场上死于非命的刘猛将军和斋藤实盛之化身的民间传说加以论证:蝗虫与两位将军身披铠甲的形态相似,而有着坚硬鳞甲的穿山甲同样"与身穿铠甲的形象相一致"①。这样,他依据形态的相似性将犰狳的特征与穿山甲、蝗虫以及身披铠甲的将军形象相连,较好地诠释了犰狳出现时所带来的蝗虫之灾。与先前的注释相比,伊藤借助"形态标准"将这一问题向前推进了一步。又如《西次三经》的天狗、《北次一经》的孟槐皆是"可以御凶"的神兽,伊藤借鉴四川方言中将獾称作天狗的传统,认为獾与天狗是同一类动物,从而推测"其状如貆(獾)"的孟槐应是天狗的同类,故而它们同样具有御凶之功效②。再如《西次三经》的天神"其状如牛,而八足二首马尾,其音如勃皇,见则其邑有兵"③,此天神能引发兵乱。伊藤将天神与《述异记》"人身,

---

① 伊藤清司:《中国的神兽与恶鬼:〈山海经〉的世界》,第68页。
② 伊藤清司:《中国的神兽与恶鬼:〈山海经〉的世界》,第194—195页。
③ 郭璞注:《宋本山海经》,第46页。

牛蹄，四目，六首"①及《归藏》"八肱，八趾，疏首"②的蚩尤进行对比，根据"状如牛""八足"的形态特点推判，天神"很可能是据说同为牛形的蚩尤的同类"③。蚩尤为兵主之神，与天神能引发兵乱的特性亦相吻合。从"形态标准"出发，伊藤对神怪的类属进行了推断，从而更清晰地印证了神怪的属性特点与功能特性。

第二，借考古图像印证神怪形态。在依据形态特征推断神怪类属的同时，伊藤还广征画像石等出土文物的图像形态印证、诠释神怪。在古代社会信仰体系中，出土文物尤其是墓葬中的画像石、随葬品保存了大量的民俗文化资料。美国学者阿兰·邓迪斯（Alan Dundes）认为墓志铭、墙壁涂鸦等是考察民俗文化的一个方面④。马昌仪对"《山海经》所开创与承袭下来的图文叙事的古老传统，与古文献、考古纹饰、民族巫图、民俗图像以及其他相关资料"做了比较与研究⑤。可见，画像石等考古资料既具民俗文化价值，亦具视觉艺术功效，伊藤借画像石诠释《山海经》中以外貌奇异见长的神怪的民俗意蕴可谓适逢其会。如《南

---

① 任昉：《述异记》，北京：中华书局，1991 年，第 1 页。
② 马国翰辑：《归藏》，见《玉函山房辑佚书》第 1 册，上海：上海古籍出版社，1990 年，第 39 页。
③ 伊藤清司：《中国的神兽与恶鬼：〈山海经〉的世界》，第 75 页。
④ 阿兰·邓迪斯著、户晓辉译：《民俗解析》，桂林：广西师范大学出版社，2005 年，第 31—32 页。
⑤ 吕微：《神话：想象与实证——〈山海经〉研究座谈会发言选载》，《民族艺术》2004 年第 4 期，第 40 页。

次一经》的青丘之山、《东次二经》的凫丽之山均有食人的野兽，郭璞认为此兽是九尾狐①。伊藤将山东嘉祥县洪山汉画像石上多个脑袋的鸟兽形象与九尾狐对比，认为《山海经》中的九尾九头狐并非虚构②。再如，《西次一经》的鸓"两首四足"，伊藤认同注家"鸓"为"𪃑"之误字的判断，并征引沂南古墓画像石上的四脚鸟、比翼鸟图像进行类比，推测"或许长着二首四足这种奇怪形态的𪃑在信仰上也是真实存在的"，"这个𪃑所描绘的或许是雌雄二鸟并排的形象"③。

　　除画像石外，伊藤亦联系其他出土文物诠释《山海经》的神怪，如使用成都市郊外南宋墓出土的"独脚俑"（又名"吞口"）印证《中次二经》的马腹，以青铜器"作册大方鼎"上的图像与甲骨文图像印证一头二身的肥遗，以陕西省凤翔县秦大郑宫遗址"双獾纹"瓦当印证《西次三经》的谨等④，均是使用"形态标准"诠释神怪的例子。伊藤为《山海经》神怪形象寻得文物印证，并从民俗信仰层面解析了神怪形态。需要指出的是，使用考古资料印证神怪形态并非伊藤的首创，甚至他的一些阐释并未超越已有的研究成果。例如，对于九尾狐的考证，袁珂已将其与画像石结合："汉代石刻画像及砖画中，常有九尾狐与白兔、蟾蜍、三足乌之属列于西王母座旁，以示祯祥，九尾狐则象征子孙繁息（见《白

①　郭璞注：《宋本山海经》，第16页。
②　伊藤清司：《中国的神兽与恶鬼：〈山海经〉的世界》，第16—17页。
③　伊藤清司：《中国的神兽与恶鬼：〈山海经〉的世界》，第206—207页。
④　伊藤清司：《中国的神兽与恶鬼：〈山海经〉的世界》，第22、50、193页。

虎通德论·封禅篇》)……'食人'之传渐隐,'为瑞'之说终张:
神话传说之演变由野而文。"①袁珂比伊藤早六七年提出该观
点,但伊藤阐释时并未指出袁氏之论,更谈不上超越。这不得不
说是其诠释的疏失之处。

　　总体而言,伊藤注重神怪形象,并采用传世文献与出土文物
进行验证,对相关问题的研究起到了积极的促进作用。欧文·
潘诺夫斯基(Erwin Panofsky)将图像学研究分为前图像志描
述、图像志分析与图像学解释三个层次②,其中图像学解释旨在
找出"图像的内在意义及其产生的文化背景"③。伊藤从民俗文
化切入,褐橥"图像的内在意义"并将其运用到《山海经》的神怪
研究之中,从而使不同形态的文本互证,使考古、图像与美术等
学科向神话研究渗透,为探赜神怪"产生的文化背景"提供了可
资借鉴的研究范式。

三、民俗阐释与《山海经》研究的拓展

　　伊藤清司引入民俗文化诠释神怪,拓展了《山海经》的研究
视野,有利于全面揭示神怪的文化内涵,为我们的研究提供了方
法论上的指导。

---

① 袁珂:《山海经校注》,第 257 页。
② 欧文·潘诺夫斯基著,戚印平、范景中译:《图像学研究:文艺复兴时期艺术的人文
　主题》,上海:上海三联书店,2011 年,第 13 页。
③ 刘伟冬:《图像学与中国宗教美术研究》,《新美术》2015 年第 3 期,第 98 页。

（一）拓宽了《山海经》的研究视阈

古今学者对《山海经》的属性判断不一，归纳而言，主要有地理学、博物志、小说、科技、神话与民俗学六种类型。对《山海经》性质的认识决定着其研究视角。受传统治学方法的影响，古代的研究大多采用经史之视角。近代以来，随着"神话学"传入中国①，学界开始将其作为神话进行研究。不同的视角致使研究侧重点各异，地理与草本、博物类学者侧重于考察其中的写实内容，而主张其为志怪、巫术和小说的学者则侧重于考察其中的虚幻部分。刘宗迪将已有的研究归纳为三类：传统的成书年代与作者考证、经史视角的史料价值评估、文学视角的神话阐释，并认为它们"基本都不出传统的文献学研究的范围"②。文献学研究重在训释与考证，但尚未能很好地揭示其中的文化内涵，仍有诸多问题亟待解决，这就要求人们从新的视阈切入以求突破。

伊藤的民俗阐释恰能弥补先前不足，拓宽了《山海经》的研究视阈。首先，他对《山海经》的认识是多元的。与古代乃至当下学者片面地认为《山海经》仅是地理书、巫书或小说、神话中的一类不同，伊藤认为《山海经》是地理书、博物志与药书、祭祀书

---

① 梁启超《历史与人种之关系》首先使用"神话"这个词汇，但他没有展开说明。1903年，蒋观云在《新民丛报·丛谈》（第36号）所发表的《神话、历史养成人物》，被称为中国现代神话学的奠基之作。

② 刘宗迪：《钟敬文先生的〈山海经〉研究》，《民族艺术》2007年第1期，第9页。

的多元融合①。这是其诠释的前提，为拓展《山海经》研究视阈奠定了基础。其次，他采用综合的研究视角。与中国传统的经史考证之学相比，伊藤一改先前单一的研究视角，运用文化人类学、医学、博物学、心理学、民俗学等学科知识与研究方法展开综合的研究，构建了多维的研究视角。这体现在两方面：

第一，融合文化人类学、民俗学、医学等多学科视角与中日两种文化视域，呈现跨学科、跨文化研究的特征。如其《古代中国的民间医疗——〈山海经〉的研究（一）—（三）》《〈山海经〉与玉》《〈山海经〉与华南的古代民族文化》等文章从医学、民俗学等角度研究《山海经》；《日本神话与中国神话》一书涉及中日神话的比较研究，其中亦有对《山海经》神话的论述；《中国的神兽与恶鬼：〈山海经〉的世界》一书从博物、巫术、医药等方面详细阐释神怪，参以民俗学、考古学、文化人类学等多学科研究视角，尤其关注其中的民俗文化；其学术论文自选集《中国古代文化与日本》所收录的《〈山海经〉与铁》《中国古代的驯马咒术》《中国古代妊娠祈祷的咒药》《觋羊与箴石》《巫师与战争》《〈山海经〉的民俗社会背景》《长相怪异的民族》《空中飞头》诸文同样从文献、考古、神话、民俗多重视角研究《山海经》，其阐释时亦注重中日民俗文化的联系，具有鲜明的跨文化视域。

第二，所引文献涵盖古今中外多种典籍论著，亦具有跨文

---

① 伊藤清司：《中国的神兽与恶鬼：〈山海经〉的世界》，第 166、168 页。

化、跨学科的研究特点。除常用典籍外,他征引的中国文献还包括《荆州记》《录异传》《永嘉记》《唐国史补》《成汤元祀》《中国医学起源新论》等,这些典籍既含古代著作,也有今人论著,其中多为散佚不存而仅见于他书的征引,足见其钩沉辑录之广博;日本文献包括柳田国男的《山的人生》《妖怪谈义》、石田英一郎的《新版河童驹引考》《桑原考》、泽田瑞穗的《中国的咒术》、森鹿三的《瘿杂考》、丸山敏秋的《中国古代的咒术与医术》等等,其中不乏涉及中国古代文化与中日民俗文化比较的研究著作,足见伊藤对跨文化、跨学科研究,尤其是中日民俗文化关系的关注。由此可见,伊藤将神话看作复杂的民俗文化现象,采用交叉学科与跨文化视野对《山海经》进行综合研究,既拓展了《山海经》的研究视阈,也有利于揭示其中的文化意蕴。

(二)揭示神怪的多重文化内涵

伊藤对《山海经》神怪进行了民俗文化溯源,揭示了神怪的文化象征意义,并在多元文化视野下进一步实现了中国传统文化与世界文化的交互。

第一,揭示了神怪所隐含的文化内蕴与民俗现象,也为后世民俗探得渊源。例如,他通过对《中次十一经》乐马之山"见则其国大疫"的猴、《中次十经》复州之山"见则其国大疫"的跂踵以及《东次四经》太山"见则天下大疫"的蜚等疫病之神的民俗阐释,揭示了中国古代传统疾病观中的鬼神祟祸说,并将华中地区除夕夜躲避独脚疫病神的民俗作为《山海经》神怪文化信仰的传承例证："相信独脚的妖怪会带来瘟疫的迷信，直至近年依然存在于中国民间。"①又如，他对《中次十一经》鲜山"见则其邑有火"的狋即、《西次三经》章莪之山"见则其邑有讹火"的毕方等火灾之怪进行民俗阐释，剖析了我国古代有关火灾的民俗心理与民间信仰，揭示了《山海经》火灾神怪的民俗文化内涵②。伊藤从民俗视角阐释《海外四经》贯胸民、谨头民、三首民等异形神人，揭示了其中蕴含的少数民族地区的民俗文化信仰③。诸如此类的阐释，为《山海经》中的"祯祥变怪""远国异人"提供了合理而明晰的解释，也为后世的民俗觅得源头。

　　第二，运用其他国家和地区的民俗信仰阐释《山海经》，更好地诠释了神怪的文化意义。伊藤运用域外民俗诠释神怪，促使中国与他国的民俗文化交互、汇融。例如，《西次三经》槐江之山"见则其邑有兵"的怪神被称为"天神"，伊藤联系日本称狼为"大神"的民俗与中国云南称虎为"山王"的民俗进行解析，推测"'天神'这一名称，应该是因为忌惮直接称呼这位槐江山的怪神而起的讳称"④。在此，伊藤从中日文化共有的民俗心理出发，较好地阐释了神怪称呼中蕴藏的文化内涵。又如，伊藤结合秘鲁亚马逊地区原住民将植物作为避孕药物的民俗诠释《西次一经》嶓

① 伊藤清司：《中国的神兽与恶鬼：〈山海经〉的世界》，第 36 页。
② 伊藤清司：《中国的神兽与恶鬼：〈山海经〉的世界》，第 60—62 页。
③ 伊藤清司著、中原律子译：《〈山海经〉与华南的古代民族文化》，《贵州民族学院学报》1988 年第 4 期，第 88—91 页。
④ 伊藤清司：《中国的神兽与恶鬼：〈山海经〉的世界》，第 75 页。

冢之山"食之使人无子"的蓇蓉、《中次七经》"服之不字"的黄棘等具有避孕功能的草药,联系越南、老挝、柬埔寨等国的飞头秘术民俗阐释谨头民的民俗文化内涵等等,均是贯通中外民俗文化诠释《山海经》神怪的例子。这些交互阐释将《山海经》神怪的民俗文化纳入世界民俗文化研究的范畴,有助于深入理解《山海经》神怪的文化内涵。

（三）具有方法论的指导意义

伊藤将民俗阐释运用到《山海经》的研究之中,对于指导我们的研究,具有重要的方法论意义。泰勒在 19 世纪后期将民俗纳入文化的范围,对学界产生了重要的影响。萧放指出"民俗学在 20 世纪初传入中国时已被置换了文化立场,中国知识分子以自己的文化传统与知识谱系接受、发展这一学问"[1]。我国老一辈学者如闻一多、钟敬文等先生较早结合西方文化人类学阐释中国神话,其中钟敬文对《山海经》的民俗学阐释具有导夫先路的范式意义。在 20 世纪 90 年代,钟敬文提出了"民俗文化学"的概念,将民俗作为文化现象进行研究[2],"为中国民俗学建立了一种与文化学相结合的理论与方法体系"[3]。就具体研究而言,伊藤的研究则是将《山海经》民俗纳入文化视阈且进行系统

---

[1]　萧放:《历史民俗学与钟敬文的学术贡献》,《北京师范大学学报》2002 年第 2 期,第 34 页。

[2]　钟敬文:《民俗文化学发凡》,《北京师范大学学报》1992 年第 5 期,第 31—33 页。

[3]　刘铁梁:《钟敬文"民俗文化学"的学科性质及方法论意义》,《北京师范大学学报》2002 年第 2 期,第 15 页。

研究的范例，可谓《山海经》民俗文化学阐释的代表。从学术史角度来看，伊藤的阐释方法是对前辈学者研究方法的继承与赓续，同时也为后世的研究提供了可资借鉴的范式。一方面，他采用文化的视角阐释《山海经》中的祭祀、佩饰、巫术等民俗事象，较好地揭示了其中的文化意蕴，具有方法论的指导意义。另一方面，他所采用的民俗阐释方法，在全面揭示《山海经》文化意义的同时，将先前考证为主的研究转变为文化阐释，对我们的研究工作亦具有方法论上的启示。

　　总之，伊藤在继承英国人类学派研究方法的基础上，采用民俗学视角阐释神怪的文化内涵，并将文化人类学派的理论与方法融会贯通，将中外民俗交互印证，构设了一套适用于《山海经》民俗文化研究的方法体系。相较于已有的研究，伊藤超越了仅停留于文字层面的训诂考证，而深入到文化根源层面进行阐发。这利于《山海经》的文化寻根与民俗传布轨迹的搜寻，促使人们更加全面、深刻地认识该书，彰显了多维度、多学科阐释《山海经》的范式意义。

淮阳太昊陵神话的
可视化呈现

淮阳太昊陵历史悠久,文化底蕴深厚。春秋时已将太昊①、伏羲与陈关联,并有太昊伏羲都陈、葬陈之传说。这些传说的形成与坟墓的肇始、陈地重巫信鬼等背景密不可分。汉代刘歆再次将太昊伏羲比附、关涉,为王莽篡权提供理论支撑。这使太昊伏羲之称由以前只在民间口头传承的神话,转变为有案可稽的历史记载,促使了太昊伏羲神话的"历史化"。班固踵武前人,将伏羲带入正史序列。于是,太昊伏羲经过春秋时合流、刘歆等人的宣阐,至东汉成为典籍中常见的远古帝王而受到官方和民间的认可,完成了其文化建构的主体模式。司马贞补写《三皇本纪》,完善了伏羲的中华文化的肇始者和人文始祖的形象,从而使其成为远古帝王的至高代表与文明、文化的创制者。至此,太昊伏羲氏由当初分别代表东西两部族的地方神,升格为承载整个华夏文化的人文始祖神。后世的封建君王,尤其是宋代至清代的帝王时常遣官致祭太昊陵,为伏羲神话的累积与产业化的

---

① 　太昊,在早期典籍中亦作"大皞"或"太皞"。

形成奠定了基础。

第一节 "陵阳之台"的起源与
淮阳太昊伏羲传说

淮阳古称陈、宛丘，传说为太昊伏羲氏之都。西周初年武王封舜之裔妫满于陈"以奉帝舜祀"，并将长女太姬妻之①。作为国内较大的帝王陵寝，淮阳太昊陵是先民祖先崇拜的孑遗，较好地反映了人们崇祖、尊祖和祭祖的情怀，具有丰厚的文化底蕴。发掘其中的文化内涵，将有助于中国古代神话研究，从而更好地弘扬优秀的传统文化。

一、太昊、伏羲氏连文

伏羲之称出现在春秋前期，《史记·封禅书》载齐桓公称霸后，会诸侯于葵丘，欲封禅。管仲谏曰："古者封泰山禅梁父者七十二家，而夷吾所记者十有二焉。昔者无怀氏，封泰山，禅云云；虙羲封泰山，禅云云……。"②《管子·轻重戊》载："自虙戏以来，未有不以轻重而成其王者也。"无怀氏与伏羲氏都是远古部族，

---

① 参见《左传·襄公二十五年》《史记·陈世家》《汉书·地理志》《元和郡县志·宛丘》等典籍。
② 司马迁：《史记》，第 1361 页。

无怀氏在后世湮灭无闻，而伏羲氏则显赫地存在。伏羲，典籍又将其写成包牺、伏戏、伏羲、宓戏等，可见其在早期流传的广泛性。大皞之称见于《左传·昭公十七年》："秋，郯子来朝，公与之宴。……大皞氏以龙纪，故为龙师而龙名。"①郯子将大皞与其他东方部族并列。

伏羲氏、太昊氏原为两个部族，而本不相涉，后世却将其融合为一。至于伏羲、太昊的融合时间，古今有三说：

其一，阙疑说。古代典籍将太昊、伏羲并称但未明确其融合时间，如《汉书·律历志下》引刘歆《世经》曰："太昊帝……炮牺继天而王，为百王先，首德始于木，故为帝太昊。"②《左传·昭公十七年》杜预注："大皞，伏羲氏，风姓之祖也，有龙瑞，故以龙命官。"③

其二，刘歆时。杨宽《大皞与帝喾帝舜》："大皞初不与伏羲氏有关，至刘歆辈始以《易·系辞传》之炮羲、神农比附于《左传》之太昊、炎帝，盖歆欲借《易》传以壮《左传》之声势耳。"④闫德亮《古代神话与早期民族》继承杨先生的观点，认为"太昊、伏羲合称最早见于西汉末，始作俑者为刘歆"⑤。

①　杜预注、孔颖达疏：《春秋左传记正义》，第 4523 页。
②　班固：《汉书》，第 1011—1012 页。
③　杜预注、孔颖达疏：《春秋左传记正义》，第 4523 页。
④　杨宽《大皞与帝喾帝舜》，见吕思勉、童书业：《古史辨》，上海：上海古籍出版社 1982 年，第 238 页。
⑤　闫德亮《古代神话与早期民族》，北京：社会科学文献出版社，2018 年，第 52 页。

其三，秦末汉初。袁珂《山海经校注》："太昊与伏羲在先秦古籍中，本各不相谋，至秦末汉初人撰《世本》，始以太昊与伏羲连文，而为太昊伏羲氏。"[①]

杨宽敏锐地发现"刘歆辈始以《易·系辞传》之炮羲、神农比附于《左传》之太昊、炎帝"值得肯定，但笔者以为，他依据《汉书·律历志》所引刘歆《世经》中的太昊、伏羲连文而推断为刘歆时期，其不妥处有三：

第一，刘氏此举未必"借《易》传以壮《左传》之声势"，而很可能是为王莽篡权提供理论支撑。原因是，尽管刘氏为古文经学家，注重训诂，推崇《左传》。但《左传》以载史事为主，少涉此类神话，刘歆应侧重于其训诂、考证方面。刘歆这样的比附当为王莽篡权提供合理化的理论支撑。对此，张开炎也有相关论述："从《世经》可知，刘歆排列的帝王世系如下：帝舜有虞氏为土德，伯禹夏后氏为金德，成汤为水德；周武王为木德，汉朝为火德。刘歆在排定这个世系次序时，是先否定汉兴之初依五行相胜说所定汉为土德的说法，确定汉为火德，那么代之者应为土德，王莽自称为虞舜苗裔，帝舜土德，故王莽宜为土德，这样王莽代汉而立成为必然。"[②]事实上，杨伯峻先生为《昭公二十七年》作注时已指出刘歆为臆测："《汉书·律历志》以炎帝为神农，以

---

①　袁珂：《山海经校注》，第 453 页。

②　张开炎：《伏羲作为华夏人文始祖形象的形成过程及原因浅探》，《黄石理工学院学报》2008 年 1 期，第 10 页。

大皞为包牺，杜《注》本之，而后人争论不休。古代传说，已无可信史料足证。至孔《疏》引服虔说，'大皞以龙名官，春官为青龙氏，夏官为赤龙氏，秋官为白龙氏，冬官为黑龙氏，中官为黄龙氏'，亦受五行说而作此臆测。"[①]

　　第二，太昊与伏羲合称不晚于春秋时期。《左传·昭公十七年》有"陈，大皞之虚也"之记载[②]。此为梓慎所言。他是鲁襄公、昭公时期的阴阳家，《左传·襄公二十八年》《昭公七年》《十五年》《十七年》《十八年》《二十年》《二十一年》《二十四年》载其与襄公、昭公和当时人言星象、祭祀、阴阳五行，《汉书·艺文志》将其与郑神灶、晋卜偃、宋子韦、楚甘公、魏石申视为春秋战国时期的术士，《隋书·天文志》称其为"能言天文察微变"的阴阳家。梓慎是一位博学者，所言"陈，大皞之虚也"应为当时流行的说法。对于陈地而言，除了伏羲，没有更早的神话人物与其关涉，所以伏羲之都的陈地亦是太皞之虚，《左传》自然将伏羲、太皞及陈三者连为一体。

　　第三，春秋时代应该出现以太昊伏羲为代表的华夏族源神祇。我们知道，政治统一的商与西周分别推出崇拜的神祇。商代将其始祖视为至上神，即郭沫若《先秦天道观之进展》所说的"至上神是殷民族自己的祖先"。同时，殷商人还崇拜上帝，认为

---

① 　杨伯峻：《春秋左传注》，第 1387 页。
② 　杜预注、孔颖达疏：《春秋左传记正义》，第 4526—4527 页。

契是"天命玄鸟，降而生之"，从而将"王权与神权合一"①。西周尊重祖神与社稷之神。春秋时期随着诸国的分裂，神灵也出现众多体系，田兆元将之归纳为齐鲁三晋、楚、秦三大神话系统。各区域因信仰不同而促使战争增多。故而，这时急需能代表各方的神灵出现。于是，东方齐鲁一系的太昊与西方强秦一系的伏羲融合，成为代表各族共性的华夏族源神祇——太昊伏羲。

　　既然是天下共同敬奉的神祇，其后裔当遍布多处，春秋时任、宿等四国就将大皞奉为先祖并按时祭祀："任、宿、须句、颛臾，风姓也，实司大皞与有济之祀，以服事诸夏。邾人灭须句。须句子来奔，因成风也。成风为之言于公曰：'崇明祀，保小寡，周礼也；蛮夷猾夏，周祸也。若封须句，是崇皞、济而修祀、纾祸也'。"②此将太皞与济水神对举，是受祭的先祖神祇，反映了当时东方诸国祭祀先祖太昊伏羲的盛况，与《管子·封禅》"虙羲封泰山，禅云云"、帛书伏羲女娲崇拜等相对应，说明至迟在管子时太昊、伏羲已作为统一体祭拜泰山。

　　由上可知，伏羲、太昊融合于春秋时期，且与伏羲都陈相一致。这一传说既能在早期典籍中找到相关依据，也能经由当时的社会文化状况推知。它是伏羲葬陈、春秋有陵等传说形成的基础与根本。

---

① 　闫德亮：《古代神话与早期民族》，第 307 页。
② 　杜预注、孔颖达疏：《春秋左传正义》，第 3931 页。

二、"太昊陵始建于春秋"辨析

淮阳太昊陵，又称人祖坟，历史悠久。据 1991 年版《淮阳县志》、2014 年版《淮阳县志》记载，太昊陵源于春秋时期，"春秋时有陵，汉有祠"①。河南省文物局网站、淮阳政府网站均为"太昊陵始建于春秋"②，其他相关书籍与网站亦是如此。众口铄金，积毁销骨，文化具有从众的特质，当大家都这样述说时，此说法自然成为一种"权威"，具有"克里斯玛（Charisma）特征"而成为"不能轻易改变"的"决定秩序"③。然而，笔者疑惑这一"权威说法"究竟源自何处？ 带着这一疑问，我几乎翻遍了相关资料，皆两手空空无所获。

事情的转机出现在 2018 年的一次田野调查。2017 年，上海市启动"中华创世神话研究"大型文化工程，黄景春教授获批其中的一个项目——《中华创世神话与文化创意产业研究》。受黄老师之邀，我承担其中的太昊陵神话研究工作。在翌年的 8 月初，我与黄老师等一道前往淮阳太昊陵、西华女娲城进行田野考察。其间，我们在淮阳有幸结识了李乃庆先生。李先生是太昊

---

① 淮阳县地方志编纂委员会：《淮阳县志》，郑州：河南人民出版社，1991 年，第 764 页。李乃庆、尹建华：《淮阳县志》，郑州：中州古籍出版社，2014 年，第 788 页。
② 参见：https://wwj. henan. gov. cn/2020/01 – 22/1555451. html；http://www. taihaoling. net。
③ ［美］E. 希尔斯著，傅铿、吕乐译：《论传统》"译序"，上海：上海人民出版社，1991 年，第 3 页。

陵管理局原局长、2014 年版《淮阳县志》主编。他指出顺治本
《陈州志》(以下简称《陈州志》)引用《孔子家语》所记载的陈侯在
陵阳台见孔子,《淮阳县志》的编写人员认为此"陵阳台"就是太
昊陵,所以官方认为"太昊陵始建于春秋"。

笔者如获至宝,返沪途中即网购顺治本《陈州志》(以下简称
《陈州志》)。经过查阅比勘,我发现"始建于春秋"之说未必正
确。其理由有四:

第一,《陈州志》记载有误。《陈州志》"古迹"载:"陵阳台,
《家语》:'孔子自卫之陈,陈侯起陵阳之台。'今台不存。"①检索
得知,"孔子自卫之陈……"是《孔丛子·嘉言》的语句而不见载
于《孔子家语》。所以,《陈州志》记载有误,后世也未加详勘而承
袭讹误。

第二,《陈州志》并不认为"陵阳之台"就是太昊陵。《陈州
志》"疆理志",包括建置、星躔分野、疆域、形胜、山川、古迹、陵
墓、风俗、物产九类。"古迹"中有"陵阳台","陵墓"中有"太昊
陵"。可见,对于顺治《陈州志》的编写人员而言,"太昊陵"根本
就不是"陵阳之台"。

第三,伏羲氏为远古传说的部落,而非具体的个人。杨伯峻
认为"陈为舜后,任、宿诸国始是大皞之后,不过相传大皞居陈而
已"②,2014 年编《淮阳县志》亦设有"太昊伏羲氏及其传说"一

---

① 温敏:《顺治本〈陈州志〉校注》,上海:上海古籍出版社,2016 年,第 18 页。
② 杨伯峻:《春秋左传注》,第 1391 页。

节。太昊居陈尚且为传说，更何况春秋时的造陵、置祠！即便以其部落存在的时间来计算，至春秋时已有数千年。此间，人死后"不树不封"而弃置山野，加之缺少记事的文字及其载体，尸体的去处将湮灭无闻，春秋时怎知其墓在陈并为其修陵呢？

第四，陵寝比坟丘复杂、奢华，当晚于坟丘而产生。一般认为坟墓起源于春秋时期，而在坟墓旁建陵当晚于此时。杨宽认为在陵墓旁边建造用于陈设生活用品并供祖先魂灵生活之处"寝"创始于战国中期至西汉时期①，有一定的道理。

可见，《淮阳县志》中"春秋时有陵"这种说法不准确。《淮阳县志》乃至其他书籍、网站中"春秋时有陵""始建于春秋"的说法，乃是对顺治本《陈州志》的讹误臆测。

然而，结合伏羲都陈、葬陈传说的时间，却发现这一说法的出现并非空穴来风，而有其产生场域。

首先，此说与坟墓起源有关。人们追溯坟丘的起源一般会引用《礼记·檀弓上》所载孔子的话语：一处为孔子合葬父母后所说："'吾闻之，古也墓而不坟。今丘也，东南西北之人也，不可以弗识也。'于是封之，崇四尺。……孔子泫然流涕曰：'吾闻之，古不修墓。'"②另一处为子夏引用孔子生前对坟墓形状的论述："昔者夫子言之曰：'吾见封之若堂者矣，见若坊者矣，见若覆夏屋者矣，见若斧者矣，从若斧者焉。'马鬣封之谓也。今一日而三

---

① 杨宽：《中国古代陵寝制度的起源及其演变》，《复旦学报》1985 年 3 期，第 60 页。
② 郑玄注、孔颖达疏：《礼记正义》，第 2761 页。

斩板，而已封，尚行夫子之志乎哉？"①后世学者多依这两条材料而将坟墓的起源定于春秋时期。而同篇所载国子高的话也可证明春秋时墓葬开始封坟："葬也者，藏也。藏也者，欲人之弗得见也。是故衣足以饰身，椁周于棺，土周于椁。反壤树之哉！"②古者土埋椁即可，此时要在墓上堆土种树，起坟丘。可见以春秋时为界限，其前时只葬无封，此后则"既树又封"。杨宽从语源学的角度，证明墓坟始自春秋："春秋以前的史料都称墓葬为'墓'，没有称为'丘墓''坟墓''家墓'的。"③也正因为坟丘起源于春秋时期，不管是《孔丛子》，还是后来的府志、县志记载伏羲陵墓时，都不能早于此，故而有了"孔子自魏适之陈，陈侯启陵阳之台""伏羲氏春秋时存陵"等说法。所以，从坟墓出现的历史考察，春秋时流传太昊伏羲氏居陈也有可取处。

　　其次，此说还与个体家庭的出现和成熟有关。我国古代的"家"经历了氏族之"家"到宗族之"家"，再至个体家庭的演变历程④。个体家庭的成熟促使尊祖、祭祖和墓祭的发展。春秋战国时期，以父母兄妹所组成的"个体家庭从氏族之'家'与宗族之'家'中独立出来"，且占据社会结构的主体。个体成员"在家庭

---

①　郑玄注、孔颖达疏：《礼记正义》，第 2798 页。

②　郑玄注、孔颖达疏：《礼记正义》，第 2798 页。

③　杨宽：《中国古代陵寝制度的起源及其演变》，《复旦学报》1985 年 3 期，第 60 页。

④　人类学以父母与未成年之女构成的家庭为核心家庭，如果子女成年又有子女，形成祖、父、孙乃至重孙的大家庭，为复合式家庭。复合家庭是由若干个体核心家庭组成，二者均以父系血缘为维系纽带。为便于行文，此处将复合式家庭与核心家庭归并为一，统称为个体家庭。

中以'孝亲''尊亲''敬亲''养亲'为核心任务"①,从而遵循"内则父子"的规制。这样,人们也就更加敬念族神与祖神,要为其指定墓地并按时举行墓祭②。如上文所举春秋时任、宿、须句、颛臾四国祭祀大皞即是一例。作为曾经都于陈的太昊伏羲氏,其墓葬自然也在陈地。

由上可知,《淮阳县志》所载太昊陵"春秋时有陵"实为传说。这一传说可能是春秋时期已经肇兴,也可能是《孔丛子》《淮阳县志》等后世典籍依据早期的讲述而编写、臆造,但其上限不会早于春秋时期。它的兴起与墓葬的起源、个体家庭的成熟等密切相关,被后世的史志承袭而成为"权威"。

三、"太昊陵始建于春秋"的文化建构及其意义

伏羲神话在陈地的构建,有其历史文化土壤。陈地处于中原,这里重巫信鬼。《史记·陈杞世家》载陈胡公祭祀虞舜:"陈胡公满者,虞帝舜之后也。……至于周武王克殷纣,乃复求舜后,得妫满,封之于陈,以奉帝舜祀,是为胡公。"③《汉书·地理志》记载胡公大姬重祭祀:"周武王封舜后妫满于陈,是为胡公,

---

① 梁奇:《〈孟子〉对虞舜孝行的书写与"忠""孝"一体的理论》,《中国人民大学学报》2018 年 6 期,第 150 页。
② 墓祭的起源时间,古今学者有分歧。此处依据清阎若璩《四书释地·"墦间之祭"条》所载。
③ 司马迁:《史记》,第 1575 页。

妻以元女大姬。妇人尊贵，好祭祀，用史巫，故其俗巫鬼。"①《诗经·陈风》所描写的陈地巫舞、聚会歌舞亦可印证陈地的重巫之俗。如《宛丘》为巫女之诗，郑玄《诗谱》认为此诗因胡公之妻大姬无子，而众巫觋为之祈祷、歌舞之乐。此诗的具体年代不可详考，郑玄的判断未必正确。但这至少可以说明，东汉仍认为陈地巫风之盛行。重巫信鬼为伏羲神话的诞生提供了不可或缺的社会文化土壤。

　　在神话传说中，太昊伏羲氏是受人尊重的神祇或帝王。《山海经·海内经》："有九丘，以水络之，名曰陶唐之丘……有木，青叶紫茎，玄华黄实，名曰建木，百仞无枝，上有九欘，下有九枸，其实如麻，其叶如芒，大皞爰过，黄帝所为。"《淮南子·坠形训》记载众帝从建木上下于天，故建木当为天梯②。而作为从建木爰过的大皞，自当为众帝之一。《礼记·月令》《吕氏春秋·孟春纪》将大昊（太皞）奉为有神灵相伴的帝王。1942年出土的长沙子弹库楚墓帛书载有伏羲、女娲夫妇神话："曰故（古）□熊雹戏……乃取（娶）□□□子之子曰女填，是生子四……。"③此墓下葬年代为战国时期，其中的"雹戏"，金祥恒《楚缯书"雹戏"解》释读为"伏羲"④，得到学界认同。笔者以为，"戏"当为"戯"（或

---

① 班固：《汉书》，第1654页。
② 袁珂：《山海经校注》，第280页。
③ 陈斯鹏：《简帛文献与文学考论》，广州：中山大学出版社，2007年版，第1页。
④ 漆晓琴：《〈四库全书〉经部文献中的伏羲史料考辨》，西北师范大学硕士学位论文，2014年，第29页。

"戲")的左半部分,"宓虘"即"伏戏",与《庄子》《楚辞》《荀子》等传世文献的写法一致。故而董楚平先生直接将其释为"伏戏"①。"填",亦有学者认为当是"皇"②,不管是"皇",还是"填",当指女娲。这表明伏羲、女娲神话传说在战国时期已经流传至荆楚地区。可见,战国时代南北文化圈中均有伏羲为祖先神的信仰,具有广泛性特征。这增强了太昊、伏羲融合的稳固性,也为西汉末年他们的地位提升奠定了基础。刘歆《世经》提出木、火、土、金、水五行相生的新五德终始说,将上古帝王的谱系从黄帝上推到太昊伏羲氏,从而为王莽政权的合理性寻找依据。此处再次将伏羲、太昊关涉。成书于两汉之间的《春秋纬》《礼纬》《遁甲开山图》等纬书将伏羲氏提到无怀氏之前③,而成为三皇之首④。刘歆等人的贡献在于使太昊伏羲合称的地位提升,使其由以前只在民间口头传承的神话成为有案可稽的"历史记

---

① 董楚平:《中国上古创世神话钩沉——楚帛书甲篇解读兼谈中国神话的若干问题》,《中国社会科学》2002 年 5 期,第 152 页。

② 陈斯鹏《楚帛书甲篇的神话构成、性质及其神话学意》、李零《七读子弹库帛书》认为是"填"。严一萍《楚缯书新考》、高明《楚缯书研究》、饶宗颐《楚地出土文献三种研究》认为应释为"皇"。

③ 详见《风俗通义·皇霸篇》引《春秋纬·运斗枢》、《风俗通义·皇霸篇》引《礼纬·含文嘉》、《太平御览》卷七八引《遁甲开山图》。《春秋纬》《礼纬》等书已亡佚,《风俗通义》多处引用,故而学界认为其成书于西汉末期的哀、平年间。《遁甲开山图》亦为西汉时纬书,多被《水经注》《后汉书》《文选》《艺文类聚》《太平御览》等引用。

④ "三皇"尚有多种说法:《风俗通义·皇霸篇》引《春秋纬·运斗枢》为伏羲、女娲、神农;《白虎通》为伏羲、神农、祝融;《通鉴外纪》为伏羲、神农、共工;《帝王世纪》为伏羲、神农、黄帝;《风俗通义·皇霸篇》引《礼纬·含文嘉》为燧人、伏羲、神农。不管哪种说法,伏羲都是三皇之一,而且都居首位(《风俗通义·皇霸篇》除外)。这说明,西汉末年以后,伏羲作为三皇之首已为定论。

载"，促使了太昊、伏羲神话的"历史化"。

　　班固赓续刘歆的说法。《汉书·古今人表》将传说帝王、周天子和圣贤等列为最高等的"上上"，伏羲居于首位："太昊伏羲氏、炎帝神农氏、黄帝轩辕氏……孔子。"①《白虎通义》将伏羲氏冠于三皇之首："三皇者何谓也，伏羲、女娲、神农是也。"②班固在继承刘歆的基础上，将伏羲带入正史序列。这样，太昊与伏羲经过春秋时期的合流，刘歆以及两汉纬书的宣阐，至东汉成为典籍中常见的"三皇之首"而受到人们的认可，完成了太昊伏羲神话的文化建构。于是，陈为其都的说法也随之固定下来。如蔡邕《独断》卷下："伏牺为太昊氏，炎帝为神农氏，黄帝为轩辕氏……"③王符《潜夫论·五德志》："华胥履之生伏羲，其相日角，世号太皞，都于陈。"④西晋皇甫谧《帝王世纪》继承班固，仍将伏羲列为三皇之首，进一步提升伏羲地位。唐代司马贞补写《三皇本纪》，构设了太昊伏羲氏的中华文化肇始者和人文始祖的形象，使之成为远古帝王的至尊代表与文明、文化的创制者。至此，伏羲成为"箭垛式人物"，"许多重要的文化创造和制度设立都慢慢归于伏羲名下"⑤。于是，太昊、伏羲由当初的分别代

①　班固：《汉书》，第863—924页。
②　陈立：《白虎通义疏证》，北京：中华书局，1994年，第49页。
③　蔡邕：《独断》，《四部丛刊》本，上海：商务印书馆，1936年影印。
④　王符著、汪继培笺：《潜夫论》，《诸子集成》本，上海：上海书店，1986年，第161—162页。
⑤　张开炎：《伏羲作为华夏人文始祖形象的形成过程及原因浅探》，《黄石理工学院学报》2008年1期，第7页。

表东西两个部族的地方神，升格为承载整个华夏的人文始祖神。随着太昊伏羲氏地位的提升，其陵寝太昊陵也受到不同程度的尊崇与保护，至宋代已初具规模，后世的君王常遣官致祭。

四、古代君王对太昊陵的祭祀

伏羲祭祀主要有庙祭和陵祭两种方式。伏羲庙分布全国各地，民众参与庙祭较多。陵祭只能在淮阳，多为官方所主导。总体观之，隋前以京师及其附近以祠時祭祀为主，唐后则为庙祭与陵祭兼具，但陵祭显居主体。唐初，朝廷重视对早期先王的祭祀，在编修史书时排定先王次序，注重对京师先王诸庙祭祀的同时，强调保护其陵墓。唐太宗保护古代帝王、贤臣的陵墓，曾诏令"春秋致祭""无得刍牧"①。宋太祖诏令修葺先代帝王陵庙，设置守陵人，"先代帝王，载在祀典，或庙貌犹在，久废牲牢，或陵墓虽存，不禁樵采。其太昊、炎帝、黄帝……各置守陵五户，岁春秋祠以太牢"②。太昊陵内保存至今的宋代《修陵奉祀诏》亦有相关记载："其太昊葬宛丘，在陈州……给守陵五户，蠲免地役。长吏春、秋奉祀。"③宋徽宗政和三年（1113），朝廷明确先王祭祀的时间："仲春、仲秋享历代帝王：女娲氏于晋州，无配；帝太昊氏于陈州，以金提句芒配。"④唐宋两朝的做法促进了陵寝的保

---

① 《旧唐书·太宗本纪》
② 脱脱：《宋史》，北京：中华书局1977年，第2558页。
③ 李乃庆：《太昊陵》，郑州：中州古籍出版社，2005年，第2页。
④ 马端临：《文献通考》，北京：中华书局，1986年，第941页。

护与陵祭制度的完善。

金代废止京师的庙祭，只在陵寝祭祀先王。《金史·礼志八》："诸前代帝王。三年一祭，于仲春之月祭伏羲于陈州，神农于亳州，轩辕于坊州……"①金代对先前诸帝王的陵寝三年一祭，且由朝廷制定祝文。元朝对伏羲等三皇的祭祀有所变化，主要体现在两方面：一是恢复先前的庙宇祭祀并广建庙祠，由郡县负责祭祀。二是改变三皇的职能和祭典形式，《元史·祭祀志五》记载，除建庙、修祠外，又将三皇改为医药神并由医师主祭②。元朝的做法一直延续到明洪武四年才废止。此后，庙祭与陵寝祭祀同时进行，且对陵寝祭祀的具体祭物、守陵人都有严格的规定。此将《明史·礼制八》与太昊陵祭祀相关的诏令胪列于下：

洪武三年，遣使访先代陵寝，仍命各行省具图以进，凡七十有九。礼官考其功德昭著者，曰伏羲，神农，黄帝，少昊，颛顼……凡三十有六。……遣秘书监丞陶谊等往修祀礼，亲制祝文遣之。……在河南者十：陈祀伏羲、商高宗……于是遣使诣各陵致祭。……又每三年，出祝文、香帛，传制遣太常寺乐舞生赍往所在，命有司致祭。③

---

① 脱脱：《金史》，北京：中华书局，2011 年，第 818 页。
② 宋濂：《元史》，北京：中华书局，1976 年，第 1902 页。
③ 张廷玉：《明史》，北京：中华书局，1974 年，第 1291—1292 页。

明初仍元制，以三月三日、九月九日通祀三皇。……（洪武）四年，帝以天下郡邑通祀三皇为渎。礼臣议："唐玄宗尝立三皇五帝庙于京师。至元成宗时，乃立三皇庙于府州县。春秋通祀，而以医药主之，甚非礼也。"帝曰："三皇继天立极，开万世教化之原，泪于药师可乎？"命天下郡县毋得亵祀。①

　　明太祖注重伏羲、神农等早期帝王陵墓的保护、修葺与祭祀，认为让药师主导三皇祭典是"亵祀"，停止伏羲的药师神职和庙祭仪式而确保其陵寝祭祀的纯正性。于是，作为伏羲的陵寝所在地，淮阳太昊陵被官方指定为伏羲祭祀地点而享有很高的地位。明太祖的做法提升了三皇陵寝的祭祀规格，对伏羲等陵寝祭祀的发展有重要作用。

　　清朝一方面继承明代的做法，遣使陵祭先王，另一方面在京师为古代帝王与儒生建造庙宇进行祭祀。如在阜成门内建历代帝王庙，崇仁殿奉祀伏羲至明太祖共二十一位帝王，并于春秋择日遣官祭祀。而对三皇五帝的陵寝祭祀，则由朝廷遣官致祭。据记载，清代 32 次遣使致太昊陵祭祀②，可见对太昊伏羲氏的重视。

　　综上可知，从唐代开始，一直延续到清朝灭亡前夕，每代君王基本都委派朝廷官员至太昊陵进行祭祀。这样做的目的有

---

① 　张廷玉：《明史》，第 1294 页。
② 　李乃庆：《太昊陵》，第 25—106 页。

二：其一，彰显了朝廷对先前帝王的尊崇，以此凝聚人心，勾勒中华民族的人文谱系，使"中华统绪，不绝如线"。其二，加强对民间信仰的管控。陵墓具有唯一性，控制了陵墓的祭祀，也就容易控制民众的信仰。与此同时，古代君王的遣官祭祀促使太昊陵的陵园建设与保护，彰显了太昊伏羲氏的人文始祖地位，积淀了深厚的伏羲神话资源，这为后来的庙会兴起以及当今的文化产业创意性开发奠定了坚实的基础。

第二节　淮阳伏羲神话的生殖崇拜
及其物态展现

中华民族注重祖先崇拜，曾对人类繁衍与婚姻制度的由来进行诸多探索，将伏羲、女娲视为生育神而崇拜、敬奉（为行文方便，以下或简称"伏女"）。伏羲、女娲的出现将人类的诞生真正指向固定统一的始祖——"人祖爷"与"人祖奶奶"。学术界一般认为女娲的出现早于伏羲，二者结合为两性合体的先祖，后因男权的日益巩固致使伏羲的影响超过女娲而成为三皇之首①。淮阳太昊陵列举了伏羲的诸多圣迹，这是后世叠加的结果。我们应该关注伏羲作为女娲的对偶神而更多地强调其主要圣迹在于

---

① 段友文《"单性异体"与"两性合体"：从女娲神话到伏羲女娲神话考论》、王宪昭《论伏羲女娲神话母题的传承与演变》等文所论甚详，可参阅。

生殖崇拜、婚姻制度方面，以此凸显其生育神神格。而其人文始祖、民众的保护神则是后世扩充、衍化的结果，这些衍传体现了伏羲神话的深远影响与多元化的传布。

一、伏女合一的记载

我们讨论伏羲神话的生殖性特质，必将涉及女娲。传世文献中伏羲、女娲同称首次出现在《世本·作篇》："宓羲作瑟，神农作琴，随作笙，象凤皇之身，正月音也。随作竽，无句作磬，女娲作笙簧。"①二者先后出现。《淮南子·览冥训》将其并连："伏戏、女娲不设法度，而以至德遗于后世。"②这两处文献只将他们作为上古人物看待，并未说明二者的关系。《路史·后纪》注引《风俗通义》则指明他们为兄妹，《通志》卷一引《春秋世谱》说华胥生"男子为伏羲，女子为女娲"③，《鲁灵光殿赋》载"伏羲鳞身，女娲蛇躯"。可见，伏羲、女娲并称至迟出现在西汉初，后来附会为兄妹、夫妇关系和鳞身蛇躯，这一衍化当在两汉时期完成。由此推测，两汉是伏女故事盛传的时期，这在画像石中也可找到佐证④。

秦汉画像石、绢画中多处有伏女交尾图像，主要分布在山东

①　宋衷注、陈其荣增订：《世本》，见《世本八种》，第4—5页。
②　刘安撰、高诱注：《淮南子注》，第98页。
③　郑樵：《通志》，北京：中华书局，1987年，第31页。
④　参见王煜：《汉代伏羲、女娲图像研究》，《考古》2018年第3期，第104—115页；涂敏华：《女娲生育生殖神话与考古发现》，《福建论坛》2012年第11期，第112—117页。

嘉祥县武梁祠、四川简阳鬼头山崖墓、陕西靖边杨桥畔渠树壕东汉中晚期壁画墓、山东梁山后银山东汉早期壁画墓、山东费县垛庄东汉墓、重庆璧山县蛮洞坡崖秦汉墓、新疆吐鲁番阿斯塔纳古墓等。其中，榜题有"伏羲、女娲"或"伏羲"字样的画像石四例：

一是嘉祥武梁祠人首蛇身交尾画像石。画像旁的题记为"伏戏（羲）仓（苍）精，初造王业，画卦结绳，以理海内"。《武梁祠画像考》、马邦玉《汉碑录文》、容庚《武梁祠画像考释》认为另一人是女娲，即"苍精"指女娲。张光直也认为是伏羲、女娲①。

二是简阳鬼头山崖墓出土的3号画像石棺。该石棺上的人首蛇身神像旁题记为"伏希""女娃"②。"女娃"即"女娲"。

三是靖边杨桥畔渠树壕东汉中晚期壁画墓墓顶的人首蛇身图像。其中右侧有墨书题记"伏羲"，左侧有墨书题记"女娲"③。

四是梁山后银山东汉早期壁画墓。该墓前室西壁伏羲图像旁有"伏戏（羲）"题记，伏羲身后有一只凤鸟，下面是车马出行队伍④。除这四处之外，汉墓中有很多人首蛇身交尾的画像石也是伏羲、女娲，它们广布在山东、河南、江苏、四川、广西、云南、青海、甘肃等地。

---

① 张光直：《中国青铜时代》，第 267 页。
② 内江市文管所、简阳县文化馆：《四川简阳县鬼头山东汉崖墓》，《文物》1991 年第 3 期，第 22 页。
③ 陕西省考古研究院、靖边县文物管理办：《陕西靖边县杨桥畔渠树壕东汉壁画墓发掘简报》，《考古与文物》2017 年第 1 期，第 22 页；段毅、武家璧：《靖边渠树壕东汉壁画墓天文图考释》，《考古与文物》2017 年第 1 期，第 87—88 页。
④ 关天相、冀刚：《梁山汉墓》，《文物参考资料》1955 年第 5 期，第 44 页。

上述画像石中,尤其是人首蛇身交尾图旁"伏羲、女娲"题榜画像石的出现,印证了汉代将伏羲、女娲作为夫妇并对其崇拜的真实存在。这既可与《淮南子》等传世文献互相印证,也说明伏女神话在汉代民俗中被认可且广泛分布。

如果说传世文献与画像石将伏女融合的时间及其崇拜的盛行定格在汉代,而子弹库帛书的相关记载则将其提前至战国时期,这比《淮南子》所载约早两百余年。

甚至有些学者认为甲骨文中已出现伏女并称的情况。如罗振玉将甲骨文中双蝌蚪符号与战国金文、睡虎地秦简中交蛇的字符进行比较,判定它们都是二虫并列的会意字,将其释为"虵"字[1],被学术界认可。陈默移先生考证"虵"是神祇[2],张光直推测这一交蛇图案"似乎是东周楚墓交蛇雕像与汉武梁祠伏羲女娲交尾像的前身"[3]。刘渊临结合安阳殷墟侯家庄西北岗大墓1001出土两头交尾蛇木器纹饰,认为甲骨文中作为祭祀对象的神灵"虵"字,是古代伏羲与女娲的形象:

> 一头二身蛇形器头尾长约 1.365 公尺,头端较尾端厚约

---

[1] 罗振玉:《增订殷虚书契考释》,东方学会,1927 年,第 12 页。

[2] 陈默移《殷契说存》认为是汤左相仲虺;屈万里《殷虚文字甲编考释》认为既是灵圣之地,也是神祇之称;饶宗颐《殷代贞卜人物通考》认为与水旱有关的水神;李孝定《甲骨文字集释》、詹鄞鑫《神灵与祭祀》、日本学者白川静《媚蛊关系字说》等认为是神灵。详见朱彦民《甲骨文伏羲女娲探踪》,《周易文化研究》2014 年,第 39 页。

[3] 张光直:《中国青铜时代》,第 267 页。

0.03公尺，平面。大致葫芦形，头"饕餮形"，左身弯曲成正S纹，右身反S纹，两相交叠在二S纹之中腰处，右身在上。二身皆饰同样的同心棱纹，刻线精细。上面全部涂朱红色。二身上面皆微凸，并非平面。发现时头右部右身之尾已被毁，二身上尚有小伤痕数处。……这是仪仗器物中的一种，可惜的是这一层埋葬情形已被盗坑破坏了……这蛇形器很可能就是蚰。蚰为当时祭祀的对象之一……芮（逸夫）先生认为侯家庄1001号大墓的蛇形器，即是流传于后世的东汉武梁祠及唐高昌国绢上的伏羲、女娲画像。他的这种说法，我非常赞成……是殷代的神祇，而这神祇在后代的神话中称之为伏羲、女娲。伏羲、女娲是晚于殷代的名称，也许在殷代的伏羲、女娲就称为蚰。①

朱彦民在刘先生等人的基础上，检索甲骨文中十处"蚰"，并分析其使用语境：

1. 贞：乎舞于蚰？（《合集》1140 正）

2. ……其，蚰……？（《合集》7009）

3. 丁未卜，王其逐在蚰鹿获？允获鹿七。一月。（《合集》10951）

4. 今日燎于蚰豕？（《合集》14697）

---

① 刘渊临：《甲骨文中的"蚰"字与后世神话中的伏羲、女娲》，《中央研究院历史语言研究所集刊》第41本4分册，1969年。

5. 今日燎蚰于豕？（《合集》14698）

6. 壬辰卜，翌甲午燎于蚰羊有豕？（《合集》14702、《合集》14703）

7. 辛卯卜，燎于蚰？（《合集》14704）

8. 壬辰卜，翌甲午燎于蚰羊豕？（《合集》14705）

9. 庚戌卜，壳贞：蚰（上面止，下面它）我？五月。庚戌卜，壳贞：蚰不我（上面止，下面它）？（《合集》14707）

10.……侑父册不……蚰载王事？（《合集》21905）

朱先生推测1、2、4—9八处中的"蚰"为祭祀对象，享受祭品，可能是女娲伏羲，3为地名，10为守边将领或分封诸侯，从而认定"甲骨文中的大部分'蚰'，都是作为被商人顶礼膜拜和隆重祭祀的神灵，它极有可能就是后世神话中的伏羲与女娲的早期形象"①。他结合具体的甲骨文字符将"蚰"定为伏羲、女娲的推测有一定的道理，因为中原地区为殷商政权的中心区域，伏羲部族由西北逐黄河而迁徙并在此定居、繁衍②。若此，我们可将伏羲、女娲融合的源头上溯至殷商时代，此时伏女作为对偶神出现。伏女合体存在是先民对生育生殖崇拜的体现，原来两个独立的神祇，其婚配形式在后世多有传说。这些传说也表达了人们对伏女的生殖崇拜与生命的渴求。

---

① 朱彦民：《甲骨文伏羲女娲探踪》，《周易文化研究》2014年，第46页。
② 伏羲部族的东迁过程，闫德亮《古代神话与早期民族》一书所论甚详，可参阅。

二、淮阳伏女崇拜的生殖生育特征

淮阳一带将伏羲称为人祖爷，表明他在繁衍人类方面的重大贡献。高有鹏将伏羲的功绩概括为三个方面：抟土造人、创立八卦、制嫁娶和卜筮①，其中两方面与生殖崇拜相关。伏羲晚于女娲，他与女娲成为配偶表明了伏羲的生殖性特征应是伏羲神话的重点。兹从女娲伏羲的阴阳契合、淮阳太昊陵物态遗存与仪式展演、古代淮阳巫舞盛行三方面论述伏羲神话的生殖性特征。

女娲是化生万物的神圣女性，《通志》卷一引《春秋世谱》载华胥生"女子为女娲"②，《淮南子·览冥训》高诱注"女娲，阴帝，佐虑戏治者也"③，这些说明女娲的阴性特质。学术界认为女娲的主要功绩在于造人，相对而言，补天的成分弱一些，甚至认为"女娲之所以能'补天'，关键正在于'造人'，女娲神话的意义，就蕴藏在这里。……补天神话乃是对巨大生殖意义的阐释与颂扬"④。《说文解字·兮部》载"羲者，气也"，段注曰"谓气之吹墟也"⑤。女娲为阴，伏羲为阳，二者交合为阴阳之气合并。他们

① 高有鹏：《庙会与中国文化》，北京：人民文学出版社，2008 年，第 318 页。
② 郑樵：《通志》，第 31 页。
③ 刘安撰、高诱注：《淮南子注》，第 95 页。
④ 刘毓庆："女娲补天"与生殖崇拜》，《文艺研究》1998 年第 6 期，第 101 页。
⑤ 段玉裁：《说文解字注》，第 204 页。

是"繁衍生命的先祖、亦是祖先崇拜的记载"①，帛书载伏女生育
四子(四神)。女娲造人的功绩是生殖崇拜的体现，古代有女娲
庙的地方多盛行求子的习俗。就他们出现的时间而言，女娲或
早于伏羲②。作为女娲的对偶神，伏羲当为生殖崇拜而设立。
女娲城遗址所发掘的器具与"娲"字砖刻等考古遗物，佐证了春
秋时期已有崇祀女娲的建筑③，我们可将其作为女娲崇拜的遗
物。淮阳伏羲陵也大致起源于春秋时期，与遗物的时间基本吻
合。伏女神话由原来的"单性异体"发展为"两性合体"④，表明
先民将他们作为生育神，重在颂扬其生育之功。可见淮阳伏羲
原为生育神，对其崇拜当与生殖崇拜、祖先崇拜相关。值得注意
的是，出于政治的需求，古代统治者多将他们作为保护神而忽略
其生殖神神格。我们应该纠正这一偏颇，恢复并强调伏羲生殖
崇拜的根源性特质。

　　淮阳太昊陵物态遗存与仪式展演也体现出伏羲崇拜的生殖
性特征。兹以子孙窑、泥泥狗和担经挑为代表进行说明。

　　子孙窑是远古生殖崇拜的遗俗证明，现位于显仁殿的东北

①　杨春祥：《豫东太昊陵祭祖巫舞"担经挑"的文化研究》，福建师范大学硕士学位论
　　文，2014 年，第 44 页。
②　杨利慧：《女娲溯源——女娲信仰起源地的再推测》，北京：北京师范大学出版社，
　　1999 年，第 128 页。
③　高有鹏：《庙会与中国文化》，第 300 页。
④　段友文：《"单性异体"与"两性合体"：从女娲神话到伏羲女娲神话考论》，《贵州大
　　学学报》2015 年第 4 期，第 5 页。

角青石上。这块石头曾多次被换，保存于今的是 1984 年所换置①。据青石旁边的标识牌介绍，六千年前伏羲在仲春之月以"会"的形式召集青年男女，在他们中间放置一块带窑的石头，若男女互相中意于对方，都摸窑而结为夫妻。一般认为，这种婚配形式与《周礼·地官·媒氏》"中春之月，令会男女。于是时也，奔者不禁"相关，贾疏曰："此月既是娶女之月，若有父母不娶不嫁之者，自相奔就亦不禁之。"②后来，人们将这一功绩叠加到伏羲身上而成为制嫁娶的圣迹。摸窑成婚的传说意在说明先民结束了群婚和族婚的历史，从而将婚姻形式固定下来。

泥泥狗是体现太昊陵生殖崇拜的另一种物态遗存。泥泥狗又叫陵狗，来源于伏羲、女娲抟土造人的传说，被誉为"天下第一狗"③。它们造型古朴，以黑色为底，兼具黄、红、青、白五色，有蛇、两头狗、拔脚猴、抱桃猴、娃娃鱼、鸽子、猴头燕等几十种样式④。传说伏羲与女娲成为夫妻之后，为了快速生育就用泥捏制成小泥人，晒干后会变成人。为了造出更多的人，伏女夜以继日地工作。疲惫不堪的伏羲打了好几个哈欠，这时候一阵冷风吹来，从西北天空涌出几簇乌云。一会风起云涌，大片泥人将顷刻化成一堆黄泥。伏羲赶快拔起身边胳膊粗的柳树，挥动双臂，

① 太昊伏羲陵网站 http://www.taihaoling.net/Photo/Content/216。
② 郑玄注，贾公彦疏：《周礼注疏》，第 1580 页。
③ 淮阳县地方志编纂委员会：《淮阳县志》，第 183—184 页。
④ 《中国各民族宗教与神话大词典》编审委员会：《中国各民族宗教与神话大词典》，北京：学苑出版社，1990 年，第 270 页。

朝洞里横扫。这些捏好的泥人遭到不同程度的毁坏,有的断了胳膊、有的残了腿、有的掉了耳朵。这也是残疾人传说的由来。于是,人们叫伏羲为"人祖爷",女娲为"人祖奶奶"①。后世用捏制泥泥狗的习俗来纪念他们的造人功绩。而"泥泥狗体现了生殖崇拜和图腾崇拜的叠合,作为庙会的标志之一,成为中国'古代文化的活化石'"②,原有的固定制作模具不能更改,否则制造出来的泥泥狗就不被认为是人祖爷的后代③。可见,后人为纪念伏女造人的伟绩,严守先前的模子与模样,本身就包含着对生育遗传的崇敬。

担经挑又称担花篮、挑花篮,是颂扬伏羲功德的原始舞蹈,也体现了伏羲的生殖崇拜特征,可从三方面论述:

其一,担经挑的队形与伏羲女娲交尾的画像石一致,是生殖崇拜的体现。担经挑表演时,"三五个妇女在大殿前,随唱随作各种走式,从外表看来,好像是巫婆唱耍,其实就其本身说来,纯粹是一种娱神的动作,她们互相走动的形式,正成一8形,飞奔跑动,飘飘欲仙……"④。表演者交叉而过,如蛇行一样,其中一个舞蹈动作是:二人背靠背,使背后下垂的黑纱相互缠绕交合,

① 淮阳县文化馆:《陈州神话》,1988年,第30—35页。
② 程玉艳:《生殖崇拜文化——淮阳太昊陵庙会文化的底色》,《周口师范学院学报》2008年第1期,第125页。
③ 淮阳县地方志编纂委员会:《淮阳县志》,第184页。
④ 郑合成:《陈州太昊陵庙会概况》,张研、孙燕京编《民国史料丛刊》,郑州:大象出版社,2009年,第269页。

极似伏羲、女娲交尾状①。无论是"8"字形、蛇形的舞蹈队形，还是交尾的舞蹈动作，都与汉代画像石、石刻、古墓绢画上的伏羲、女娲交尾图相一致，由此可知，这种仪式展演是生殖崇拜的体现。

其二，担经挑的动作与姜嫄"履大人迹"相似，含有生殖崇拜的成分。此从闻一多对《诗经·大雅·生民》的阐释可见一斑："所谓'帝'，实即代表上帝之神尸（神主）。神尸舞于前，姜嫄尾随其后，践神尸之迹而舞，其事可乐，故曰'履帝武敏歆'，犹言与尸伴舞而心甚悦喜也。……盖舞毕而相携止息于幽闭之处，因而有孕也。"②所以，有人认为担经挑是在模仿"履大人迹"的生殖交合之舞蹈③，有时舞者用背靠背相互摩擦的动作来生动再现伏羲女娲交合，以象征男女两性的媾和④，体现了其生育特征。

其三，担经挑的唱词包含生儿育女的渴求。其唱词有："……上天神留下他兄妹二人，无奈何昆仑山滚磨成亲，日月长生下了儿女多对，普天下咱都是龙的子孙……"⑤显然，这是对

① 淮阳县地方志编纂委员会：《淮阳县志》，第185页。
② 闻一多：《伏羲考》，上海：上海古籍出版社，2009年，第108—109页。
③ 贾静文：《淮阳太昊陵庙会文化传播研究》，河南大学硕士学位论文，2017年，第23页。
④ 杨丹：《淮阳太昊陵人祖庙会的生殖崇拜信仰》，浙江师范大学硕士学位论文，2015年，第41页。
⑤ 《担经挑——祭祖的原始遗俗》，参见中国淮阳网：http://www.huaiyang.gov.cn/thread-3523-1.html。

伏羲、女娲造人功绩的赞颂与生殖崇拜，其中包含着生育生殖的渴求。

以上从伏女的阴阳特质、物态遗存两方面论述了淮阳伏羲的生育生殖崇拜的特质，也就是说，伏羲的圣迹中生殖崇拜是根源性特质。伏羲的生育神神格从古代文献对淮阳巫风、巫舞的记载也能体现。淮阳古称陈、宛丘，《汉书·地理志》载："陈本太昊之虚，周武王封舜后妫满于陈，是为胡公，妻以元女大姬。妇人尊贵，好祭祀，用史巫，故其俗巫鬼。《陈诗》曰：'坎其击鼓，宛丘之下，亡冬亡夏，置其鹭羽。'……此其风也。吴札闻《陈风》之歌，曰：'国亡主，其能久乎？'自胡公后二十三世为楚所灭。"①陈地多巫风与巫舞，从《诗经·陈风》中亦可印证，《宛丘》是一个巫女的舞蹈表演，《东门之枌》写子仲之女放弃纺织去跳舞，《东门之池》《东门之杨》是男女约会的歌舞，《月出》《泽陂》为怀念美人之诗。此外，《衡门》是没落贵族回忆自己娶齐、宋之女，食河之鲂鲤的富贵生活，以自我安慰。《防有鹊巢》是担忧别人离间自己情人，《株林》刺陈灵公和夏姬。可见《陈风》多为婚恋诗，或描绘了陈地的巫舞、聚会歌舞、没落贵族的娶妻感慨，或抒发月下怀人的情怀与情人未如期到达的怨恨。它们自然与情爱或性爱相关，与生殖崇拜相连。

伏羲的功绩是层累式的，随着时代的变化，其形象不断丰

---

① 班固：《汉书》，第 1653 页。

满,功能逐渐增加、完善。在伏羲的诸多圣迹中,其与女娲结合、造人并首创婚姻制度,对后世影响最大,"伏戏、女娲不设法度,而以至德遗于后世""抟黄土作人"。恩斯特·卡西尔(Ernst Cassirer)说:"中国是标准的祖先崇拜的国家,在那里我们可以研究祖先崇拜的一切基本特征和一切特殊含义。"①先民为追溯人类繁衍与婚姻制度的由来已进行诸多探索,归纳起来主要有化生说、感生说、伏女造人说。其中化生说宽泛模糊,感生说只能解释某一部族或群体的来源,而造人说将人类的诞生真正指向明确、固定、同一的始祖,以此增强了中华民族的凝聚力与向心力,从而使生殖崇拜、祖先崇拜与政治王权统一。伏女造人与生殖崇拜密切相关,这点是不争的事实。淮阳太昊陵和西华女娲城相距不足百里,这一带是伏女神话传说的源生地,然后再由此地向他处传播。由此可推测早期的伏女传说的大致脉络:淮阳伏羲神话,重在生殖崇拜→楚帛书伏女神话,重在强调婚姻制度→伏女成婚诸说,重在说明阴阳契合、文明圣贤。

三、伏女生殖崇拜的演化及其文化趋同

伏羲、女娲的生殖崇拜神话在后世产生广泛的影响,且产生了不同的文本与传讲范式。这些文本表现了丰富的文化内涵与趋同倾向。

---

① 恩斯特·卡西尔著、甘阳译:《人论》,上海:上海译文出版社,1985 年,第 109 页。

（一）抗争自然的毅力

伏羲女娲兄妹成婚在河南淮阳、新密、山西吉县、河北涉县等地均有不同的传说，表明古人抗争自然灾害的行为与毅力。其成婚方式主要有合烟成婚、滚磨成婚、隔山穿针、扮虎掩面等，为便于说明问题，兹将他们成婚的主要信息列表如下。

成婚方式	成婚背景	成 婚 过 程	流传地域/出处
合烟成婚	宇宙初开：兄妹在昆仑山	兄妹上昆仑山，咒曰："天若遣我二人为夫妻，而烟悉合；若不，使烟散。"烟合，妹就兄，乃结草为扇，以障其面	《独异记》
滚磨成婚	洪水：世上剩伏羲、女娲二人	各上一座山头，以"滚磨合臼"的办法征求天意，两扇磨盘的杵、臼在山沟中合在一起	河南新密市、河北涉县
隔山穿针	洪水：人世间就剩伏羲、女娲兄妹	两人背对背分别站在两座山头，女娲手持针，伏羲抛线，以"隔山穿针"的方法测天意	山西吉县
扮虎掩面	地震：只剩伏羲、女娲兄妹	伏羲扮成老虎，女娲草帽遮面	河南淮阳

由上表可知，伏女成婚（繁衍人类）面临自然困境与伦理困境。首先，我们来看他们面临的自然困局。成婚前遭遇灾难，或宇宙初开，或洪水、地震。不管是哪种情况，均为无人或人类面临灭绝的境况。其次，他们的成婚面临伦理困境。伏羲、女娲为兄妹，他们的结合将违背伦理。其实，这样两种困局的叠加致使伏羲女娲置身于进退两难的境地：成婚违背伦理，不成婚将会

造成人类灭绝。最后，兄妹只好借助"天意"来破解双重困局，顺利成婚，繁衍人类。至于成婚的几种方式——滚磨、穿线、烟合、地震等则依据不同地域的地形特点而构设，采取哪种方式则不是主要的，它们仅是破局的方法。我们应该从中看到伏女为繁衍人类而敢于突破自然界的束缚、挑战自然困境所进行的勇敢尝试。

　　淮阳一带还有传说，很久以前陈州城北的蔡河每年都发生水灾，两岸的百姓无不为之提心吊胆。有一年水势更大，两岸大堤多被冲垮。在危急时刻，大浪从上游袭来，浪头上托着一个人头。随着一道闪电一声惊雷，洪水退去，人头落入旋涡中心而不见踪影。人们急忙寻找，只见旋涡处留有一黑洞。老人们说这是伏羲的头颅，在保佑大家，于是就在人头入地处起了坟墓，即今天的太昊陵①。这一传说把伏羲的头颅作为镇压洪水的法器，体现了先民治理水患、抗争自然的决心。

　　（二）祖先崇拜和孝道思想

　　中华民族重视祖先崇拜，强调慎终追远，这在淮阳当地所流传的伏羲传说中有所体现。前文所载淮阳一带称伏羲为"人祖爷"，女娲为"人祖奶奶"，传讲他们造人的事迹，并用捏制泥泥狗的习俗来纪念他们的造人功绩，用以纪念伏女这对始祖，彰显了对祖先的崇拜。

----

① 中国民间文艺研究会河南分会、河南大学中文系：《河南民间故事集》，北京：中国民间文艺出版社，1985年，第135页。

孝道是儒家文化的核心，淮阳流传的与担经挑相关的宓妃寻母故事体现了孝道思想。女娲补天累死后，女儿宓妃很想念她①。后来听说母亲没死，宓妃下决心寻母。她精心扎了两个花篮，一个扎成"盘子龙"，另一个扎成"臣卧凤"。花篮里插上鲜花，放着孝敬母亲的经文。她用竹扁担挑着花篮，到处寻找母亲。每到一地，她都担着经挑跳舞吸引更多人观看，以此方法寻找母亲的下落。宓妃历尽千辛万苦终于找到女娲。原来，女娲补天只是累昏，她醒来后误入恶狗庄，变成了一条黑狗。宓妃把经文集中到一个花篮里，把黑狗抱到另一个花篮里用花遮住，赶快逃出了恶狗庄。宓妃的孝心感动了天帝，在宓妃逃出恶狗庄后，天帝使女娲还原了人形，母女相见分外亲切。她们刚回到宛丘，天帝便把女娲招到天堂并命为女神，女儿宓妃再也见不到母亲了。后来，宓妃淹死在洛水成为洛神，她因救母而创作的"担经挑"舞蹈却在宛丘一带流传了下来。陈地的人们通过表演"担经挑"来祭奠宓妃，谁的"担经挑"做得最好，谁就是"知宗敬祖"的真金女②。这一民间传说将对伏女的生殖崇拜转变为表达孝道的信仰行为。

（三）禳灾祈福的心理

禳灾求福是人类普遍的心理诉求，淮阳伏羲传说中也包含

① 《史记·司马相如列传》索隐引如淳语"宓妃，伏羲女，溺死洛水遂为洛水之神"。此故事当依如淳说附会而成。
② 《担经挑——祭祖的原始遗俗》，参见中国淮阳网：http://www. huaiyang. gov. cn/thread - 3523 - 1. html。

这一元素。据说当初人祖爷伏羲千里迢迢来到淮阳，因过于劳累而躺在地上睡着了。时值严冬，又下了大雪，但人祖爷因太累而一直在睡。他睡了很久才醒，看到一条狗紧贴着自己睡觉，地上都是雪，于是人祖爷知道原来是这条大狗在下雪时趴在自己身边给他取暖，救了他的命，以后这条大狗就跟着人祖爷了。人祖爷死后，它就成了陵狗①。狗保护着伏羲，乃至为他守陵墓，充当保护神角色。这一传说意在颂扬狗对人祖爷的保护，反映了人们驱灾求福的心理诉求。

伏羲庙救助朱元璋的故事也体现了这一心理诉求。据说朱元璋打了败仗，元兵紧追不舍。朱元璋躲进伏羲庙，钻到神橱里。此庙年久失修，里面结满蜘蛛网，网被朱元璋弄破，但蜘蛛很快把网重新织好。元兵追至庙内，看到完好无损的蜘蛛网，以为没人进来，就放弃了对庙内的搜索，朱元璋也就躲过追杀②。伏羲显灵，保护了朱元璋，此故事在淮阳一带盛传，意在说明伏羲保护神的功能，而人们的传讲也表达了禳灾避祸的祈愿。

淮阳当地居民对伏羲的信仰也发生了变化，笔者在调查时，询问了在伏羲广场休闲的李老太太。她说人祖爷管天下事，遇到困难事、烦心事，或是当家庭不顺时，也可以向他诉说，以求其帮忙解决困难，保佑平安健康。当笔者问到伏羲繁衍子嗣等功

---

① 杨丹：《淮阳太昊陵人祖庙会的生殖崇拜信仰》，浙江师范大学硕士学位论文，2015年，第 37 页。

② 中国民间文艺研究会河南分会、河南大学中文系：《河南民间故事集》，第 136 页。

能时,这位受访者告知,在太昊陵东约一公里处的奶奶庙专门负责送子赠嗣①。由李氏的讲述可知,太昊伏羲陵的主要功能已转变为禳灾祈福,而生殖崇拜、神话因素的成分渐趋缩小,这充分体现了民众对于祈求安康的急切需求。淮阳布老虎源于伏女兄妹成婚的传说。相传,伏女滚磨成婚后,伏羲羞于看见妹妹,遂变成老虎,女娲以草帽遮面,兄妹成婚,使人类得以延续②。老虎是猛兽,后世被作为镇宅护院、祛灾辟邪的保护神。太昊陵的布老虎被赋予图腾与驱邪纳吉的化身而受到后人的怀念与敬仰,已不再是普通意义上的装饰品和玩具。

（四）商业与娱乐功能

早期象征着生殖崇拜的泥泥狗,在今天却有其他的传讲方式。笔者调查时,遇见一位在太昊广场前售卖泥泥狗的董姓摊主,他讲述了泥泥狗来历的另一种说法:朱元璋做皇帝后,为感激伏羲庙的救护之恩,从南京运来建筑材料重修太昊陵。修建陵园内的桥时,朱元璋看到桥上站着一只狗。于是人们将狗作为吉祥物,祭拜伏羲后都要买泥泥狗以祈求平安健康。布老虎和泥泥狗具有相同的功能,一起买回③。"任何文化遗产或资源并不能天然地成为产品或商品,只有经过一定形式的再创造,才

---

① 被访谈人:李氏,女,1951 年生,太昊陵附近居民;访谈人:刘红玲;访谈时间:2019 年 12 月 9 日;访谈地点:太昊陵广场。
② 李乃庆:《太昊陵》,第 310 页。
③ 被访谈人:董××,男,1977 年生,在太昊陵广场摆摊多年;访谈人:刘红玲;访谈时间:2019 年 12 月 9 日;访谈地点:太昊陵广场。

能成为具有丰厚知识产权的文化产品"①。显然，上述泥泥狗的来历是商家的营销策略，明显掺入了商家的再创造和浓厚的商业成分。他们转化了讲述内容，突显适合买家意愿的求福信仰，以迎合民众信仰的方式达到自己的商业营利目的。

如果说当今的泥泥狗体现出浓厚的商业性质，那么，担经挑则体现出娱乐、健身性质。笔者在考察时，看到当地人在表演简化的担经舞，少时三四人，多者七八人，一人打经板，在经板声中以说唱方式为表演者伴奏，其余的人担经挑跳舞。如今的担经挑不规定人员的多少，随时都可表演，它已经成为当地居民的一种娱乐方式，成为具有地方特色的文化符号而融入了当地人的日常生活中。担经舞本身是祭祀的巫舞，后来成为淮阳当地的文化景观，经过改造形成适宜不同时间与地点的演出方式。无论是庙会的正式祭祀展演仪式，还是日常民众娱乐，均是对伏羲神话的传播，它们促使伏羲文化保持内涵的丰富性与生命力的强健。

四、结语

神话是关于神圣的叙事，形成于上古社会，经过早期的口耳相传得以保存，历经修饰、改编而流传至今。人们追溯自身来源时常借助于神话，伏羲、女娲因造人之功而成为始祖，受到尊崇、颂扬与祭拜，伏女的生育生殖之功及其崇拜是当今淮阳伏羲祭

---

① 金元浦：《文化创意产业概论》，北京：高等教育出版社，2010年，第234页。

拜中应该重点突出的内容。由太昊陵附近奶奶庙的存在也可看出当地民众对绵延子嗣与生殖崇拜的强烈需求。作为太昊伏羲氏之都的淮阳成为祭拜伏羲的重要区域，此地也产生了一些代表生殖崇拜与生命渴求的实物，如泥泥狗、布老虎等承载伏羲神话内涵的物质性载体（或物态表述）。后世的"文化生产同其他生产一样，也具有一般实践活动的特征，即有实践主体通过劳动，将一定的材料加工改造为新的存在物，因此文化生产的过程也表现为一个物化的过程。它也要改变物质的现实形态，以获得物质的存在形式"①。就太昊陵而言，泥泥狗、布老虎是伏羲神话的物态表述，以泥泥狗与布老虎等物质为依托而获取伏羲神话的"物质的存在形式"，从而将伏羲神话物化。作为古老神话在后世的呈现，这些物质载体（物态表述）将成为代表当地神话元素的活化石，具有丰富的文化内涵与价值，我们进行神话研究时不可忽视。

太昊伏羲的祭祀方式主要有祭拜和展演两种形式。前者表现为在各殿前焚香、鞠躬，在殿内塑像前祭拜，属于常规性的祭祀。后者表现为摸子孙窑、担经挑的仪式表演。如今不再是氏族社会，年轻男女也不需要通过集会、摸窑的方式择偶成婚，而摸窑求子的仪式仍然存在，于是，子孙窑由定情之意发展为求子延嗣的祈愿。担经挑剥离生殖崇拜，而呈现出向民间信仰转变

---

① 金元浦：《文化创意产业概论》，第 153 页。

的轨迹。这一转变有助于人们表演与传承，使更多的民众学习、接受并参与其中，利于传统习俗的保留。无论是泥泥狗、布老虎等伏羲神话的物态表述，还是作为仪式展演的担经挑，都促使伏羲神话在不断的流传、演绎过程中显得具体可感，提升了神话传说的可模仿性、可操作性。这为神话的重述与重构提供了机会。早期的口述神话没有固定的版本样式，在承传过程中或多或少地出现变化或遗忘，而"只要有遗忘，就会有创造去填补空白"①。填补空白的过程本身就存在着创造性，它使伏羲神话在原始信仰的基础上，结合时代需求而衍化为不同的表述内容和表现形式，从而满足民众的信仰需求。淮阳伏女故事在后世出现多种传衍方式，表现不同地域和时代在抗争自然、祖先崇拜、孝道思想、禳灾祈福、商业与娱乐等方面的文化趋同观念，均是为了满足相关的需求，这是伏羲神话研究不可忽视的内容。

第三节　太昊陵神话产业在当代的可视化开发

　　近四十年来，太昊陵的神话资源挖掘与创意产业开发取得长足的发展，主要表现在整修陵内建筑与环境、规范制度与提升

---

① 杰克·古迪著，李源译：《神话、仪式与口述》，北京：中国人民大学出版社，2014年，第64页。

软件设施、开发文旅资源、形成文化产业链等方面。在现代文化产业创意开发中，太昊陵神话主要通过物态表述、仪式展演、当代转化等形式展现。但其中也有明显的不足，如文化产业开发中神话元素体现不充分、产业开发滞后、世俗生活与神话间的抵牾较多、缺乏有效的宣传手段等等。剖析这些问题背后的原因，通过增添景区内神话景观、转变管理部门的职能，加强与学术机构合作，综合开发文旅资源，开展跨区域联合开发，形成旅游文化和创意产业聚集区，有助于挖掘太昊陵的神话内涵、开发其文化创意产业，形成伏羲神话传承与产业开发之间的良性互动。

淮阳太昊陵神话是伏羲崇拜的体现，历经古代社会的积淀与发展，形成了较为系统的神话崇拜体系。伏羲神话作为淮阳的一张旅游名片，近些年县政府围绕伏羲神话而进行文化产业创意开发，取得了一定的成就。总结其中的成就与不足，将有利于促进伏羲神话研究与文化产业开发，有利于淮阳文化产业的发展，具有一定的学术意义与社会价值。

一、太昊陵园区的修复与旅游产业的开发

太昊陵在古代社会受到人们的推崇，近现代却多次遭受厄运，其中最甚者当为"文革"时期的所谓"破四旧"。这时期的陵墓与陵园遭到了严重破坏，庙会也一度停止。陵区的整修扩建和产业开发则肇始于改革开放之后。1980 年代，由当地政府主导的庙会与物资交流会相结合，人祖祭祀与经贸活动同时进行，

为当地带来经济效益①。2004 年太昊陵被文化部认定为"中国民间文化艺术保护遗产组织单位",2006 年"太昊伏羲祭典"入选首批国家非遗名录,为太昊陵及伏羲神话的产业化开发注入了新的动能。如果说以前仅是低端的庙会、集贸模式,此后则进入神话、民俗产业化的轨道,形成了以太昊陵祭祀、伏羲女娲信仰为依托的文化产业开发模式,以陵内建筑与外部环境的整修为基础,文化旅游资源的开发为重点,神话创意产业辐射为辅助,构成了神话"传承—弘扬—开发"的产业化模式。

第一,整修陵内建筑与环境,规范管理制度。陵内大殿及其神像具有丰富的文化内涵,是太昊陵景区与文化产业开发的核心。陵内整修包括修门、建殿、立像、复观、筑桥、绘墙,对主体建筑"五门两殿一卦坛,伏羲陵墓蓍草园"或修复,或重建,或修葺。太昊陵的扩建与开发分四次进行,第一次是 1985 年将淮阳公园合并到太昊陵,将文物保管所与公园合并为淮阳博物馆,扩大了景区的范围与职能。第二次是 1989 年河南省人民政府确定将太昊陵园区的范围扩展至 528 亩:南至城湖岸,西至 106 国道,北至后孙庄,东至北关学校,并在沿线设置 10 个"太昊陵界牌"。第三次是 2004 年淮阳政府兴建伏羲文化广场,收回景区周围土地,拆除不协调建筑,扩大景区规模。经过这次扩建,太昊陵景

---

① 淮阳县地方志编纂委员会:《淮阳县志》,第 634 页。

区面积已达近 630 亩①。第四次是入选"非遗"名录后的扩建。入选首批"非遗"名录后,淮阳政府经过多方努力,对陵园规模进行了大规模的扩建,具体是拆迁药厂、淮中工厂、兽医院、午门东西街等,将其划归太昊陵景区。这样就"恢复了占地 875 亩的原有格局",并建立太昊陵办公区、游客中心,以及大型停车场②。区域逐步扩大,功能更加完善。陵区内部主体建筑的修复与外部附属设施的扩建是承载太昊陵与伏羲神话的文化内涵、提升景区标准的关键,亦是将文化产业物态化的呈现方式。

　　同时,规范管理制度、提升软件设施也是提升景区的必要事项。随着我国对文化遗址保护的规范化与开发的产业化,当地也建制相关保护单位,制定了相关的保护政策与产业开发措施,主要表现为健全地方管理机构,成立文物保管所、博物馆等文化单位,设立太昊陵派出所、管理局等政府机构,组建太昊陵社会赞助委员会、修建领导小组等民间机构,负责景区的管理、保护、维修及监督、宣传。制定《太昊陵庙总体保护规划图》,使太昊陵的总体保护、有效开发有章可循。举办旅游从业人员标准化工作培训班,以规范管理,增强服务意识。太昊陵景区也实行了智

---

① 淮阳政府网站"重修太昊陵大事记"(http://www. huaiyang. gov. cn/thread -
　　3589 - 1. html)。

② 淮阳"古代景观"网(http://www. huaiyang. gov. cn/thread - 3606 - 1. html);淮阳
　　政府网"重修太昊陵大事记"(http://www. huaiyang. gov. cn/thread - 3589 - 1.
　　html);赵喜珠《太昊陵祭典庙会文化资源保护与开发初探》,内蒙古师范大学硕士
　　学位论文,2015 年,第 21 页;邱奕嘉《太昊陵文化景观遗产保护与传承探究》,河南
　　农业大学硕士学位论文,2017 年,第 21 页。

能化管理，主要是检票口的电子门禁系统与陵园内的网络覆盖、智能电子导游讲解以及线上预约与支付的使用，使太昊陵成为智慧旅游景区。这些举措既方便游客前来拜祖、游览，也彰显了陵园管理的规范化，本身也属于文化产业开发的范畴。

第二，开发文化创意产品，拍摄神话体裁的影视剧。近些年，淮阳围绕太昊陵进行了一些产业开发，如泥泥狗、布老虎的生产与销售。其中泥泥狗与祭祖、娱神、祈子相关涉，庙会期间对泥泥狗的需求量很大，淮阳城东北的金庄、武庄、陈楼、许楼、段庄、白王庄等为泥泥狗的主要产地。泥泥狗包含了丰富的民俗文化，具有独特的审美价值，形成了当地独特的文化品牌。当地政府也把发展泥泥狗、布老虎作为重点工作，提出"立足伏羲文化、姓氏文化、农耕文化起源地优势，发掘本地文化元素，开发一批具有淮阳特色的旅游纪念品，重点开发泥泥狗、布老虎等传统手工艺品"①，淮阳被中国民间文艺家协会认定为"中国泥彩塑（泥泥狗）文化之乡"。此外，当地还组织拍摄了《伏羲传奇》《伏羲伏羲》《太昊陵》等影片，出版了《太昊伏羲陵》《伏羲颂》等书籍。

第三，初步形成对文化旅游资源的保护与开发模式。近些年，在发展县域经济时，淮阳的整体思路为"旅游带动，工业兴

---

① 淮阳"2011年政府工作报告"，参见 http://www.hyzww.gov.cn/sitesources/hyq/page_pc/zwgk/jcxxgk/zfwj/gzbg/articleACDDC16B2D6042F690B6C377CBCD20D1.html。

县"。在政府的强力推动下，淮阳县逐渐形成以太昊陵文化遗产为主体，综合开发自然资源如龙湖、湿地等，通过非物质文化资源辐射第三产业，且取得了一定的成效。在着力打造"泥彩塑文化之乡"的同时，充分利用"一陵一湖一古城"的文旅资源优势，建设伏羲文化旅游产业园区、整合开发太昊陵、羲皇文化广场，持续推进旅游纪念品开发和文化创意产业发展。

淮阳还将未来的工作重点目标确定为打造"中华朝祖圣地、中国休闲福地、国学文化源地"三张文化名片，兴建东方神话游乐园、陈楚古街等文化旅游项目，谋划平粮台国家考古遗址公园、曹植文化园等文化旅游项目的开发，积极推动消费群体由"香客"向"游客"转变，迈出了由"门票经济"向"产业经济"转型的关键一步。这样，就形成了开放与保护并重的文旅资源产业模式。

二、太昊陵神话产业开发中可改进的内容

太昊陵文化产业开发对于伏羲神话传承与当地经济发展具有重要作用，淮阳在不遗余力地宣传、推动，并制定了详细的发展规划。当地还在弦歌台开设讲坛，宣阐伏羲文化；举办伏羲学术文化研讨会，请学者为太昊陵产业开发献计献策。这些举措对太昊陵文化产业的发展起到积极的促进作用。然而，在文化产业开发的过程中仍存在有待完善之处，主要表现在以下五个方面：

第一，文化产业开发中凸显神话元素。神话元素的彰显是太昊陵需要关注的重点，但现实是将太昊陵的经济价值作为了景区建设的关键着眼点。这导致在整修陵内建筑时，将着重点放在了修门、建殿、立像、复观、筑桥、绘墙等细节性的修补，而忽略了陵中的统天殿、显仁殿、伏羲像与陵墓及景区内神话元素的构建，事实上，这些大殿和景区内的神话元素才是整修、建造的重点。园内设有独秀园，里面种有"爱情树""连理枝""双龙戏珠牌坊"等绿植景观，作为陵园内的一部分，目前这些景观与伏羲神话的关联甚少。它们旁边的刻碑介绍中也未有与神话相关联的内容。担经挑、摸子孙窑等仪式是传播太昊陵神话的一种有效途径，可使更多的民众参与其中，而目前的表演仪式几乎没有了神话元素而变为纯粹的娱乐活动，更谈不上伏羲神话的传播和文化的深度融合。神话元素的缺乏导致其文化氛围不足，前来祭拜的游客对其文化内涵也知之不多。即使是土生土长的当地人也难以述说伏羲的功绩与神话故事。因此，神话元素的凸显对陵园的整体性建设和伏羲文化的持续传播有着重要意义。

第二，将丰富的文化资源纳入到产业开发的范围之内。淮阳有"羲皇故都"的美誉，太昊陵的文化价值也得到普遍认可。1996 年太昊陵被国务院公布为第四批全国重点文物保护单位，太昊陵庙会是中国历史最悠久的庙会之一。该县有国家级、省级文物保护单位 10 余处，人们将这些文化遗产、景点概括为"一湖一陵一古城""七台八景"，伏羲神话与历史遗迹、自然风光交相辉映,便于通过旅游休闲、文化创意等途径集中开发。但是,就目前而言,太昊陵及其他相关的文化产业开发显得不足,如与祖先崇拜相关的伏羲、女娲多限于殿内祭拜;旅游纪念品泥泥狗、布老虎等制作粗糙笨重,缺少文化创意;太昊陵正门前只有少数摊位出售非遗传承人的手工作品,且价格较高。太昊伏羲陵周边缺少主题类的商店,在正门两侧的 20 个摊位中①,一半以上的摊位所售商品与太昊陵无关或关系甚少,绝大多数为儿童玩具,只有少数泥泥狗和布老虎出售,文化氛围不浓厚。作为三皇之首与"中华统绪"的代表,伏羲本该有着强大的文化力量。然而,这里的人们知道伏羲是人祖爷,但难以讲述其故事功绩,致使在当下的民间无法形成一个完整的讲述链,这是其文化产业发展的阻碍之处。其文化元素得不到充分的彰显,文化氛围不够浓厚,文化传播方式单一,这是制约太昊陵文化传播力度和效果的最大障碍。挑经担仅限于当地居民庙会期间表演或平时在太昊陵广场自娱自乐,延伸艺术及深度内涵缺乏挖掘。至于画卦台的经歌唱诵,仍保留民间巫觋演唱的形态,但缺少必要的文本整理。总之,本地大量的神话、民俗资源并未纳入产业开发的考量之中,甚至当地人根本没有意识到这些宝贵资源的存在,根本不把这些资源纳入产业开发的范围。

　　第三,改进文化观念。这主要表现为:首先,太昊陵首先是

---

① 　据摊主说,太昊陵管理局规定,正门两侧只能各设立 20 个摊位。

一个庙宇群落，是民众表达对伏羲、女娲信仰的圣地。伏羲神话中的神灵都具有宗教性，是民众叩拜的对象。但也正是这一点让太昊陵的管理者顾虑重重，在宣传中突出了太昊陵拜祖、休闲，却不敢提神话、信仰和朝圣。当地还提出把"香客"转变为"游客"的计划，让香客脱离伏羲神话。其次，地方政府参与组织庙会，但主要是从经济效益出发，严重忽视庙会赖以存在的伏羲信仰。他们缺乏对伏羲神话根脉的培植，一味追求旅游的经济效益，这是一种本末倒置的行为。再次，就陵园内部的改造和开发而言，涉及神话、宗教方面的殿堂，陵园管理者大多束手无策。1953 年淮阳专署接管太昊陵时，将陵内道士遣送回家，道教活动也随之终止①。至今，太昊陵内不能养道士，政府也不可能允许其成为道观而背离主流意识形态。于是，中轴线东侧的三观（岳飞观、真武观、老君观）与西侧四观（女娲观、玉皇观、三清观、天仙观）名义上是道教建筑，但这里既无道士入住，也缺少工作人员管理，门前冷落，少有问津，成为占据陵园空间的摆设性建筑。这样就产生了一种矛盾，当地一方面大力倡导太昊陵开发，另一方面又回避其核心内涵——伏羲神话和信仰。如果有朝一日太昊陵内只有游客而没有香客，那将失去了文化，使旅游变得灵魂缺失。

    第四，宣传力度不够。太昊陵要扩大知名度，离不开宣传。

---

①   李乃存：《太昊陵》，第 121 页。

尽管相关的管理部门已拍摄了宣传短片，出版了一些书籍，但这还远远不够。淮阳依托新华网、人民网、中国新闻网、河南旅游资讯网做宣传，但这些网站的访问量都不大；依托郑州晚报、大河报、周口日报等地方报纸开展跟踪宣传，影响仍局限于当地；依托太昊陵官网、微信平台开展庙会、景区的宣传，受众面更小。我们在太昊陵考察期间，想购买介绍太昊陵的图书，很难找到相关书籍、音像制品或电子出版物，最后在城北的一家二手书店买到一本《淮阳风光》，其中仅有一章对伏羲作演义式地介绍。并且，在太昊陵售票处对面放置的宣传架上没有介绍太昊陵的宣传手册，作为可宣传伏羲文化的最直接方式，这里却未被有效地利用起来。当地对太昊陵宣传之缺乏可见一斑！太昊陵及伏羲神话的文化价值和特色没有提炼出来、更未大范围地传播出去，这在信息化时代无论如何都是不应该的。

第五，地方人士的研究水平亟待提升。在淮阳流传一种普遍的说法：太昊陵为"天下第一陵"。其实这种说法不太妥帖，因为还有其他帝王陵也称"天下第一陵"。即便太昊陵是"天下第一陵"有自己的依据，当地人也不应有"老子天下第一"的思想。对伏羲、女娲、《周易》的研究一直是学术界的重要话题，淮阳当地学者应该多借鉴国内外知名学者的研究方法和成果，否则将会误导地方政府决策，也传递给当地民众不准确的知识和观念。这些不足凸现了让科研院校学者参与进来、提升太昊陵研究水平的重要性与紧迫感。

三、太昊陵神话产业开发的可行性方案

申维辰先生在论述文化资源的价值时,将其价值分解为以下四个要素：文化资源的文化价值、文化资源的时间价值、文化资源的消费价值、历史文化资源的保护等级①。对于太昊陵,我们可依此为参照,在了解其产业开发不足的基础上,寻找对策,以便激活相关文化价值,助力文化产业开发。针对以上问题,我们拟提出四方面的解决策略。

第一,增添景区内神话景观。文化景观与文化氛围是一个景区的内核力量,而文化景观能营造、烘托文化氛围。就此而言,迪士尼乐园的文化氛围是较为成功的典型案例。其优点在于文化产业链条完整、主题突出,以快乐为精神内核,打造出多样的快乐元素,以影片、画册的方式讲述故事,使人物形象深入人心。同时,在主题乐园中设有主题商店,售卖相关产品。这些产品制作精美优良,品类多种多样,使游客沉浸在这种文化氛围中,乐于消费、传播。太昊陵景区可以借鉴迪士尼的做法：在景区内增设神话元素,如悬挂、设立伏羲雕像、画像,播放伏羲圣迹的视频、音频,甚至安排专人表演伏羲圣迹;在独秀园的景观建设中融入具有伏羲特色的神话元素,并对神话元素进行生动多样的阐释,使不同的祭拜人群乐于接受并充分传播伏羲文化。

---

① 申维辰：《评价文化：文化资源评估与文化产业评价研究》,太原：山西教育出版社,2004 年,第 12—16 页。

太昊伏羲陵内部应形成一个完整的文化链条，而不只是符号化的祭拜方式，这也是陵园重点建设的方向之一。神话元素的设置，既能发掘、彰显伏羲神话的文化内涵，也能使香客、游客更加熟悉伏羲文化，从而增添祭拜、游玩的乐趣。

这些神话元素的构建不仅满足了太昊陵景区的文化建设，也满足了人们日益增长的精神文化追求。"人们在解决了基本的物质生存需要之后，精神的、文化的、心理的需求凸显出来，文化产业主要满足人们的这类需求。它将满足人们的心理诉求，提升人们的文化素养、精神品位，进而提升全民族的文化教育水准。同时它也不断地继承和开发宝贵的历史文化遗产和人文资源，通过智能资源的优化整合和创意开发，推动文化产业的不断升级换代。"[1]文化要素的融入能够促进经济的繁荣，为文化产业经济带来更多发展的空间。故而神话元素的凸显和文化产品的再创造是太昊陵文化产业开发中亟待解决的问题。

第二，转变管理部门的职能，将政府主导变为政府引导、以群众为主体的管理模式。由太昊陵的修建历程可以看出，改革开放后每次大型的修建都是政府主导。虽然政府主导能使其建造与开发的效率提高、速度加快，但也会伴生机制死板、活力不足等缺陷。此以太昊陵内的七座道观为例进行论述。它们应归宗教局管理，而太昊陵则归旅游局，陵内中轴线上景点与两侧的

---

① 　金元浦：《文化创意产业概论》，第 235 页。

道观之间的矛盾属于政策性问题，单凭陵园管理者无法解决。事实上，其解决途径有三：一是建成真正的道观，允许道士在此做斋醮法事。二是承包给俗人，让假道士在道观内活动。三是空置景区内的道观，以保证景区内的纯洁与宁静。但是，前两种做法都有一定的不足或限制，第一种做法要考虑是否符合相关的管理政策，第二种做法难免出现以抽签、看相之名行骗的现象。其实，国内其他景区普遍采用第二种做法，即宁愿让假道士、和尚骗人，也不让真道士、和尚来做法。笔者以为，最好的办法则是把陵园空间还给当地民众，让香客、香头出面管理这些道观，并让他们参与庙会组织、非遗表演、神话传承。况且，让民众主导太昊陵及伏羲神话的文化传承，符合联合国教科文组织对非遗保护社区化的要求。

第三，与高校和文化研究机构合作，组织专业的研究队伍，提升研究和保护水平，深入挖掘太昊陵及伏羲神话的文化内涵，形成"传承—保护—弘扬"的产业化良性循环。也只有这样，才能更好地进行神话的产业化开发，进而打造高层次的文化品牌。这是实践的过程，也是研究的过程。当前，太昊陵景区产业开发的研究较为薄弱，具体表现在两个方面：一是缺少相应的管理机构，太昊陵管理处下属的十个科室也没有关涉文化创意产业的职能。二是缺少相应的成果。目前，只有几篇硕士研究生的学位论文，以及当地的文化爱好者所编纂的几本普及性读物涉及产业开发。故而，一方面，招募专业人士、学界业界专家，成立太昊陵文化研究院,设置伏羲文化创意产业研究中心,专门从事相关的研究工作。另一方面,定期举办学术会议,邀请高校和文化研究机构专家莅临指导。

第四,联合本地文化旅游资源,形成产业聚集区。淮阳有丰厚的文化资源,如以太昊陵为首的"一陵一湖一古城""七台八景"等文化景观,以及被列入国家级非遗项目伏羲太昊陵祭典,还有延伸出来的旅游纪念品泥泥狗、布老虎以及民间巫舞担经挑,都具备发展文化旅游的优势。然而,深厚的文化旅资源与文化产业开发极不对称。这种状况亟须改变,需将所有文化遗迹、景点、纪念品、表演等连接起来形成景区文化产业链,还要把与伏羲相关的如画卦台、白龟池、弦歌台、思陵冢、平粮台等古迹,做成一张张文化创意产业名片,或拍摄成影片,或制作成动漫产品。此外,可以考虑将淮阳太昊陵与西华县女娲城、女娲庙联合开发。在本地文化旅游资源充分开发的前提下,跨区域联合开发不失为良策。

只有把当地文化资源紧密结合、深度融汇起来,落实到文化产业开发中,形成文化产业链,才能发掘太昊陵庙会、伏羲神话的精神内涵,从而更好地将资源转化成文化产品,形成创意文化产业,为当地经济社会的持续发展增加动力。

参考文献

（按书名、篇名拼音顺序排列）

一、专　著

B

《白虎通义疏证》，陈立，中华书局 1994 年。

《本文的审美结构》，陈晓明，花山文艺出版社 1993 年。

C

《初学记》，徐坚，中华书局 1962 年。

《楚辞补注》，洪兴祖，中华书局 1983 年。

《楚辞通故》，姜亮夫，齐鲁书社 1985 年。

《春秋繁露义证》，苏舆撰、钟哲校，中华书局 2015 年。

《春秋左传研究》，童书业，中华书局 2006 年。

《春秋左传正义》，杜预注、孔颖达疏，《十三经注疏》本，中华书局 2009 年。

《春秋左传注》，杨伯峻，中华书局 2009 年。

D

《大戴礼记解诂》，王聘珍撰、王文锦点校，中华书局 1983 年。

《大汶口文化居民的拔牙风俗和族属问题》，严文明，山东大学历史系考古教研
室编《大汶口文化讨论文集》，齐鲁书社 1979 年。

《读山海经》，俞樾，见《春在堂全书》第三册，凤凰出版社 2010 年。

《读书杂志》，王念孙，上海古籍出版社 2017 年。

《敦煌变文集》，王重民等编，人民文学出版社 1957 年。

E

《耳鼻咽喉头颈外科学》，孔维佳主编，人民卫生出版社 2005 年。

《尔雅注疏》，郭璞注、邢昺疏，《十三经注疏》本，中华书局 2009 年。

F

《风俗通义校注》，应劭撰、王利器校，中华书局 2010 年。

G

《古本〈盛明杂剧〉》，沈泰，中华书局 2015 年。

《古本竹书纪年辑证》，方诗铭、王修龄，上海古籍出版社 1981 年。

《古代神话与早期民族》，闫德亮，社会科学文献出版社 2018 年。

《国语集解》，徐元诰，中华书局 2002 年。

H

《韩非子集解》，王先慎，中华书局 2003 年。

《汉代神兽图像研究》，潘攀，文物出版社 2019 年。

《汉书》，中华书局 1962 年。

《汉书疏证》，沈钦韩等，上海古籍出版社 2006 年。

《河南民间故事集》，中国民间文艺研究会河南分会、河南大学中文系，中国民间文艺出版社 1985 年。

《后汉书》，范晔撰、李贤等注，中华书局 1985 年。

《淮南子注》，刘安著、高诱注，《诸子集成》本，上海书店 1986 年。

《淮阳县志》，淮阳县地方志编纂委员会，河南人民出版社 1991 年。

《淮阳县志》，李乃庆、尹建华，中州古籍出版社 2014 年。

J

《简帛文献与文学考论》，陈斯鹏，中山大学出版社 2007 年。

《金楼子校笺》，萧绎撰、许逸民校笺，中华书局 2011 年。

《经典释文》，陆德明，上海古籍出版社 2013 年。

L

《老子注译及评介》，陈鼓应，中华书局 2006 年。

《礼记正义》，郑玄注、孔颖达疏，《十三经注疏》本，中华书局 2009 年。

《聊斋志异》，蒲松龄，齐鲁书社 1981 年。

《列女传》，刘向，辽宁教育出版社 1998 年。

《列子集释》，杨伯峻，中华书局 1979 年。

《论传统》，希尔斯著，傅铿、吕乐译，上海人民出版社 1991 年。

《论衡》，王充，《诸子集成》本，上海书店 1986 年。

《论山海经的著作年代》，陆侃如，《新月月刊》一卷五号，上海书店 1985 年影印。

《论语注疏》，何晏集解、邢昺疏，《十三经注疏》本，中华书局 2009 年。

《吕氏春秋注》，高诱，《诸子集成》本，上海书店 1986 年。

M

《麦克卢汉精粹》，埃里克·麦克卢汉、弗兰克·秦格龙编，何道宽译，南京大学
出版社 2000 年。

《毛诗传笺通释》，马瑞辰，《清人注疏十三经》本，中华书局 1998 年。

《毛诗正义》，郑玄注、孔颖达疏，《十三经注疏》本，中华书局 2009 年。

《美学》，黑格尔著、朱光潜译，商务印书馆 1997 年。

《孟子注疏》，赵岐注、孙奭疏，《十三经注疏》本，中华书局 2009 年。

《庙会与中国文化》，高有鹏，人民文学出版社 2008 年。

《民国史料丛刊》，张研、孙燕京，大象出版社 2009 年。

《民间文学论丛》，中国民间文艺研究会研究部，中国民间文艺出版社 1981 年。

《民俗解析》，阿兰·邓迪斯著、户晓辉译，广西师范大学出版社 2005 年。

《明史》，张廷玉，中华书局 1974 年。

《墨子间诂》，孙诒让，《诸子集成》本，上海书店 1986 年。

《穆天子传注》，郭璞，台湾商务印书馆 1989 年。

N

《女娲溯源——女娲信仰起源地的再推测》，杨利慧，北京师范大学出版社
1999 年。

P

《评价文化：文化资源评估与文化产业评价研究》，申维辰，山西教育出版社
2004 年。

Q

《契丹国志》,叶隆礼,上海古籍出版社 1985 年。

《清代荀学史略》,康廷山,中华书局 2020 年。

《全上古三代秦汉三国六朝文》,严可均,中华书局 1958 年。

R

《人类沟通的起源》,迈克尔·托马塞洛著、蔡雅菁译,商务印书馆 2012 年。

《人论》,恩斯特·卡西尔著、甘阳译,上海译文出版社 1985 年。

《容斋随笔》,洪迈,中华书局 2005 年。

S

《三国志》,陈寿,中华书局 2006 年。

《三教源流搜神大全》,佚名著、王孺童校,中华书局 2019 年。

《山海经存》,汪绂,浙江古籍出版社 1984 年。

《〈山海经〉的文化寻踪》,叶舒宪、萧兵、郑在书,湖北人民出版社 2004 年。

《山海经广注》,吴任臣撰、栾保群校,中华书局 2020 年。

《山海经笺疏》,郝懿行撰、栾保群校,中华书局 2019 年。

《山海经校译》,袁珂,上海古籍出版社 1985 年。

《山海经校注》,袁珂,上海古籍出版社 1980 年。

《山海经图赞》,郭璞,中华书局 1991 年。

《〈山海经〉学术史考论》,陈连山,北京大学出版社 2012 年。

《商代地理环境研究》,张兴照,中国社会科学出版社 2018 年。

《尚书正义》,孔安国传、孔颖达疏,《十三经注疏》本,中华书局 2009 年。

《神话、仪式与口述》,杰克·古迪著、李源译,中国人民大学出版社 2014 年。

《神话论文集》,袁珂,上海古籍出版社 1982 年。

《神话研究》,茅盾,百花文艺出版社 1981 年。

《神话与民族精神》,谢选骏,山东文艺出版社 1987 年。

《神话与诗》,闻一多,上海古籍出版社 2009 年。

《神话与中国社会》,田兆元,上海人民出版社 1998 年。

《神话之源——〈山海经〉与中国文化》,高有鹏、孟芳,河南大学出版社 2001 年。

《神祇与英雄——中国古代神话的母题》，陈建宪，三联书店 1995 年。

《神异经》，东方朔，《丛书集成新编》本。

《失落的天书：〈山海经〉与古代华夏世界观》，刘宗迪，商务印书馆 2006 年。

《诗集传》，朱熹，中华书局 2017 年。

《诗经通论》，姚际恒，中华书局 1958 年。

《诗经原始》，方玉润，中华书局 1986 年。

《拾遗记校注》，王嘉撰、齐治平校注，中华书局 1981 年。

《史记》，司马迁，中华书局 1982 年。

《世本八种》，宋衷注、秦嘉谟等辑，中华书局 2008 年。

《视觉人类学新编》，王海龙，上海文艺出版社 2016 年。

《述异记》，任昉，中华书局 1991 年。

《水经注校证》，陈桥驿，中华书局 2007 年。

《顺治本〈陈州志〉校注》，温敏校注，上海古籍出版社 2016 年。

《说文解字》，许慎，中华书局 1963 年。

《说文解字注》，段玉裁，上海古籍出版社 1988 年。

《说羽人——羽人图、羽人神话、飞仙思想之图腾主义考察》，孙作云，见《孙作
云文集》，河南大学出版社 2003 年。

《说苑校证》，向宗鲁，中华书局 1987 年。

《四库全书总目》，永瑢等，中华书局 1965 年。

《四书章句集注》，朱熹，中华书局 1983 年。

《宋本山海经》，郭璞注，国家图书馆出版社 2017 年。

《宋史》，脱脱，中华书局 1977 年。

《宋书》，沈约，中华书局 1974 年。

《搜神记》，干宝，中华书局 1979 年。

《苏轼文集》，孔凡礼，中华书局 1986 年。

T

《太昊陵》，李乃庆，中州古籍出版社 2005 年。

《大皞与帝喾帝舜》，杨宽，见吕思勉、童书业《古史辨》，上海古籍出版社
1982 年。

《太平御览》，李昉，中华书局 1960 年。

《通鉴纪事本末前编》，沈朝阳，见《四库未收书辑刊》第 1 辑，北京出版社 1997 年。

《通志》，郑樵，中华书局 1987 年。

《童书业历史地理论集》，童书业，中华书局 2004 年。

《图腾与神话》，吴晓东，社会科学文献出版社 2002 年。

《图像学研究：文艺复兴时期艺术的人文主题》，欧文·潘诺夫斯基著，戚印平、范景中译，上海三联书店 2011 年。

W

《文心雕龙注》，范文澜，人民文学出版社 1958 年。

《文子校释》，李定生、徐慧君，上海古籍出版社 2004 年。

X

《先秦叙事研究》，傅修延，东方出版社 1999 年。

《先唐文学与文学思想考论》，徐正英，上海古籍出版社 2005 年。

《显义与晦义》，罗兰·巴特著、怀宇译，百花文艺出版社 2005 年。

《小学发微补》，刘师培著、万仕国校，见《仪征刘申叔遗书》第 3 册，广陵书社 2014 年。

《新批评——一种独特的形式主义文论》，赵毅衡，中国社会科学出版社 1986 年。

《荀子集解》，王先谦，《诸子集成》本，上海书店 1986 年。

Y

《晏子春秋校注》，张纯一撰、梁运华点校，中华书局 2014 年。

《尧舜传说研究》，陈泳超，南京师范大学出版社 2000 年。

《野性的思维》，列维-斯特劳斯著、李幼蒸译，商务印书馆 1987 年。

《艺术哲学》，丹纳著、彭笑远编译，北京出版社 2012 年。

《艺文类聚》，欧阳询等，上海古籍出版社 1982 年。

《逸周书汇校集注》，黄怀信、张懋镕、田旭东，上海古籍出版社 2007 年。

《〈逸周书〉研究》，罗家湘，上海古籍出版社 2006 年。

《殷周金文集成》，中国社会科学院考古研究所，中华书局 2007 年。

《语言的符号性》，丁尔苏，外语教学与研究出版社 2000 年。

《庾子山集注》，庾信著、倪璠注，中华书局 1980 年。

《玉函山房辑佚书》，马国翰，上海古籍出版社 1990 年。

《元史》，宋濂，中华书局 1976 年。

《原始文化》，爱德华·泰勒著、连树声译，广西师范大学出版社 2005 年。

《乐府诗集》，郭茂倩，中华书局 2017 年。

《云南岩画艺术》，邓启耀，云南美术出版社 2004 年。

Z

《增订殷虚书契考释》，罗振玉，东方学会 1927 年。

《直斋书录解题》，陈振孙，上海古籍出版社 1987 年。

《中国的神话传说与古小说》，小南一郎著、孙昌武译，中华书局 2006 年。

《中国的神兽与恶鬼：〈山海经〉的世界》，伊藤清司著、史习隽译，商务印书馆
　　　2019 年。

《中国的妖怪》，中野美代子著、何彬译，黄河文艺出版社 1989 年。

《中国古代社会》，许进雄，台湾商务印书馆 1995 年。

《中国古代社会研究》，郭沫若，中国华侨出版社 2008 年。

《中国古代文化与日本》，伊藤清司著、张正军译，云南大学出版社 1997 年。

《中国青铜时代》，张光直，三联书店 1983 年。

《中国神话传说》，袁珂，中国民间文艺出版社 1984 年。

《中国神话通论》，袁珂，巴蜀书社 1993 年。

《中国思想史》，葛兆光，复旦大学出版社 2019 年。

《中国宗教性随葬文书研究》，黄景春，上海人民出版社 2018 年。

《钟敬文全集·民俗文化学卷》，钟敬文著、陈子艾编，高等教育出版社
　　　2018 年。

《周礼注疏》，郑玄注、贾公彦疏，《十三经注疏》本，中华书局 2009 年。

《周易正义》，王弼、韩康伯注，孔颖达疏，《十三经注疏》本，中华书局 2009 年。

《朱德熙古文字论集》，朱德熙著，裘锡圭、李家浩整理，中华书局 1995 年。

《庄子集解》，王先谦，中华书局 2012 年。

《庄子解》，王夫之，中华书局 1964 年。

《宗教的起源和发展——中国古代巫术》，梁钊韬，中山大学出版社 1999 年。

二、论 文

B

《表象·语象·意象——论文学形象的呈现机制》，孙春旻，《郑州大学学报》2002 年 3 期。

C

《出土文献与〈山海经〉新证》，刘钊，《中国社会科学》2021 年第 1 期。

《楚帛书甲篇的神话构成、性质及其神话学意》，陈斯鹏，《文史哲》2006 年第 6 期。

《从〈说文〉"巫工同意"之角度试探巫字义源》，吉映澄，《文化学刊》2020 年第 4 期。

《从外服制看商代四土的藩属体制与主权形态》，周书灿，《中国边疆史地研究》2010 年 3 期。

《从形名、声名到味名——中国古典思想"名"之演变脉络》，贡华南，《哲学研究》2019 年第 4 期。

D

《大汶口新石器时代人骨的研究报告》，颜訚，《考古学报》1972 第 1 期。

《"单性异体"与"两性合体"：从女娲神话到伏羲女娲神话考论》，段友文，《贵州大学学报》2015 年 4 期。

《对"士丧礼、既夕礼中所记载的丧葬制度"几点意见》，沈文倬，《考古学报》1958 年第 2 期。

G

《古"凿齿民"写照：史前獠牙人头像玉雕属性考——兼释史前东南方拔牙习俗与古"凿齿民"形象之矛盾》，王晖，《文史哲》2015 年第 4 期。

《古文字中之商周祭祀》，陈梦家，《燕京学报》1936 年第 19 期。

H

《汉代伏羲、女娲图像研究》，王煜，《考古》2018 年 3 期。

《淮阳太昊陵庙会文化传播研究》，贾静文，河南大学硕士学位论文，2017 年，第
　　23 页。

《淮阳太昊陵人祖庙会的生殖崇拜信仰》，杨丹，浙江师范大学硕士学位论文，
　　2015 年。

J

《甲骨文伏羲女娲探踪》，朱彦民，《周易文化研究》2014 年第 6 辑。

《甲骨文中的"虵"字与后世神话中的伏羲、女娲》，刘渊临，见《中究院历史语言
　　研究所集刊》第 41 本 4 分册，1969 年。

《近五千年来我国中原地区气候在年降水量方面的变迁》，王邨、王松梅，《中国
　　科学》1987 年 1 期。

《靖边渠树壕东汉壁画墓天文图考释》，段毅、武家璧，《考古与文物》2017 年第
　　1 期。

L

《历史民俗学与钟敬文的学术贡献》，萧放，《北京师范大学学报》2002 年第
　　2 期。

《联绵词"委蛇"文字考议》，尚振乾，《西北大学学报》2004 年第 6 期。

《论神话的民俗学阐释功能》，王宪昭，《广西民族师范学院学报》2015 年第
　　1 期。

《论神圣叙事的概念》，陈连山，《华中学术》2014 第 1 期。

《论音景》，傅修延，《外国文学研究》2015 年第 5 期。

《洛阳汉壁画墓中的傩仪图——打鬼迷信、打鬼图的阶级分析》，孙作云，《郑州
　　大学学报》1977 年第 4 期。

《洛阳汉墓壁画试探》，郭沫若，《考古学报》1964 年第 2 期。

《洛阳西汉壁画墓发掘报告》，李京华，《考古学报》1964 年第 2 期。

《略论〈山海经〉的写作时代及其产生地域》，蒙文通，《中华文史论丛》第
　　1 辑。

M

《面向图像时代的文学研究——赵宪章教授访谈录》，赵宪章、李新亮，《河北民
　　族师范学院学报》2018 年第 4 期。

《〈民俗〉发刊辞》，顾颉刚，《民俗》周刊第 1 期，1928 年 3 月 21 日，国立中山大
　　学民俗学会编，《国立中山大学民俗周刊》第 1 册，国家图书馆出版社 2014
　　年，第 16 页。

《民俗文化学发凡》，钟敬文，《北京师范大学学报》1992 年第 5 期。

N

《鸟类鸣叫及生物学意义的研究现状》，杨利琼、谢君、刘昉昉等，《实验动物与
　　比较医学》2019 年第 1 期。

《"女娲补天"与生殖崇拜》，刘毓庆，《文艺研究》1998 年 6 期。

《女娲生育生殖神话与考古发现》，涂敏华，《福建论坛》2012 年 11 期。

R

《人的形貌描写与自然生命力的显现——中国早期文学的一个透视点》，李炳
　　海，《文艺研究》2006 年第 10 期。

S

《〈山海经〉的民俗学价值》，张紫晨，《思想战线》1984 年第 4 期。

《〈山海经〉的神话思维》，杨义，《中山大学学报》2003 年第 3 期。

《〈山海经〉古籍版本考察——兼论〈山海经〉非全经注本》，张步天，《福建师大
　　福清分校学报》2013 年第 3 期。

《〈山海经〉与华南的古代民族文化》，伊藤清司著、中原律子译，《贵州民族学院
　　学报》1988 年第 4 期。

《〈山海经〉中所见我国古民俗》，沙嘉孙，《民俗研究》1986 年第 1 期。

《〈山经〉古图的山神与祠礼》，马昌仪，《民族艺术》2001 年第 4 期。

《陕西靖边县杨桥畔渠树壕东汉壁画墓发掘简报》，陕西省考古研究院、靖边县
　　文物管理处，《考古与文物》2017 年第 1 期。

《商民族的经济生活之推测》，程憬，《新月月刊》第 1 卷第 4 号，上海书店 1985
　　年影印。

《上古虚拟世界的天籁之音——论〈五藏山经〉有关精灵音乐的记载》，李炳海，
　　《文艺研究》2011 年第 2 期。

《上古中国人的用耳之道——兼论若干音乐学概念和哲学概念的起源》，王小

盾，《中国社会科学》2017 年第 4 期。

《蛇：参与神灵形象整合的活性因子——珥蛇、操蛇、践蛇之神的文化意蕴》，李
　　炳海，《文艺研究》2004 年第 1 期。

《神话：想象与实证——〈山海经〉研究座谈会发言选载》，吕微，《民族艺术》
　　2004 年第 4 期。

《神话与民俗》，波亚士著、王启澍译，《民俗》周刊第 1 卷第 4 期，1942 年 3 月，
　　国立中山大学民俗学会编，《国立中山大学民俗周刊》第 12 册，第 410 页。

《神话与民俗》，郭精锐，《中山大学学报》1987 年第 4 期。

《圣域的图写：从〈上林赋〉到〈上林图〉》，王思豪、许结，《复旦学报》2015 年第
　　5 期。

《〈诗经〉"台背"小考》，李发，《文献》2008 年第 4 期。

《释"听"——关于"我听故我在"与"我被听故我在"》，傅修延，《天津社会科学》
　　2015 年第 6 期。

《释殷代求年于四方和四方风的祭祀》，胡厚宣，《复旦学报》1956 年 1 期。

《水边与高台〈诗经〉婚恋诗蠡测》，李颖，《文艺研究》2012 年第 11 期。

《四川简阳县鬼头山东汉崖墓》，内江市文管所、简阳县文化馆，《文物》1991 年
　　第 3 期。

《〈四库全书〉经部文献中的伏羲史料考辨》，漆晓琴，西北师范大学硕士学位论
　　文，2014 年。

T

《听觉和视觉认知电位 P300 系列成分的临床电生理学特征》，张萍淑、孔祥慧
　　等，《中国健康心理学杂志》2017 年第 1 期。

《听觉叙事初探》，傅修延，《江西社会科学》2013 年第 2 期。

W

《〈五藏山经〉祭祀考释》，吴晓东，《广西民族师范学院学报》2016 年第 4 期。

《〈五藏山经〉山神祭法摭论》，阳清，《宗教学研究》2014 年第 2 期。

《物感与"万物自生听"》，傅修延，《中国社会科学》2020 年第 6 期。

X

《西方神经美学的审美认知理论研究》，王延慧，吉林大学博士毕业论文，2018 年。

《先秦两汉"看图讲诵"艺术与俗赋的流传》，伏俊琏，《天水师范学院学报》2008 年第 6 期。

《先秦台文化内涵的演进与增衍——兼论〈诗经〉"台"诗的文化意蕴》，陈鹏程、刘生良，《文化遗产》2013 年第 5 期。

《新石器时代祭祀类遗迹研究》，贺辉，南京大学博士学位论文，2013 年。

《形天神话源于仇池山考释——兼论"奇股国"、氏族地望及"武都"地名的由来》，赵逵夫，《河北师范大学学报》2002 年第 4 期。

Y

《尧舜神话谫论：以〈山海经〉为中心》，贾雯鹤，《国学》2019 年第 1 期。

《也论中国诗学的"意象"与"意境"说——兼与蒋寅先生商榷》，韩经太、陶文鹏，《文学评论》2003 年第 2 期。

《英雄·孝子·准弃子——虞舜被害故事的文化解读》，尚永亮，《文学遗产》2014 年第 3 期。

《婴儿之音的动听与诱惑——论〈五藏山经〉音如婴儿的精灵》，李炳海，《晋阳学刊》2013 年第 5 期。

《羽衣服饰文化研究》，周思源，陕西师范大学硕士学位论文，2012 年。

《语象·物象·意象·意境》，蒋寅，《文学评论》2002 年 3 期。

《语象概念的"引进"与"变异"》，黎志敏，《广州大学学报》2008 年 10 期。

《豫东太昊陵祭祖巫舞"担经挑"的文化研究》，杨春祥，福建师范大学硕士学位论文，2014 年。

《元代 ABB 式三音词激增原因分析》，翟燕，《齐鲁学刊》2006 年第 2 期。

Z

《中国古代陵寝制度的起源及其演变》，杨宽，《复旦学报》1985 年 3 期。

《中国上古创世神话钩沉——楚帛书甲篇解读兼谈中国神话的若干问题》，董楚平，《中国社会科学》2002 年第 5 期。

《钟敬文"民俗文化学"的学科性质及方法论意义》，刘铁梁，《北京师范大学学报》2002 年第 2 期。

《钟敬文先生的〈山海经〉研究》,刘宗迪,《民族艺术》2007 年第 1 期。

《猪在史前文化中的象征意义》,户晓辉,《中原文物》2003 年第 1 期。

《〈庄子〉语言符号的"图像化再现"机制、途径及效果》,包兆会,《文艺理论研
　　究》2017 年第 6 期。

后　记

　　本小书收录的文章主要是近些年发表的有关中国古代神怪形象与声音的研究论文。感谢《清华大学学报》《民俗研究》《郑州大学学报》《中国社会科学报》等刊物的编辑老师，以及至今不知尊姓大名的外审专家，幸蒙诸位的支持和高屋建瓴的指导意见，使书中的大多数章节得以发表、见刊。小书的问世，要感谢我的硕士生导师罗家湘教授。在恩师的指导下，我步入《山海经》神怪研究的殿堂，并在以后的学习与研究中不断汲取营养、完善自我。罗师丰厚的学养、务实的治学精神深深地激励着我，成为我在学术道路上奋力前行的驱动力。今罗师又慨然赐序，予以提携和鼓励，令我感恩！感谢恩师孙少华研究员帮我审核书稿，修改书名，指正不足。孙老师的指导与帮助提振了小书的质量。

　　学术的发展贵在传承。我在撰写本书时也有意识地让自己指导的硕士研究生参与其中，时常请她们做些力所能及的工作，如查阅文献、核对引文、修改语句等，以此来训练学生。令人欣慰的是，无论是多么细微的工作，她们都会付出最大的努力，显示出严谨、认真的做事态度。于是，在发表文章时，我将几位参与论文写作或修订的学生署名为第二作者，编入本书的具体章节为：

计敏，参与第一章第一节、第四章第一节

刘红玲，参与附录第二节、第三节

陈钰琳，参与第四章第二节、第三节

高丹，参与第二章

王佳钦，第三章第三节

在统稿阶段，硕士生赵良帮忙核对文献，整理参考文献，也表现出认真负责的学术态度。可以说，本书是我们师生三代共同完成的，其过程就像是一场接力赛，凝聚着我们共同的心血。当然，书中的讹误则由我一人承担。

2017 年，上海市启动"中华创世神话研究"大型文化工程，上海大学黄景春教授获批"中华创世神话与文化创意产业研究"项目。受黄老师之邀，我承担太昊陵的神话研究工作，本书附录部分第一节、第三节均为相关的成果，已被编入《中华创世神话与文化创意产业研究》一书并于 2020 年 12 月在上海人民出版社出版。经与黄老师协商，现将这些内容收入本书。诚挚地感谢黄老师的慷慨大度！

上海大学研究生院将本书纳入"上海大学研究生教材建设

项目"，为小书的出版解决了经费难题，令我倍感温暖！上海古籍出版社选派敬业精业的编辑为我纠谬指瑕，使小书避免了诸多讹误，令人感动！

　　小书前四章是"声貌"的题中应有之义，需要略作说明的是附录"淮阳太昊陵神的可视化呈现"。本部分主要论述祭拜伏女的担经挑、摸子孙窑等仪式展演，以及陵园内的伏女像、景区内外所售卖的泥泥狗、布老虎等文旅产品。它们具有显著的"视听表达"之特征，属于题中的"声貌"范畴，故而缀续于后。

　　中国神话学是一座储量巨大的富矿，神怪的声貌仅是其中分量较小的矿石，况且我仅能了解它们的只言片语，甚至这些"了解"中有更多是不解与误解。但是，"丑媳妇终究要见公婆"，而对于书中的丑陋之处和鲁鱼亥豕之失，恳请师友予以指正。

梁　奇

2023 年 4 月 16 日

图书在版编目(CIP)数据

声貌：中国古代神怪的视听表达 / 梁奇著. —上海：上海古籍出版社，2023.10
ISBN 978-7-5732-0861-3

Ⅰ.①声… Ⅱ.①梁… Ⅲ.①神话-研究-中国-古代 Ⅳ.①B932.2

中国国家版本馆 CIP 数据核字(2023)第 177708 号

声貌：中国古代神怪的视听表达

梁 奇 著

上海古籍出版社出版发行

（上海市闵行区号景路 159 弄 1-5 号 A 座 5F　邮政编码 201101）

（1）网址：www.guji.com.cn

（2）E-mail：guji1@guji.com.cn

（3）易文网网址：www.ewen.co

上海颛辉印刷厂有限公司印刷

开本 890×1240　1/32　印张 9.5　插页 3　字数 180,000

2023 年 10 月第 1 版　2023 年 10 月第 1 次印刷

印数：1—1,700

ISBN 978-7-5732-0861-3

G·745　定价：48.00 元

如有质量问题,请与承印公司联系